Research on
Urban Planning Law in Japan

日本城市规划法研究

肖　军／著

本书系国家社科基金项目“城市空间规划利用的法制化研究”（编号16BFX124）的研究成果。

目录
contents

绪论

2015 年 12 月，中央城市工作会议在北京召开，时隔三十七年召开此会议，表明城市工作在当前国家全局工作中居于非常重要的地位。2016 年 2 月，《中共中央国务院关于进一步加强城市规划建设管理工作的若干意见》公布。该意见指出，城市是经济社会发展和人民生产生活的重要载体，是现代文明的标志；中华人民共和国成立特别是改革开放以来，我国城市规划建设管理工作成就显著，城市规划法律法规和实施机制基本形成，基础设施明显改善，公共服务和管理水平持续提升，并在促进经济社会发展、优化城乡布局、完善城市功能、增进民生福祉等方面发挥了重要作用；同时务必清醒地看到，城市规划建设管理中还存在一些突出问题，城市规划前瞻性、严肃性、强制性和公开性不够，城市建筑贪大、媚洋、求怪等乱象丛生，特色缺失，文化传承堪忧，城市建设盲目追求规模扩张，节约集约程度不高，依法治理城市力度不够，违法建设、大拆大建问题突出，公共产品和服务供给不足，环境污染、交通拥堵等“城市病”蔓延加重；积极适应和引领经济发展新常态，把城市规划好、建设好、管理好，对促进以人为核心的新型城镇化发展，建设美丽中国，实现“两个一百年”奋斗目标和中华民族伟大复兴的中国梦具有重要现实意义和深远历史意义。2019 年 5 月，《中共中央国务院关于建立国土空间规划体系并监督实施的若干意见》公布。该意见提出：“到 2020 年，基本建立国土空间规划体系，逐步建立‘多规合一’的规划编制审批体系、实施监督体系、法规政策体系和技术标准体系；基本完成市县以上各级国土空间总体规划编制，初步形成全国国土空间开发保护'一张图'。到2025年，健全国土空间规划法规政策和技术标准体系；全面实施国土空间监测预警和绩效考核机制；形成以国土空间规划为基础，以统一用途管制为手段的国土空间开发保护制度。到2035年，全面提升国土空间治理体系和治理能力现代化水平，基本形成生产空间集约高效、生活空间宜居适度、生态空间山清水秀，安全和谐、富有竞争力和可持续发展的国土空间格局。"

日本是亚洲最具代表性的现代化法治国家，其城市建设和城市法制建设走在世界前列。第二次世界大战后，日本颁布新宪法，秉持国民主权主义、法治主义，快速走向现代化。尤其是20世纪六七十年代，日本经济高速增长，经济总量跃升世界第二。在此过程中，日本城市经历了翻天覆地的变化，也面临过很多难题。1968年日本全新制定了战后的《城市规划法》，旨在破解城市难题，促进城市可持续发展。为了使《城市规划法》充分发挥作用，加强城市全面管理，日本还先后制定和修改了《建筑标准法》《土地区划整理法》《土地基本法》《土地征收法》《城市再开发法》等，发展形成了以东京为中心的首都城市圈、以大阪为中心的关西城市群等享誉世界的现代城市群。当下中国城市的发展状况和面临的难题与20世纪八九十年代的日本有些相似。秉持法治思维，用城市规划法解决城市难题是日本的一大经验。日本除形成了上述较完备的城市规划法制外，学界还累积了丰厚的理论成果。代表著作有大盐洋一郎的《日本城市规划法》（行政出版社1981年版）、城市规划法制研究会编的《简明城市规划法》（行政出版社2010年版）、五十岚敬喜的《现代都市法的生成》（三省堂1980年版）和《现代都市法的状况》（三省堂1983年版）、原田纯孝的《现代都市法》（东京大学出版会1993年版）和《日本都市法》（东京大学出版会2005年版）、生田长人的《都市法入门讲义》（信山社2010年版）、安本典夫的《都市法概说》（法律文化社2013年版）等。论文不计其数，代表论文有矶部力的《"都市法学"的尝试》（载成田赖明编《行政法的诸问题　下》，有斐阁1990年版）和《都市的土地利用与都市法的作用》（载石田赖房编《大都市的土地问题与政策》，日本评论社1990年版）、渡边俊一的《一九九二年城市规划法修改的意义》（载《法律时报》1994年第66卷第3号）、稻本洋之助的《城市规划制度的重构》（载《法律时报》1994年第66卷第3号）、高桥寿一的《从土地法走向都市法》（载《社会科学研究》2001年第61卷第3与4合并号）、吉田克己的《都市法的近期修改动向与公共性的重构》（载《法律时报》2012 年第 84 卷第 2 号）等。第二次世界大战后，日本法学界逐渐形成判例文化。法院判例，尤其是最高法院的判例成为学者们讨论的对象或者著书立说的重要素材。而在审判实务中，判例，尤其是最高法院的判例已能发挥先例的作用。在城市规划法领域，出现过蓝图判决、滨松土地区划整理项目判决、六号环线道路诉讼判决、小田急高架项目诉讼判决等著名判决，它们为城市规划法的发展和进步提供了活水。在较完善的法律制度、丰厚的法学著述、与时俱进的法院判例的合力作用下，日本城市规划法始终向前发展，赢得世界声誉。在城市规划法领域，我国起步晚，始于 1984 年国务院的《城市规划条例》。后来，1989 年全国人大制定了《城市规划法》。2007 年取代《城市规划法》，制定了《城乡规划法》。屈指算来，前后也就三十余年的历史。与此对应，我们的相关学术研究和判例实践也很薄弱。他山之石可以攻玉，为加快推进我国城市规划法治的现代化，学习和借鉴日本经验应当成为我们的一大选项。

城市规划法研究是中国法学界的薄弱环节，相关研究引起关注也就十来年时间。上海交通大学法学院都市法研究团队声名鹊起，形成了一些质量较高的著作和博士论文。如朱芒主编的《现代法中的城市规划》（法律出版社 2012 年版）、陈越峰的博士论文《城市规划权的法律控制研究》（上海交通大学 2010 年）、李泠烨的博士论文《城市规划法的产生及其机制研究》（上海交通大学 2011 年）等。该研究团队虽然有日本法研究背景，但在上述成果中日本色彩并不明显，日本法内容还不够丰富。法学界研究城市规划法的成果还有张萍的《城市规划法的价值取向》（中国建筑工程出版社 2006 年版）、练育强的博士后论文《近代上海城市规划法制研究》（华东政法大学 2009 年）、邢翔的博士论文《城市规划权的宪政规制研究》（武汉大学 2012 年）等。城市规划学界对城市规划的研究起步较早，形成了不少城市规划研究成果，发行了多种城市规划刊物。在他们的研究成果中，有一些日本城市规划法的内容，比如刘武君等的论文《日本城市规划法研究（一）（二）（三）（四）》（载《国外城市规划》1993 年第 2、3、4 期、1994 年第 1 期）、谭纵波的论文《日本的城市规划法规体系》（载《国外城市规划》2000 年第 1 期）等。总体而言，我国学界尚未出现日本城市规划法方面的专门著作，法学界对日本城市规划法研究历史短、成果少而零散，内容仍不够丰富，深度也很不够。可以说，我国对日本城市规划法研究还处于初级阶段，还需要继续迈大步前行。

第一章

日本城市规划法概说

对日本城市规划法开启全面讨论，需要满足一个基本前提，即回答什么是城市规划法。只有在划定城市规划法的范围之后，讨论才能聚焦，避免各说各话。历史是面镜子，人们可以从日本城市规划法的漫长历史沿革中找到一些启发，由此引领事业向更高境界推进。

第一节 概　　念

从1888年《东京市区改造条例》算起，日本城市规划法已走过了130年的历史，从第一部面向全国的城市规划法——1919年《城市规划法》算起，日本城市规划法已经历了一个世纪的变迁。其中，城市规划法概念也在法制的变迁中不断变化。名称为《城市规划法》的法律颁布后，城市规划法概念理应清晰，但事实上，学界对此仍没有形成统一看法。研究城市规划法，首先要把握城市规划法概念。

一、学界状况

走进日本的书店，或者在大学图书馆数据库搜索就会发现，名称为“城市规划法”的书籍很少，而以“都市法”为名的书籍却很多。大盐洋一郎的《日本城市规划法》（行政出版社1981年版）、城市规划法制研究会编的《简明城市规划法》（行政出版社2010年版）是城市规划法书籍的代表。都市法书籍的代表有五十岚敬喜的《现代都市法的生成》（三省堂1980年版）和《现代都市法的状况》（三省堂1983年版）、矶部力1990年论文《“都市法学”的尝试》①、原田纯孝的《现代都市法》（东京大学出版会1993年版）和《日本都市法》（东京大学出版会2005年版）、生田长人的《都市法入门讲义》（信山社

① ［日］成田赖明等：《行政法の諸問題（下）》，有斐阁1990年版，第1—36页（矶部力撰写）。

2010 年版）、安本典夫的《都市法概说》（法律文化社 2013 年版）等。长期以来，尤其是自 20 世纪 80 年代以来，学界常常在“都市法”的名义下，展开对城市规划法的研究。

所谓城市规划，一句话讲即是，旨在建设良好街区的规划；管制（私权限制）、项目、程序（谁用什么方法决定）是城市规划的重要内容；《城市规划法》是城市规划法制的基本法，根据该法，城市规划是关于旨在促进城市健康而有序发展的土地利用、城市设施和市街地开发项目的规划，它们都通过法定程序决定。①20 世纪 80 年代，学界兴起了都市法论。都市法是特殊地适用于都市的法；是关于城市空间价值与结构的规则；城市空间价值是指城市的安全、美、舒适性、便利性等，它不以单个环境要素，而以城市整体结构为对象。②五十岚都市法论的一大特点是通过对比近代都市法与现代都市法来突出现代都市法的积极意义，即近代都市法是以近代土地所有权为前提的建筑自由制约法，用全国统一的法制进行管理，而现代都市法使用指导纲要、环境权、建筑协定等范畴，以建筑不自由为前提，因居民同意而解除该不自由，具有地域法的性质。③矶部力认为，城市规划的制定主体是基础性城市自治体；制定程序应当是基础性城市自治体固有的合意形成程序；在国家法与都市法关系方面，不是前者优于后者，而是必须尊重后者；建筑行为是土地所有人通过城市规划被赋予自由的具体化；城市规划应当是具有多层次结构，且在整体上统一的土地利用秩序。④五十岚都市法论与矶部都市法论都指出传统法理论或法制度在都市法领域作用有限；都展开了对都市法领域国家立法的批判；都强调都市法领域中共通利益的法律地位；在都市法领域中的实体利益的内容与地位方面，矶部概括了生活环境的基本要素，而五十岚提倡应当用法保障比美观等更重要的、适合当地的具体的实体价值；矶部都市法论的问题意识是，用传统行政法理论的概念框架无法充分把握现代都市法现象（指导纲要、建筑协定等），为统括性地、有体系地说明现代都市法现象而提倡“都市法学”这一“新工具

① ［日］大盐洋一郎：《日本の都市計画法》，行政出版社 1981 年版，第 1—2 页。

② ［日］五十岚敬喜：《都市法》，行政出版社 1991 年版，第 4 页。

③ ［日］见上崇洋：《地域空間をめぐる住民の利益と法》，有斐阁 2006 年版，第 24 页。

④ ［日］石田赖房：《大都市の土地問題と政策》，日本评论社 1990 年版，第 218—232 页（矶部力撰写）。

箱”，由此来检视既有行政法理论，这与五十岚都市法论不同。①继五十岚敬喜、矶部力后，原田纯孝展开了都市法论。原田都市法论认为公共控制的对象和内容是“从开发规划的制定到建筑物的完成，再到市街地利用”的城市开发行为；在通过规划大大限制市场自由方面，与五十岚和矶部相同。②都市法论超越了行政机关与个人这一双方关系下的传统行政法理论框架，给予地域、居民集体的共通利益、自治以正当地位；是土地所有权性质论与现代公共管制方法论相链接的结果，以及地方自治得到重视的结果。③安本典夫认为，都市法是公共地、有规划地推进和控制城市空间的形成、建设、保护、管理的法体系的总称。④

从以上介绍可以看出，都市法在内容上体现了空间价值、公共控制、程序等精神，在形式上体现了统合性、体系性等特点。第二次世界大战之后，日本城市蓬勃发展，现代城市问题接踵而至，像以前那样，单一地使用城市规划法、建筑标准法、土地征收法、城市再开发法、土地区划整理法等，各自解决问题的方式已经无法应对实践需要。都市法旨在统合这些单行法，实行联合作战，解决复杂的城市问题，促进城市健康发展。

二、本书做法

虽然当下日本学界以城市规划法为题的著作淡出舞台，并由都市法取而代之，但并不表明城市规划法概念消失或者毫无意义，城市规划法或者规划法制仍然是都市法著作中的重要范畴。《城市规划法》这一基本法的存在，为城市规划法概念提供了强大动力。依据该法，可以从内容层面概括出一种城市规划法概念，即关于旨在促进城市健康有序发展之土地利用规划、城市设施建设规划和市街地开发项目规划的法（第 4 条）。这一概括为本书提供了基础。如前所述，现代城市发展日新月异，城市问题层出不穷，采用非常狭义的城市规划法概念已无法应对。但是，都市法概念很大，有时不利于聚焦问题，不利于深

---

① ［日］见上崇洋：《地域空間をめぐる住民の利益と法》，有斐阁 2006 年版，第 26—27 页。

② ［日］高桥寿一：《土地法から都市法への展開とそのモメント》，《社会科学研究》2001 年第 61 卷第 3—4 号，第 15—16 页。

③ ［日］见上崇洋：《地域空間をめぐる住民の利益と法》，有斐阁 2006 年版，第 23 页。

④ ［日］安本典夫：《都市法概説》，法律文化社 2008 年版，第 3 页。

度解决问题。所以，本书既不主张将视野仅限于《城市规划法》这部基本法，也不盲从于都市法概念，而是在《城市规划法》和都市法这两者之间确定城市规划法概念的外延。城市规划的基础活动是建设，所以《建筑标准法》必须被纳入其中。事实上，日本《城市规划法》与《建筑标准法》一直是姊妹法，紧密关联，相辅相成。城市规划也是对土地的公共控制，所以土地法也必须被纳入其中，主要包括《土地区划整理法》《土地征收法》等。这样，本书的城市规划法概念可以概括为以《城市规划法》为统领，《建筑标准法》紧密配合，《土地区划整理法》《土地征收法》等予以辅助的多层立体架构。这个架构在《城市规划法》的引领下，紧扣重点，又兼顾细微，形成和展现城市规划法研究的开放格局和务实精神。

第二节　沿　革

1868 年的明治维新标志着日本走向近代社会。1888 年颁布的《东京市区改造条例》被认为是日本最早的城市规划法规，而 1919 年制定实施的《城市规划法》是日本史上第一部面向全国的城市规划法。第二次世界大战后，日本发展成为经济大国。为应对经济高速增长带来的现代城市问题，1968 年颁布了全新的《城市规划法》。该法经历多次修改后实施至今，其中，影响比较大的是 1992 年和 2000 年的修改。面对现实需求而适时修改，日本现代城市规划法不断发展。

一、近代

1868 年日本实行明治维新，国家朝着近代化方向发展。在法制的近代化进程中，城市规划法的近代化也成果显著。1888 年 8 月 16 日，《东京市区改造条例》公布，拉开了日本城市规划法发展的帷幕。1919 年 4 月 5 日，《城市规划法》制定实施，成为日本第一个面向全国的、完整意义上的城市规划法。这两部法和它们的姊妹法 1889 年《东京市区改造土地建筑处分规则》、1919 年《市街地建筑物法》构成了日本的近代城市规划法。

（一）《东京市区改造条例》

1888 年 8 月 16 日《东京市区改造条例》（敕令①第 62 号）公布，日本城

① 天皇直接发布的法令命令。

市规划法的帷幕由此拉开。为实施《东京市区改造条例》，1889 年 1 月 28 日，其附属性法规《东京市区改造土地建筑处分规则》（敕令第 28 号）公布。①学者石田赖房说，这两部法规建立起了城市改造的基本制度，是日本最初的城市规划法。②在它们的指引下，日本开启了城市规划法制的近代化进程。

1. 背景

1868 年日本实行明治维新，在政制、法制、产业、金融、交通、文化、思想、宗教、教育等各个方面大举改革，取得巨大进步，国力显著增强，尤其是在“殖产兴业”“富国强兵”的口号下，产业、军事实力迅速增强，日本朝着近代国家的目标快速前进。明治维新后，东京成为首都，号称帝都。③但初期的帝都形象不佳，道路狭窄泥泞，建筑多为木制，街区杂乱陈旧、功能低下，为外国人所嘲笑。当时东京的干线道路宽不过 18 米（如日本桥），一般道路宽 5 到 10 米，小巷宽 1 到 2 米，只有当时纽约、伦敦等欧美城市道路宽度的四分之一到三分之一。④1871 年 4 月东京府向中央提交报告，拟在新桥、银座、筑地一带的街区修建人车分离的宽敞大道。⑤当时东京的民宅几乎都是木质结构，火灾隐患不断。1872 年 2 月 26 日祝田町起火，筑地到银座一带几乎化为灰烬，5 000 间房屋被烧毁，20 000 人受灾。火灾刺激了中央政府和东京府，双方决定在废墟上修建宽 28 米的干线道路，在道路两旁修建砖瓦建筑。该工程于 1874 年 2 月完成，俗称“银座砖瓦街”。为了向欧美强国看齐，彰显帝都威仪，有着欧美视察经历的许多政治家愈加呼吁提高东京的城市功能。1880 年 6 月东京府知事松田道之向东京府会提交咨询书《东京中央市区划定之问题》，就市区改造，征求府议员们的意见。咨询书指出，东京虽是全国的首府，但市区太大，街道错乱，民宅密集，火灾一起，人财俱毁，而且卫生条件不好，霍乱和伤寒易蔓延；作为对策，应该划定中央市区，安排中央机关、警察署、邮电局、中小学校、医院等的位置，规划街道、江河、桥梁、煤气、

---

① ［日］铃木荣基、石田赖房：《東京市区改正土地建物処分規則の成立について》，《日本建築学会計画系論文報告集》1987 年第 376 卷，第 86 页。

② ［日］石田赖房：《東京中央市区劃定之問題について》，《総合都市研究》1979 年第 7 期，第 52 页。

③ 明治元年（1868 年）10 月 13 日，天皇决定将江户城称为东京城，明治 2 年（1869 年）3 月 28 日决定将东京城称为皇城，东京从此正式成为首都。

④ ［日］东京市：《東京市道路誌》，东京市出版社 1939 年版，第 16—17 页。

⑤ ［日］东京府：《東京府史行政編 4》，东京府出版社 1937 年版，第 6—9 页。

自来水等，要填海造码头，要预防火灾，要促进就业，要征收商品入市税，等等。①咨询书开启了政府机关对东京市区改造的热议，是东京市区改造的起点性文书。②之后，1880 年 11 月设立的东京府市区调查委员局开始调查市区改造和东京港建设，并在 1880 年 11 月 9 日通过报纸，向一般市民征求意见，掀起了舆论的高度关注。1882 年 7 月芳川显正接替在任病殁的松田道之，出任东京府知事。芳川知事痛感市区改造的必要性，经过调查研究，于 1884 年 11 月至 1885 年 3 月间，向内务省呈交了多份有关市区改造的报告，经内务省 1884 年 12 月设立的东京市区改造审查会的审议修改后，内务省批准这些报告。这样，政治家、政府、社会、民众高度关注和大力推动着东京市区改造，这回应了社会在此方面的热切需求，同时又更加增强了社会的需求，东京市区改造成为明治维新后政府大力推进的重要任务。1888 年 2 月 17 日，东京市区改造计划经改造审查会审查通过后，获得政府同意。3 月东京市区改造条例草案上报元老院审议，元老院以财政负担重、属地方事务、时机尚早等为由不予通过，条例草案成为废案。对此，内务大臣、大藏大臣等表示强烈反对，并于 7 月联名向内阁会议提交了条例草案，8 月 16 日内阁以敕令的形式，颁布《东京市区改造条例》，拉开了创制城市规划法制的帷幕。

2. 内容

《东京市区改造条例》篇幅不长，主要内容如下。第一，内务省内设置东京市区改造委员会，审议决定东京市区改造设计和年度项目。改造设计是指从整体上及时地决定面向将来建设的道路、桥梁、江河、公园、自来水等城市基础设施及其预定地。改造委员会由 25 名委员组成，其中，委员长由内阁特别选任，有 15 位委员是内务大臣任命的来自内务省、大藏省、农商务省、通信省、陆军省、警视厅、东京府等的高官，有 10 位委员来自东京府议员。③第二，委员会审定的市区改造设计呈报内务大臣，内务大臣审核后呈报内阁认可，认可后由东京府知事进行公告。这个程序表明改造设计是国家决策。第

① ［日］石田赖房：《東京中央市区劃定之問題について》，《総合都市研究》1979 年第 7 期，第 22—23 页。

② ［日］石塚裕道：《19 世紀後半における東京改造論と築港問題》，《东京都立大学都市研究报告》第 22 期，第 33 页。

③ ［日］堀江兴：《東京の市区改正条例（明治時代）を中心とした幹線道路形成の史的研究》，《土木学会論文報告集》1982 年，第 327 号，第 123 页。

三，市区改造项目的执行事务是东京府知事的责任，相关的会计事务也由东京府知事特别处理。第四，关于财源：（1）原则是市区改造的费用，包括改造委员会的费用全部用东京府的财产和收入来支付。（2）市区改造的经费、特别税的征收方法、年度项目收支预算、公债发型等应当由东京府区部会议决。（3）年度项目费用在30万日元以上、50万日元以下。从以上内容可以看出，东京市区改造项目，包括设计、年度项目实施等，属于国家权限事项；但经费全由建设地区东京府承担，国家在一定范围内给予补助；项目的决定和经费承担方法由委员会议决，这种集体议决不体现自治和自由裁量，只是在国家明确的范围内决定。上述内容的核心精神被后来1919年的《城市规划法》所继受。

《东京市区改造条例》颁布后，为了顺利推进市区改造项目，有必要制定土地征收和土地上建筑物处理的法规，即为了保障东京市区改造用土地的供应，有必要制定法规来限制私人土地所有权，为此，1889年1月28日，《东京市区改造土地建筑处分规则》公布。①该规则共设条文五条，主要是三个方面的内容：（1）为推进项目而购买私人土地时，不适用1875年太政官达（即太政官布告）土地购买规则和1900年制定的土地征收法。（2）购买私有土地，出现"无法成为一宅地"的剩余土地时，可以购买该剩余土地；出售不用土地，出现向邻接地主出售"无法成为一宅地"之土地，邻接地主拒绝时，可以征收该邻接土地，俗称"超强征收"。（3）认可项目区域内建筑物限制，认可受限土地建筑物的购买请求。

3. 局限

明治初期，资本主义在日本还处于起步发展阶段，资本主义所引发的城市问题尚不明显。作为日本城市规划法制雏形而诞生的《东京市区改造条例》和《东京市区改造土地建筑处分规则》，旨在举国家之力，加快推进首都东京的城市基础设施建设，其具有项目法的性质，没有建立起一般性建筑规范制度，在此显现出其不足，但与时代相符。两部法规虽适用于东京，但也只是适用于东京市区改造的设计区域内。这样，设计区域以外的区域完全处于无限制、无规划的状态。进入20世纪后，住宅、工厂开始向这些郊外区域扩张，逐渐发展成社会问题。而后来1919年的《城市规划法》和《市街地建筑物法》的一大

---

① ［日］森下幸：《戦前の都市計画法制と土地所有権——東京市区改正条例と旧都市計画法の比較》，《法学研究》第11期，第56页。

任务就是解决这些问题。①

(二)1919 年《城市规划法》

1919 年 4 月 5 日,日本制定了《城市规划法》。与前述《东京市区改造条例》相比,该法内容丰富,并由国会审议通过,形成法律,面向全国发生效力。所以可以说,1919 年《城市规划法》是日本第一个完整意义上的城市规划法,意义重大。

1. 背景

在经历 1894 年甲午战争、1905 年日俄战争之后,日本的产业资本主义才开始真正发展,产业和人口开始迅速向城市聚集。以 1914—1918 年的第一次世界大战为契机,以造船业为中心的日本工业突飞猛进。②日本的工业化和城市化带来了不少城市问题和住宅问题。一方面是如何控制东京、大阪等大城市周边市街地无序扩张。在农田多、山林多的东京郊区,道路狭而弯曲,无序杂乱的宅地建设愈演愈烈,从这一时期宅地化快速发展地区到第二次世界大战后发展成木制出租公寓地区,其问题延续至今。另一方面是城市的急速发展让人意识到,东京以外的大城市也需要进行真正的城市改造。产业发展和人口膨胀带来密集居住、住工混合、不良宅地等问题,而为进一步促进产业发展,又需要增强交通运输能力、扩充公共设施等。这一时期,《道路法》颁布实施,标志着日本社会运输方式正式走向汽车时代。大阪作为产业城市,持续蓬勃发展,但面临着市区改造的强烈需求,为此,形成了"大阪市街区改良法草案"。其他大城市对此也加以效仿。面对这些变化,内务省和内阁审时度势,迅速反应,1918 年 4 月修改了法令,将市区改造范围扩大到东京全境,而且,京都市、大阪市、横滨市、神户市、名古屋市也准用该改造条例。③与此同时,内务省还在寻找从根本上解决问题的方法,制定面向全国的城市规划法成为重要选项。1918 年 3 月在内务大臣办公室新设城市规划处,并设置城市规划调查会。经过一年多的调查研究、国会审议,1919 年 4 月 5 日,《城市规划法》(法律第 36 号)诞生。同日公布的还有《市街地建筑物法》(法律第 37 号)。仍然延续规划法与建筑法共同规范城市规划的格局。

---

① [日]原田纯孝:《日本の都市法Ⅰ》,东京大学出版会 2001 年版,第 23 页。

② [日]森下幸:《戦前の都市計画法制と土地所有権——東京市区改正条例と旧都市計画法の比較》,《法学研究》第 11 期,第 61 页。

③ [日]原田纯孝:《日本の都市法Ⅰ》,东京大学出版会 2001 年版,第 23—24 页。

2. 内容

《城市规划法》全文共 33 条，《市街地建筑物法》全文共 26 条。主要内容如下：（1）城市规划是旨在交通、卫生、安全、经济等方面永久地维护公共安全、增进福利的重要设施的规划。（2）城市规划的对象是敕令规定的市，若有需要，也可以扩展到周边的市町村，这些区域称为“城市规划区域”。城市规划区域概念打破了传统行政区域概念。（3）城市规划、城市规划项目、年度项目都要经过城市规划委员会的议决，以及内务大臣、内阁的批准。城市规划委员会分设置于内务省内、以内务大臣为首长的中央委员会和设置于各都道府县、以知事（东京是内务次官）为会长的地方委员会。（4）城市规划项目的执行者是国家部委、地方政府的行政机关、获得特别许可的非行政机关。（5）项目实施费用对应执行者，由国家、地方政府、特许执行者负担。（6）为城市规划项目而征收土地时，原则上适用《土地征收法》。（7）建立土地区划整理制度、用地分类制度、建筑线制度。《市街地建筑物法》从第 1 条到第 6 条，将土地分成居住地、商业地、工业地这三类。此分类的目的是将一定规模以上工厂限定在工业地内。第 7 条至第 10 条规定，道路路基的边界是建筑线，建筑物的基地要与建筑线相连，但不得超越建筑线。

3. 进步

在程序、组织、费用等方面，《城市规划法》延续了《东京市区改造条例》的精神。基于此，中央政府、内务省、内务大臣在城市规划中仍然发挥主导作用。在名称、区域范围、规划技术等方面，《城市规划法》有了创新。通过导入了土地区划整理制度、用地分类制度、建筑线制度，大大提升了本法的规划技术和近代化水平。从世界范围来看，最早开始制定城市规划制度的是德国。在经历 1875 年普鲁士《街道线建筑线法》、1900 年萨克森《一般建筑法》、1918 年普鲁士《住宅法》等后，德国于 1910 年代至 1920 年代间，正式确立了“城市规划”这一制度概念。英国 1909 年形成《住宅城市规划法》，1919 年修订，1932 年制定《城市农村规划法》。在美国，城市规划方面最早的实定法是 1916 年《纽约市土地区划条例》。法国最早的城市规划法形成于 1919 年。①所以，

① ［日］原田纯孝：《フランスの都市計画制度と地方分権化（上）（下）》，《社会科学研究》第 44 卷第 6 号，第 1—52 页；第 45 卷第 2 号，第 157—234 页。

从城市规划制度形成这一角度说，日本并没有落后于欧美。①

4. 问题

1919 年《城市规划法》经历关东大地震、第二次世界大战，实施到了 1968 年《城市规划法》诞生。其近半个世纪的法律实施，事实上对城市和城市规划制度的发展并没有发挥很大的作用。②首先，虽然实现了适用地区的一般化，即从大城市的城市规划制度走向含中小城市的一般城市规划制度，但在实践中会碰到一些问题。中小城市强烈地呈现一种倾向，即欢迎城市规划法，但不想使用建筑物法。1930 年，适用《城市规划法》的城市达 97 个，但进行了用地分类的只有 27 个。其次，随着适用地区的扩大，各地方委员会事务局和都道府县的城市规划事务得到扩充，这成为因 1923 年关东大地震灾后重建过程中膨胀起来的规划官员和技术人员再分配的去向。再次，以大城市为对象而设计的程序、机制等有的不符合小城市，各个城市之间如何调整有时成为难题，也就是说，城市规划区域概念在实践中面临考验。③另外，城市规划委员会设置于都道府县，而不是各个市，这表明立法者有限制地方自治之意，不利于发挥地方主动性和创造性，不利于形成地方特色。

二、现代

1946 年，在第二次世界大战结束后，日本在美国主导下，制定了彰显国民主权主义、和平主义、法治主义的《日本国宪法》，国家发展开启新纪元。以朝鲜战争为契机，日本经济、社会全面复苏，并逐步走向了高速发展的快车道。经济社会的快速发展改变了城市和国民生活的面貌，同时也产生了不少问题，需要法制予以回应。1968 年 6 月 15 日，日本制定了全新的《城市规划法》(法律第 100 号)，标志着日本现代城市规划法的形成。该法几经修改，沿用至今。1970 年 6 月，诞生于 1950 年的《建筑标准法》大幅度修订。全新的《城市规划法》与修订后的《建筑标准法》一起规范着日本经济高速增长期以来的城市规划活动。后来，面对社会重大转型，日本在 1992 年和 2000 年对《城市规划法》进行了大幅度修改。

---

① ［日］原田纯孝:《日本の都市法Ⅰ》，东京大学出版会 2001 年版，第 41 页。
② ［日］原田纯孝:《日本の都市法Ⅰ》，东京大学出版会 2001 年版，第 42 页。
③ ［日］原田纯孝:《日本の都市法Ⅰ》，东京大学出版会 2001 年版，第 46—48 页。

（一）1968 年《城市规划法》

第二次世界大战结束后，世界很快进入了冷战时代，日美从敌对国发展成同盟国。1950 年 6 月，朝鲜战争爆发，日本作为军需供应地，机器开足马力，工业满负荷生产，国家经济迅速恢复。进入 20 世纪 60 年代后，日美安保体制进一步加强，日本提出了“收入倍增计划”，国土开发与城市发展迎来转型。中央政府确定在太平洋经济带地区，建设以重化工业为主的临海工业联合体，建设横跨首都圈和京畿圈的高速公路和新干线铁路。各级地方政府紧密关注中央的规划动向，力争引入国家重点项目。国家政策的运行结果在客观上造成了两极现象，一边是金融、信息、政治、文化等核心功能和人口集中到特大城市，一边是农村和小城市的大学生和年轻劳动力纷纷离开，形成人口稀疏状态。1955 年至 1965 年的 10 年间，东京大都市圈的人口从 1 328 万增加到 1 886 万，增加 558 万人，增长 42%，加上名古屋大都市圈和大阪大都市圈，三大大都市圈的人口占到了全国的 37.3%。①人口、资本、生产的高度聚集造成了很大的城市问题。城市近郊农业地区被“蚕食”，居住人口多、生活标准低、防灾能力弱的木结构房屋居住区涌现，远距离通勤、私家车剧增、通勤公交拥挤不堪现象突显。交通拥堵、垃圾泛滥、大气水质污染等袭击各大城市。

1919 年《城市规划法》实施后，1923 年日本就发生了关东大地震，为抗震救灾，日本于同年制定实施了《特别城市规划法》。之后，日本穷兵黩武，发起了第二次世界大战，1945 年败降后，为推进战后重建，1946 年又一次颁布了《特别城市规划法》。这样，1919 年《城市规划法》在三十多年的时间里，几乎就没怎么实施，而第二次世界大战后，社会状况与立法当初已是天壤之别，该法自然而然地走向休克状态。中央部委中内务省解体，城市规划地方委员会撤销，城市规划主体变得不明，而实践中的现象是，法律上无任何权限的都道府县的城市规划处承担着重要协调功能，市町村与建设省城市局之间通过协议来解决问题。②伴随 20 世纪 60 年代的高速经济增长，日本的人口和产业明显向大城市集中，土地、住宅、交通、环境等所谓的城市问题愈加严重，

---

① ［日］石田赖房：《日本近現代都市計画の展開（1868—2003）》，自治体研究社 2004 年版，第 208—209 页。

② ［日］大盐洋一郎：《都市計画法改正の背景と改正案の骨子》，《自治研究》第 43 卷第 9 号，第 55—78 页。

在市街地总体把控方面，旧法显然力不从心了。①为应付实践需要，一些特别法先后出台，如 1950 年的《建筑标准法》、1952 年的《耐火建筑促进法》、1954 年的《土地区划整理法》、1958 年的《首都圈市街地开发区域整备法》、1960 年的《住宅地区改良法》、1961 年的《防灾建筑街区建设法》、1963 年的《新住宅市街地开发法》等。另外，《建筑标准法》1961 年修改，确立了特定街区制度，1963 年修改，确立了容积地区制度，据此规范超高层建筑。这些特别法在各自的领域发挥着重要作用，但城市是个整体，城市规划需要统合考虑，综合施策，需要有综合性的城市规划基本法来统合和引领这些特别法。修法或者制定新法的必要性，在于规划权限要转移到地方；要应对飞速发展的城市化时代，建立旨在促进城市有序发展的土地利用规划机制。②1919 年《城市规划法》终于走到了极限，迎来了大修的时刻。最终，立法者于 1968 年重新制定了新的城市规划法。

1968 年《城市规划法》有以下主要内容。第一，创设了城市规划区域的广域化、划线制度和开发许可制度。将城市规划区域定义为“有必要作为一体性城市，进行综合建设、开发与保护的区域”。若有必要，都道府县知事可以超出市町村区域，广域地认定城市规划区域。将城市规划区域划线分成市街化区域和市街化调整区域，两区域内的开发行为必须获得都道府县知事的许可。城市规划中要规定两区域的建设、开发与保护方针。第二，更加细化用地分类，全面适用容积率限制。将以前的 4 类用地、2 类专用地区细分为 8 类用地。市街化区域应当进行用地分类。建筑标准法修改后，容积率限制覆盖城市规划区域。为保障日照，对第一类、第二类居住专用地区设置了北侧斜线限制。新设综合设计制度，即在一定规模的基地内，对可以保障空地的建筑物，不适用容积率和北侧斜线限制，认可容积率增加。第三，城市规划的决定权限部分转移至地方政府。超出市町村域的城市规划由都道府县知事决定，未超出市町村域的城市规划由市町村决定。国家只对国家应当给予关心的规划保留认可权。知事在决定大城市及其周边城市的城市规划、与国家有重大利害关系的城市规划时，必须预先获得建设大臣的认可。第四，在城市规划项目实施方面，改变旧法的“行政机关主义”——建设大臣决定项目，原则上是市町村制

---

① ［日］原田纯孝：《日本の都市法Ⅰ》，东京大学出版会 2001 年版，第 152 页（渡边俊一撰写）。

② ［日］大盐洋一郎：《日本の都市計画法》，行政出版社 1981 年版，第 105 页。

作的项目计划获得都道府县知事认可后，由市町村实施。①第五，增加反映居民意见的程序。如城市规划草案公告与阅览、居民和利益关系人意见书的提交、向城市规划审议会介绍意见书等。“在必要时候，应当采取旨在反映居民意见的公共意见听取会等必要措施。”另外，“市町村制定的城市规划应当符合经议会决议的该市町村建设基本构想”。为配合城市规划法，《建筑标准法》于1970年进行了大幅度修改。其中，第三章是“城市规划区域内建筑物的基地、结构与建筑设备”，包括总则、建筑物及其基地与道路和壁面线的关系、用地分类、建筑物面积高度与基地内空地、防火地区、美观地区等六节，以丰富的内容、具体而硬性规定，直接与城市规划法对接。

全新的城市规划法目标明确、内容丰富，创制了不少新制度、体现了时代精神，但同时也有不足。第一，用地分类所要实现的土地用途管制宽松，开发许可标准宽松。用地分类制度不够详细、不够严厉，不能具体地呈现出市街地的形象。在住宅用地上，只要符合建筑标准法所规定的道路要求和基础标准，就可以很容易地获得建筑确认，建设住宅，而无需顾及周边街区风貌、基础设施配备情况等。开发许可制度不适用于个别建筑行为，而且，在市街化区域内，1 000平方米以下的开发行为因建筑标准法上有限制，故不需要许可。②这种程度的开发行为通常被等视为建筑行为，建筑标准法对建筑行为有规范，不需要新法进行叠加规范。③所以小规模的开发或者建筑行为不受新制度影响，这客观上助长这类行为的增加，进而促使小规模、分散型、摊大饼式宅地开发、点状住宅建设现象大量出现。第二，向地方转移的规划权十分有限。都道府县知事成为接受规划权转移的核心，而且知事的权限仍然没有摆脱以前机关委任事务观念。④这种做法20世纪50年代以来，建设省的一贯姿态。⑤第三，

① ［日］原田纯孝：《日本の都市法Ⅰ》，东京大学出版会2001年版，第113页。

② 日本《城市规划法施行令》第19条但书规定，为防止无序的市街化而认为有必要时，都道府县可以限定区域，在300平方米以上1 000平方米以下范围内，特别规定其规模。截止到1987年末，1府6县制定了相关规则，但基于该规则，进行开发管制的市町村只有86个，非常有限。参见［日］原田纯孝：《日本の都市法Ⅰ》，东京大学出版会2001年版，第134页。

③ ［日］大盐洋一郎：《都市計画法の要点》，住宅新报社1971年版，第109页。

④ ［日］藤江弘一：《都市計画と地方自治》，《自治研究》第43卷第9号，第83页。

⑤ ［日］石田赖房：《1968年都市計画法の歴史的背景と評価》，《都市計画》第119卷，第13页。

缺失总体规划。虽然新法规定了“建设开发与保护方针”，并有意让其承担总体规划的作用，但都道府县层面决定的“建设开发与保护方针”能否发挥该作用，不无疑问。而且，法律也没有规定该方针与其他具体城市规划的关系，该方针也不是必须有，实践中，制不制定该方针具有任意性，没有发挥呈现城市未来形象的作用。①

1968 年《城市规划法》是日本现代城市规划法的开始，是基于回应时代需求而诞生的城市规划基本法，从框架到内容，从宗旨到制度，都体现了战后，尤其是经济高度增长期的需求，促进了城市规划乃至整个社会的进步。该法在几经修改后，实施至今。也就是说，日本现行《城市规划法》就是 1968 年《城市规划法》。

（二）1992 年修改和 2000 年修改

现行《城市规划法》自 1968 年制定实施以来，经历了很多次的修改。每次修改都是对现实需求的积极回应，都是法制进步的重要表现，日本现代城市规划法持续发展，留下不少扎实而深刻的印记。其中，1992 年的修改和 2000 年的修改是面对社会重大转型而作的重大修改，突出诠释了城市规划法的时代特色。

1. 1992 年修改

进入 20 世纪 80 年代后，日本经济在经历高速增长后，明显呈现泡沫状态。房地产和股票是泡沫状态的两大推手。当时，大城市土地价格飞涨，由此滋生了很多社会问题。人们纷纷质疑城市土地的利用方法，质疑政府的土地政策。在这一背景下，日本于 1989 年制定了《土地基本法》，土地的公共性得到强调，确立公共利益优先原则。第 2 条规定，土地是国民现在和将来重要而有限的资源，是国民各项活动不可或缺的基础，土地利用与土地利用之间关系密切，土地价值主要因产业动向、土地利用动向、社会资本状况及其他社会经济条件而发生变动，鉴于土地具有上述与公共利害相关的特性，应当对土地优先考虑公共利益。第 3 条规定，应当对应其所在区域的自然、社会、经济和文化条件，适当利用土地；应当根据土地利用规划来利用土地。在此社会和法律背景下，城市规划法修改工作于 1991 年 1 月启动，12 月 20 日形成草案提交国

① ［日］大盐洋一郎：《都市計画法改正の背景と改正案の骨子》，《自治研究》第 43 卷第 9 号，第 72 页。

会，在吸收了部分在野党意见后，草案获得参众两院通过。

本次修改的主要内容有，第一，完善用地分类制度。对居住类用地再进行了细分，将旧法中的第一类居住专用地分为第一类低层居住专用地和第二类低层居住专用地，其中后者是新增类型。将旧法中的第二类居住专用地分为第一类中高层居住专用地和第二类中高层居住专用地，其中前者是新增类型。将旧法中的居住地分为第一类居住地、第二类居住地、准居住地，其中，第一类居住地和准居住地是新增类型。第二，创设了容积率奖励制度。在公共设施还不完善的地区，地区规划可以规定两个容积率，即目标容积率和符合地区公共设施现状的暂定容积率。现状下，为保护市街地环境，地区规划适用暂定容积率来规定地区设施，得到主管机关认可后，可以适用目标容积率。而且，为形成良好的城市环境，地区规划可以区分区域，在地区总容积率的范围内，向各区域调配容积率。第三，创设“市町村城市规划基本方针”。根据第 18 条之 2，市町村应当根据议会通过的该市町村建设基本构想和城市规划区域建设开发与保护方针，制定该市町村城市规划基本方针；制定基本方针时，应当预先采取公共意见听取会等旨在反映居民意见的必要措施。第四，充实地区规划制度。市街化调整区域也应当制定地区规划。地区规划区域内土地所有权人可以根据全体合意，可以请求制定地区建设规划。

城市规划的目的，用一句话讲即是，为建设良好城市而总体控制市街地。①本次修法的一大特点是重视城市总体规划。在修改草案说明中城市总体规划被寄予厚望，首先，展现城市的未来形象，便于居民理解城市规划，参加制定城市规划；其次，作为城市长期建设的基本方针，引导土地利用、城市设施与市街地开发项目的个别具体城市规划，保障各个规划之间的协调性、整体性；再次，对具体个别的城市规划，作为规划实现的预想，明确市街地建设的方法、时期等。②修改后的城市规划法从正面确立了“建设开发或者保护方针”作为都道府县知事制定之总体规划的地位，充实和强化了相关内容，要求记载长期目标，要求用图纸表示等。更为重要的是，修改后的城市规划法创制了市町村的总体规划——“市町村城市规划基本方针”，基本方针的制定权被定位

---

① ［日］渡边俊一：《一九九二年都市計画法改正の意義——マスタープラン論との関連において》，《法律時報》1994 年第 66 卷第 3 号，第 46 页。

② ［日］稲本洋之助：《都市計画制度の再構築》，《法律時報》1994 年第 66 卷第 3 号，第 6 页。

为市町村固有的城市规划权限，不需要都道府县知事的认可。实践中，行政机关将“基本方针”作为总体规划予以应用。①

2. 2000 年修改

随着 20 世纪 80 年代末、90 年代初经济泡沫破裂，日本经济一蹶不振，形成现在被人们常说的“失去的二十年”。但也是在这个时期，日本形成了安定的、成熟的都市型社会。人们生活在经济高速增长期未曾有过的美好自然环境中，享受着史上最好的社会保障，整个社会平静而有序运转。这一时期，在社会层面上，不得不接受来自“老龄少子社会”的挑战，在政治层面，1999 年《为推进地方分权而完善相关法律的法》②公布，中央机关委任事务制度被废除，原来专属于中央政府的众多权力逐步下放到地方，地方分权政策逐步落实。鉴于此，2000 年 2 月，城市规划中央审议会形成咨询报告《应对经济社会变化，建设新型城市规划制度》。以该报告为基础的城市规划修订案被提交到国会，并于 5 月获得国会通过。

本次修改的主要内容有，第一，修改了划线制度和开发许可制度。是否设置划线制度，由都道府县裁量。在既没有划线，又没有进行用地分类的区域（俗称“白地区域”），创设“特定用途限制区域”，市町村可以在此指定特定用途、容积率、建蔽率方面的限制。关于开发许可的技术标准，地方条例可以根据地区实情，放松或者更加严格标准。第二，建立容积率转移制度。在大城市中心商业区域，且基础设施良好的，多个建筑物之间的容积率可以转移。第三，创设准城市规划区域制度。在城市规划区域外，土地利用状况有可能恶化时，市町村可以制定“准城市规划区域”，对其限制用途和建筑行为。

本次修改有两个特点。第一，明确引导土地利用，旨在建设精致城镇。新设的“特定用途限制地区”、“准城市规划区域”、照顾地域的开发许可标准等，明确了白地区域开发控制的方法。另一方面，在市街化调整区域，认可放宽限制。在走向成熟社会的过程中，将城区、农村、国土整体作为综合性土地利用管制的对象，明确抑制农村的城市化开发，重视既有市街地重建，并在此基础

---

① ［日］渡边俊一：《一九九二年都市計画法改正の意義——マスタープラン論との関連において》，《法律時報》1994 年第 66 卷第 3 号，第 50 页。

② 该法涉及的相关法律达到 475 部，其主要内容有（1）废止中央机关委任事务制度，（2）放松或者废止地方政府在机关、设施、特定职务等设置方面的义务，（3）设置国家地方纠纷处理委员会，等等。

上，为市町村准备了各种管制放松政策，市町村应当创新方式方法，管制和引导土地利用。第二，协调城市规划权限与居民自治的关系。本次修改在广泛征求各界、市民的意见后，形成修订案。一直以来，公共意见听取会、审议会等城市规划的程序显得比较形式主义。居民个人财产权意识太强，没有统一形成公共观念。今后，市町村在实施城市规划时，应当尽早提供信息，要求居民参与规划案的形成。

日本现行《城市规划法》自 1968 年诞生至今已近半个世纪。在这半个世纪里，日本社会发生了翻天覆地的变化。日本立法者审时度势，对社会变化立即作出反应，及时对《城市规划法》作出调整。1992 年、2000 年的修改是最具代表性的两次调整，取得了很好的效果，促进了城市和社会的发展，也增强了《城市规划法》的生命力。对现实需求积极回应，适时修改法律，也是日本城市规划法治实践带给我们的一大启示。

第二章
日本城市规划法的原则

日本《城市规划法》明确规定增进国土均衡发展和公共利益，城市规划法的产生与发展的过程就是公共利益彰显的过程，公共利益原则统领城市规划法全体。学界普遍认为，日本城市规划法含蓄而广泛地散发着建筑自由的气息，建筑自由原则引领城市规划法的制定与实施。公共利益原则和建筑自由原则，作为两大原则，相互关联，增进国土均衡发展。

第一节　公共利益原则

日本《城市规划法》第 1 条规定："本法的目的是通过规定城市规划的内容及其决定程序、城市规划的限制、城市规划项目及其他城市规划之必要事项，促进城市健康有序发展，进而增进国土均衡发展和公共利益。"《土地基本法》第 2 条规定："土地是国民现在和将来重要而有限的资源，是国民各项活动不可或缺的基础，土地利用与土地利用之间关系密切，土地价值主要因产业动向、土地利用动向、社会资本状况及其他社会经济条件而发生变动，鉴于土地具有上述与公共利害相关的特性，应当对土地优先考虑公共利益。"《建筑标准法》第 1 条规定："本法的目的是通过规定建筑物的基地、结构、设备与用途的最低标准，以保护国民生命、健康与财产，进而增进公共利益。"可见，公共利益原则在日本城市规划法上有着明确的规定，体现着城市规划法的终极价值，引领城市规划法在实践中不断发展。

一、公共利益论

日本宪法共有四处提及公共利益。第 12 条规定："本宪法向国民保障的自由与权利必须通过国民的不断努力而维持；国民不得滥用自由与权利，故总是承担着为公共利益而使用自由与权利的责任。"第 13 条规定："所有国民作为个人受到尊重；只要不违反公共利益，在立法及其他国政上都需要最大程度地尊重国民追求生命、自由与幸福的权利。"第 22 条规定："只要不违反公共利益，任何人都有居住、迁移、职业选择的自由；任何人移民国外或者脱离国籍的自由不受侵犯。”第 29 条规定：“财产权不受侵犯；财产权的内容为符合公共利益，由法律规定。”第 12、13 条总括性地表达和规范了基本权，即总括性地保障国民的自由与权利，尊重国民追求生命、自由与幸福的权利。宪法没有具体规定的其他权利都由第 13 条统括性保障；这里的“自由与权利”不是普遍的人权，而只是该宪法向国民保障的自由与权利。①

各界对宪法第 12 条和第 13 条中的公共利益，尤其是第 13 条中的公共利益，有着不同的理解。“公共利益”是个有着历史阴影的、多义的、不确定概念。②很多人关注其实践价值和实践指向。“往往用‘公共利益’、‘公益’等概念作为口实，来表达国家权力限制人权”；“从判例情况看，公共利益好像成了王牌，碰到难以解决的问题，就对应基本人权，亮出公共利益概念，一切问题似乎就迎刃而解”。③应当尽量限定“公共利益”的射程与功能。④从已故宪法学家芦部信喜（1923—1999）对相关学说的整理可知：⑤（1）在初期，一元外在制约说是通说，主张对立地把握人权与公共利益，认为两者性质不同。（2）后来，内在外在二元制约说影响很大，主张将公共利益对人权的制约限定在明文表达公共利益制约之意的第 22 条（营业自由）和第 29 条（财产权保障）上，对表达自由等其他自由权的保障，只允许制约社会性权利；并认为第 12、13 条只不过是宣示性伦理规定，公共利益不是表达自由等一般人权的制约法理，人权只被人权制约。（3）再后来，一元内在制约说成主流，主张将公共利益这一实定宪法概念视为“旨在调整人权与人权之间矛盾与冲突的实质性公平原理”；公共利益概念对人权而言并非异质，其通过调整人权间关系，有效保障人权；公共利益内在于人权，两者相互亲和。

日本公法学创立者美浓部达吉（1873—1948）在其丰厚的行政法理论中，虽没有全面具体展开公共利益论，但在行政概念、公法与私法之区别、公法关

---

① ［日］长谷部恭男：《憲法》，新世社 2008 年版，第 151—152 页。

② ［日］佐藤幸治：《日本国憲法論》，成文堂 2011 年版，第 132 页。

③ ［日］末川博：《基本的人権と公共の福祉》，法律文化社 1957 年版，第 230、263 页。

④ ［日］角松生史：《古典的収用における公共性の法的構造——1874 年プロイセン土地収用法における所有権と公共の福祉》，《社会科学研究》1995 年第 46 卷第 6 号，第 4 页。

⑤ ［日］栋居快行：《人権制約法理としての公共の福祉論の現在——最高裁判決における近時の展開を踏まえて》，《レファレンス》2014 年第 5 期，第 8—9 页。

系中的权利义务、自由裁量行为与羁束行为之区别、行政复议与诉讼等场合都有涉及。美浓部的公益观有如下意思：①（1）国家不只是统治权主体，还是公共利益保护和实现的主体，对人民具有广泛的法优越性。（2）公共利益的内容除包括国家自身利益外，还包括社会公共利益（一般人民的利益），这与在性质和层次上与个人利益相对对立的国家独自利益观相区别，也排斥主张"聚集形成的个人利益的总和最终返还于个人利益"的利益观，其主张超越特定个人利益的所有利益都可看作公益，内容范围似乎无所限制。（3）既然立法者已经将何谓公共利益的判断委托于行政权，那做判断的就是行政权自身，行政权可以只依据自己的良心，自由判断决定，该判断内容、程序的是非不受法律追究。（4）最终，作为广义国家目的的"公共利益"不能说是一个在行政法学上充分受到法规范的解释概念，而只不过是一个法思想概念，但很显然，作为公权力发动之要因的该概念是权力性、公共利益性标识下的传统"公法"概念的实质基础。

第二次世界大战后，田中二郎（1906—1982）建立起日本战后行政法学。田中学说强调"公共利益"概念在实现国家目的上的积极作用，并为行政活动和行政法提供理由，而行政活动则保障公共利益的实现，对此，渡边洋三（1921—2006）批判道，田中学说在行政活动有可能制约人权方面警觉性不高。②日本行政法学权威学者盐野宏在论文《论行政法上的"公益"——以公益法人制度改革为契机》中，从行政法学说、判例多个角度分析了公共利益概念。根据其分析，公共利益概念的内容在以公法私法之区别为前提的行政法一般理论中未能得以深化，所以没有发挥太大的作用，过去和现在，为定义行政法而作的公法私法之区别的有用性遭到质疑；但在行政行为的撤回要件（公共利益上必要）、公共设施纷争与公共利益关系等方面，公共利益概念成为理论问题，引起关注；虽然在制定法上有不少使用公共利益概念的例子，但在其具体内容上，实践似乎也尚未有统一的基准，制定法上的例子如：基于公共利益理由的裁量性公开（信息公开法第7条）、土地征收的"公共利益上必要"（土地征收法第20条）等；总之，公共利益概念从学术体系到个别法规，出现在

① ［日］成田赖明等：《行政法の諸問題上》，有斐阁1990年版，第13、14页（安达和志撰写）。

② ［日］晴山一穗：《田中行政法学における「公共の福祉」概念》，《商学論集》（福岛大学）1987年第55卷第4号，第70页。

行政法的各种场合，但不论从具体的，还是从抽象的角度说，都无法对其内容进行统一的定义，所以行政法学的有力学说认为“公共利益”的判断属于行政机关自由裁量的典型情形，判例也坚持一个前提，即关于公共利益概念，要给予行政机关以判断裁量权。①

在城市规划法领域，不少学者以“公共性”为名，展开对公共利益的讨论。远藤博也（1936—1992）认为应该将公共用地取得时的公共性分为三大类，即一般公共设施的公共性、城市规划层次的公共性和开发行政层次的公共性；讨论城市规划层次的公共性时，公共设施不是因其自身的公共性，而是因该公共设施被纳入城市规划之中，其作为公共设施的公共性才得到认可，仅凭公共设施的公共性，不足以认可开发规划的合理性；问题是依据公共设施自身之公共性，而将具体布局的规划作为开发规划是否合理；无视当地生活道路被破坏而建设新干线和高速公路是不合理的，同样，无视给该当地社会带来急剧而深刻之经济社会影响，如加速当地人口稀疏化等，而规划建设大规模公共项目，不配称为开发规划。②也有学者以最高法院判例肯定公共性理由、《土地基本法》确立公共利益优先原则等为契机，展开讨论。最高法院在换地计划诉讼③判决“最判昭和 59 • 1 • 31 民集 38 • 1 • 30”中认为：面对共同实施土地改良项目的申请，即使是在知道后面有换地行为的情形下作出同意决定的，作决定者也不承担同意换地计划的义务；因为土地改良法条文的意思是，关于共同实施的土地改良项目，实施者是自由组合的团体，所实施的土地改良项目是

---

① ［日］盐野宏：《行政法における公益について——公益法人制度改革を機縁として》，《日本学士院紀要》第 64 卷第 1 号，第 25—40 页。

② ［日］远藤博也：《公共施設周辺整備法について》，《北大法学》第 313 卷第 2 号，第 249 页。

③ X（一审的原告、二审和三审的被上诉人）是 66 名共同做土地改良项目的实施者，Y（一审的被告，二审和三审的上诉人）是共同实施土地改良项目的参加人之一。X 根据土地改良法第 95 条，在公告了规约和项目计划概要，并获得含 Y 在内的全体权利人同意后，向秋田县知事提出了项目实施认可申请，并于 1969 年 3 月 18 日获得了认可。随后，改良项目按照项目计划实施，5 月 15 日临时使用地被指定，Y 也接受该指定。1971 年 3 月 6 日项目完成。之后，实施者在全体大会上同意预先制定的换地计划，但只有 Y 没有同意，这样，换地行为、登记程序等没法进行。所以，X 以 Y 为被告，向法院提起了诉讼，请求同意换地计划、支付经常课赋金和特别课赋金的滞纳金等。一审和二审法院支持了 X 的请求，作为三审法院的最高法院撤销了原审判决，驳回了 X 诉讼请求（除了经常课赋金和特别课赋金未缴纳部分的缴纳请求）。参见［日］宇贺克也等：《行政判例百選Ⅰ》，有斐阁 2012 年版，第 276 页（亘理格撰写）。

尚未达到土地改良区设立标准的、简单小规模项目，因为公共性稀薄，所以首先要保护所有权人等的权利，没有全体一致同意，不得决定换地计划。该判决以“公共性稀薄”为由，确定了土地改良法上“同意”的范围。①进入20世纪80年代后关于土地，“供人利用义务论”或者“利用责任论”在实务和理论界兴起，主张土地所有权的本来目的应当是保障土地利用，所以土地所有权人不单有自己利用的义务，而且当自己不能利用时，有义务供他人利用的义务，这是土地所有权的内在制约。②土地利用是否有效，土地权利人是否承担有效利用之义务或责任，由他人判断和认定，权利人被认定为没有有效利用之可能性或者能力时，其利用权消失。③但也有人认为，1987年最高法院“森林法违宪判决”④中的财产权论意指在交换价值支配权属性方面，即使向国家，也必须主张作为“私”的自己；这是资产阶级化了的财产权概念。⑤面对利用责任论与个人财产权论共舞的局面，研究起草《土地基本法》时，公共性被特意从另外一个角度——对象角度，进行了分类，即分成个人和法人，在公共性下，对个人限制建筑自由，而对法人，通过“开发”来扩大建筑自由。⑥像带庭院别墅这样的土地利用，在高层写字楼用地不足的地区，就是无效率的土地利用，故经济效率性是形成公共性的一大要素。土地基本法的作用是形成如下状态，即在应保护土地财产权和可限制土地财产权并存的前提下，两者的区别脱离法规制，而由政策决定，反过来说，行政机关为了能灵活区分应保护土地财产权和可限制土地财产权，必须把握公共性。⑦有学者提出了大公共性概念和小公共性概念，并主张日本城市规划法的发展形成从大公共性走向小公共性的轨迹。⑧即日本以前的城市规划法集中体现公共设施项目建设、经济发展优先和国家主导，这里的公共性是国家公共性，是大公共性。大公共性下的城市规划

① ［日］见上崇洋：《行政計画の法的統制》，信山社1996年版，第91、92页。

② ［日］国土厅土地局：《明日の土地を考える——土地問題懇談会の提言》，行政出版社1983年版，第12页。

③ ［日］见上崇洋：《行政計画の法的統制》，信山社1996年版，第108、109页。

④ 最判昭和62・4・22民集41・3・408。

⑤ ［日］大泉英次等：《戦後日本の土地問題》，密涅瓦书房1989年版，第111页（池田恒男撰写）。

⑥ ［日］本间义人：《土地臨調》，茶水书房1989年版，第207页。

⑦ ［日］见上崇洋：《行政計画の法的統制》，信山社1996年版，第114页。

⑧ ［日］吉田克己：《都市法の近時の改正動向と公共性の再構成》，《法律時報》2012年第84卷第2号，第63—68卷。

对居民权利尊重不够，不重视环境保护，容易引发民众反对。20 世纪 90 年代以来，日本经济和社会发生了很大的变化，进入经济停滞和高龄少子化时代，而且全球的环境意识显著提高，这样，“对应地域特点，人口相对集中居住，配备必要城市功能与公共服务，形成良好居住环境和高效交流空间”的集约型城市成为城市规划的目标，其体现的是小公共性。在小公共性下，熟悉地区情况、运行高效灵活的市町村和市民的主体性得到强调。所以现行城市规划法把市町村确定为城市规划的主要制定主体，重视公民对城市规划的参与。

二、体现

现代城市规划及其法制的生成与发展就是公共利益彰显的过程，就是公共利益对私权有所限制的过程。简言之，城市规划等于公共利益。早在 1926 年，美国联邦最高法院就在欧几里得判决（Village of Euclid v. Ambler Realty Co., 272U.S.365. 1926）中明确土地用途管制制度符合宪法。1958 年日本最高法院在建筑许可附款诉讼①判决“最判昭和 33・4・9 民集 12・5・717”中指出：不可否认，城市规划法对建筑物的限制也是对财产权的限制；城市规划本来就是为从交通、卫生、保安、防空、经济等方面，维护公共安全、增进福利而规划重要设施，并实施于市或者主管大臣指定的町村区域内外；这对公共利益而言当然必要；对建筑物的限制只要在城市规划上必要，就可以理解是为公共利益服务的限制，不违宪。即从城市规划上的必要性、公共利益出发，认可了财

---

① 根据东京都的城市规划，本案土地被指定为站前广场。1947 年 11 月 26 日，站前广场建设项目实施年度被批准，但 1949 年 5 月 10 日，该批准被废止。X（东京都知事、一审的原告、二审和三审的上诉人）就本案土地，向 Y（一审的被告、二审和三审的被上诉人）委托的区长申请了建筑许可。区建筑处处长一度表示不予许可，但 X 提交报告说广场项目若实施，就拆除新建建筑物，恳请给予许可。对此，区长于 1950 年 3 月 23 日作出建筑许可决定，但附款如下。即（1）Y 因车站广场项目而命令搬移后，应当在 3 个月内搬走物件，（2）对因搬移而产生的损失，不得要求补偿，（3）3 个月以内不搬移的，不得对代执行申请复议，（4）不得以被许可建筑物作担保，（5）被许可建筑物转让、转借的，应当向区长提供让渡相对人答应遵从上述条件的证书，并获得区长同意，（6）上述条件对让渡相对人的继承人也有效，等等。X 认为这些附款不是城市规划法施行令第 12 条中的条件，没有法律依据；上述条件中的（1）（2）（4）（5）规定无补偿，违反了宪法第 29 条第 3 款，所以向法院提起诉讼，请求确认建筑许可附款无效。经历一审、二审后，第三审的最高法院作出了驳回上诉人诉讼请求的判决。参见［日］宇贺克也等：《行政判例百選Ⅰ》，有斐阁 2012 年版，第 194 页（见上崇洋撰写）。

产权限制的合宪性。日本城市规划法制的建立和发展直接体现了公共利益，公共利益是日本城市规划法制的宗旨。《城市规划法》第 1 条规定："本法的目的是通过规定城市规划的内容及其决定程序、城市规划的限制、城市规划项目及其他城市规划之必要事项，促进城市健康有序发展，进而增进国土均衡发展和公共利益。"划线制度、土地分类制度、建筑标准制度、开发许可制度等城市规划法上的主要制度都是在保护和增进公共利益。此外，《城市规划法》《建筑标准法》等还直接用"公益上必要""公益上不得已""有违公益"等表述来直接表达公共利益。比如，《城市规划法》第 29 条第 1 款、第 34 条第 1 款、第 41 条第 2 款等，《建筑标准法》第 9 条第 11 款、第 44 条第 1 款、第 48 条、第 53 条之 2、第 59 条、第 60 条之 2、第 67 条之 2、第 68 条、第 68 条之 3，等等。

第二节　建筑自由原则

建筑自由，从字面上来说即指土地权利人有权在其土地上自由地实施建筑行为。但自由从来都不是绝对的。从法学角度来看，自由向来都附带着条件，法学上的"××自由"常常被附加了限制或条件等，或者说是某种特定语境下的自由，所以呈现限制性和相对性。建筑自由附加条件、限制等后，还能说是建筑自由吗？是否变成"建筑不自由"了？建筑自由、建筑不自由概念在实践中呈现复杂性。

一、概念

讨论建筑自由或者建筑不自由时，可以有三个层面，一是建筑警察性限制的层面，二是私法相邻关系性限制的层面，三是城市规划法性限制的层面。①第一层面是建筑警察性限制，即为保障各个建筑物自身的安全，以及避免建筑物带来公共危险，必须对土地上的建筑行为附加必要且最小限度的限制。如规定一定的技术标准，以不让建筑物倒塌；规定一定的材质、结构要求，以避免建筑物发生火灾，等等。这些限制在任何国家都存在。因为没有这些限制，建筑本身都难以为继。日本现行《建筑标准法》制定于 1950 年，对建筑物的基

① ［日］原田纯孝：《日本の都市法Ⅱ》，东京大学出版会 2001 年版，第 37—39 页（高桥寿一撰写）。

地、设施、结构、用途设置了最低标准。其前身《市街地建筑物法》制定于1919年，也在安全、卫生等方面对建筑物附加了限制。在德国，1794年的《普鲁士普通邦法》第1部第8编第1章第8节第65条确立了建筑自由，但同时设置了各种限制性规定。①为了确保这些标准和限制切实得到落实，法律建立起建筑确认制度等。这类限制虽然随着时代的发展，范围逐渐扩大，但被认为是当时时代背景下建筑物所必备的。所以，不能因为有这些限制及其相关的确认制度，就否定建筑自由。第二个层面是因私法的相邻关系而产生的限制。即相邻土地的权利人实施建筑行为时要考虑邻人的利益，基于邻人相互关照而对土地产生限制。"你的自由不得侵害他人的自由。"相邻土地间建筑行为的相互关照与限制是土地权利与建筑行为的原始意涵，各国民法也都有相关规定。不能将这类限制看作建筑自由与否的判断标准。第三个层面是因城市规划法而产生的限制。前两个层面立基于独立个体，是一种微观视角，本层面从宏观角度出发，基于许多个体之间、个体与公共之间关系而产生限制。为合理有序推动城市发展，政府会对辖区土地进行分区与功能定位，安排建筑物分布；为避免街道狭窄压抑，政府会对街道两旁建筑实施限高等。日本《建筑标准法》第3章以"城市规划区域内建筑物的基地、结构、建筑设备与用途"为名称，详细规定了城市规划背景下建筑行为所受到的限制。这与同法第2章"建筑物的基地、结构与建筑设备"，即与第一和二层面的限制存在较大差异。

建筑自由，还是不自由，应该从第三层面来作判断。学者高桥寿一认为，建筑不自由原则，意指只有在综合（不仅从单一技术上看是否合适，还要从选址布局上看是否合适）衡量多种利害关系（不仅是个别土地所有人的利害，还有该土地在内的一定面上的多样利害）后得出正当性的，才可以实施建筑行为；还意指该衡量发生在规划制定过程之中，只有符合包含衡量过程的土地利用规划（或者一定标准）时，才可以实施建筑行为；相反，建筑自由原则是指某土地用于建筑时可以不经过衡量过程，而只依据土地所有人的意思，自由地实施建筑行为。②高桥说从过程中的利益对冲与衡量角度，揭示了建筑自由或者不自由原则的本质意涵，很有意义。根据高桥说，日本城市规划法虽然建立

---

① ［日］原田纯孝：《日本の都市法Ⅱ》，东京大学出版会2001年版，第38页（高桥寿一撰写）。

② ［日］原田纯孝：《日本の都市法Ⅱ》，东京大学出版会2001年版，第40页（高桥寿一撰写）。

了建筑确认制度，但它并不表明建筑不自由；虽然建立了开发许可制度，但只从技术角度判断开发行为当否的话，不体现建筑不自由，第33条是从市街地的建设水平层面规定市街化区域开发许可的标准，不是建筑不自由的制度化。①在日本，理论界和实务界都认为日本《城市规划法》《建筑标准法》等遵守着建筑自由原则，许多制度都体现了建筑自由原则。

二、体现

日本城市规划法对土地利用，建立了划线制度、土地分类制度、开发许可制度等。这些制度都是在考虑建筑或开发行为与周边土地利用的协调性后，实施了限制，但是这些限制影响很有限。首先是这些制度适用的范围很有限。它们只适用于城市规划区域内的部分区域，而其中还大量存在没有划线且没有按用途进行分类的所谓"未划线白地"。城市规划区域也只是国土的一部分，大量的规划区域外土地不受上述制度的制约。在城市规划区域中，关于没有达到开发程度的建筑行为，达到法定标准的建筑行为受到建筑警察性限制，此外的建筑行为连建筑警察性限制都没有。其次是这些制度中限制的力度弱。建筑标准法在规范各类用地的用途时，有的是从正面列举可以建设的建筑物，即正面清单，有的是从反面列举不可以建设的建筑物，即负面清单。使用正面清单的是第一类低层居住专用地、第二类低层居住专用地和第一类中高层居住专用地，使用负面清单的是第二类中高层居住专用地、第一类居住地、第二类居住地、准居住地、近邻商业地、商业地、准工业地、工业地和工业专用地。一般而言，对实施正面清单中的类型的管制要严于负面清单中的类型。为了保障良好的居住环境，对第一类低层居住专用地、第二类低层居住专用地和第一类中高层居住专用地的管制标准比其他类型更严格。十二类用地中，使用负面清单的大大多于正面清单。这表明土地用途管制在整体上相对松缓，进而表明土地所有权人的权利受到的限制更少。《城市规划法》第75条规定"存在因城市规划项目而明显受益者时，都道府县或市町村可以让受益者在受益的限度内负担该项目所需费用的一部分"；确立了受益者负担金制度。但该制度在实践中运作得很不理想，寺尾美子教授将问题的根本症结归结为日本受益者负担金制度

① ［日］原田纯孝：《日本の都市法Ⅱ》，东京大学出版会2001年版，第40—41页（高桥寿一撰写）。

的宗旨与日本人的建筑自由思想，即日本人有很大的建筑自由，这不论是从思想观念角度，还是从城市规划、建筑制度角度，都直接阻碍了土地所有人等对公共义务的承担意愿，直接阻碍了受益者负担金的征收。①在日本，城市规划法等为实现公益目的，对土地利用行为实施最小的、必要的限制，从受限制方来看，即是重视权利保护，被称为建筑自由原则，与欧洲非常严苛的“无规划就无开发”原则形成鲜明对照。②建筑自由是日本城市规划法上一项没有直接表述，但却影响很大的原则，与公共利益原则一起，均衡地指导和规范着日本城市规划事务。

① ［日］开发利益社会还原问题研究会：《開発利益還元論》，日本住宅综合中心1993年版，第118—122页（寺尾美子撰写）。

② ［日］生田长人：《都市法入門講義》，信山社2010年版，第5页。

第三章 日本城市规划的内容

《城市规划法》对城市规划的内容进行了明确规定，主要包括城市规划区域开发建设与保护方针、土地利用、城市设施建设、市街地开发项目、地区规划等方面。城市规划区域开发建设与保护方针被称为总体规划。地区规划是拘于某一地区的规划，是从这一地区特性和居民要求出发而形成的详细规划。在日本，不论是学界还是实务界，对城市规划都没有进行明确分类，尤其是在现行《城市规划法》出台之前。1968 年制定现行《城市规划法》时，崭新设置的开发建设与保护方针成为一大亮点，要求城市规划应当规定城市规划区域开发建设与保护方针。这标志着日本城市规划形成二重结构，一重是宏观层面的、具有高度指导意义的“方针”，一重是在“方针”指导下制定的内容较详细的一般规划。随着 1992 年城市规划法修改，市町村制定城市规划时也被要求有“方针”（但名称不是“开发建设与保护方针”，而是“城市规划基本方针”），城市规划的二重结构进一步牢固。为了维护居住环境，提高商业街的便利性，为了更加体现居民意愿，增进规划的精细度，1980 年，《城市规划法》导入了“地区规划”，规定城市规划中可以规定地区规划。笔者以为，这又形成了一重，即在原来的一般规划之外，增设地区规划。从《城市规划法》对城市规划内容的规定出发，可以看到日本城市规划呈现三重结构，即从“方针”或总体规划，到一般规划，再到地区规划，它们在效果上呈现一重指导一重的纵向关系，在空间上呈现重合或者叠加关系。在城市规划法没有明确分类之意的背景下，上述三重也可以看成是三个类型。只是从《城市规划法》中的城市规划内容角度，分析出类型，难免给人以突兀之感。

第一节 总体规划

根据《城市规划法》，都道府县在制定城市规划时应当规定城市规划区域的开发建设与保护方针；市町村应当制定该市町村的城市规划基本方针。这是从宏观角度，就城市规划区域开发建设与保护作远景设想和原则性规定。以此为内容

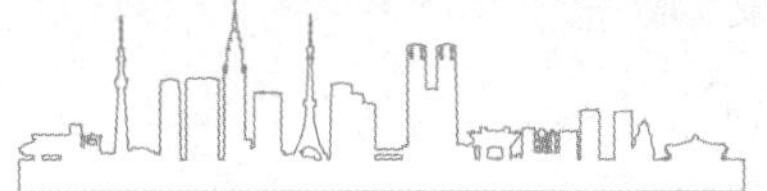

地规划城市被理论界和实务界称为总体规划，旨在为其他规划提供精神引领。

一、都道府县

都道府县制定的开发建设与保护方针应当包括如下内容，规划区域是否区分市街地区域和市街地调整区域，区分的方针；城市规划的目标；决定与土地利用、城市设施建设和市街地开发项目相关的主要城市规划时的方针。具体说可以是，从城市规划角度应对各种社会课题；展望二十年后的社会状况（城市规划区域内人口、产业的现状与预测），用长远目光来设想城市的未来图景；明确实现将来图景的路径；各个城市规划在实现将来图景过程中的作用和地位；从广域角度，参考邻近规划区域的状况、规划区域外状况，确定方针。① 城市规划区域内的城市规划必须依据开发建设与保护方针。

2014 年 12 月，日本首都东京都修订完成“东京都城市规划区域开发建设与保护方针”（以下简称“东京都方针”）。全文共分成四大部分，第一部分是基本事项、基本理念与基本战略，第二部分是东京的未来图景，第三部分是划线的方针，第四部分是决定主要城市规划时的方针，以及主要城市设施的建设目标。第一部分指出，东京都方针是根据有关东京圈未来五十年展望的《东京城市建设设想》而制定，旨在推进政策诱导型城市建设，不断反映社会经济形势变化和国家发展动向；以 2025 年为目标年份；规划区域规模达 6.1 万公顷；基本理念是把东京建成繁荣的、充满魅力的、环境优越的世界典范城市；鉴于高龄少子社会的到来、首都直下型地震的迫切性、城市间竞争的激化、地球环境更加恶化等，确定如下基本战略，即强化国际竞争与城市活力、强化广域交通基础设施、形成安全安心的城市、形成宜居的生活圈、城市低碳化、创造丰富的水和绿色、创造出美丽的城市空间。第二部分指出，从交通设施、产业、自然资源等各个方面，实现环状互联结构；再建集约型地域结构，根据地域特性，再建重点市街地，完善城市基础设施；推进《东京城市建设设想》所确定的五大特性区域。第三部分指出，对东京城市规划区域进行划线，划分为市街化区域和市街化调整区域；划线的方针是，除主要江河和水面外，原则上将全域作为市街化区域，有重点地实施既有市街地的重建，根据填埋工程竣工认可和工程进展情况，适时将填埋地编入市街化区域；预测人口和产业规模。第四

---

① ［日］生田长人：《都市法入門講義》，信山社 2010 年版，第 34 页。

部分规定了决定土地利用相关规划时的方针，包括主要用途配置方面、重点地区的形成培育方面、用地分类方面、市街地建筑物密度结构方面、市街地良好居住环境方面、市街地中特别需要考虑的土地利用方面、市街地调整区域土地利用方面等；规定了决定城市设施建设规划时的方针，包括交通设施方面、下水道与江河方面、废弃物处理循环利用设施方面、批发市场方面、住宅小区方面、集中供暖设施方面等；规定了决定市街地开发项目规划时的方针；规定了决定城市防灾规划时的方针，包括建设抗灾城市方针（实现市街地抗灾、促进抗震能力的提升、改善木结构住宅密集地区的环境、推进回家困难问题的解决等）、自立与分散型能源保障方针、建设抗水灾城市方针；规定了决定城市低碳规划时的方针，包括能源有效利用方针、环境负荷轻城市建设方针；规定了决定自然环境保护城市规划时的方针，包括公园建设方针（建设公园等以形成绿色框架、建设震灾避难所式公园、与民间合作、环境保护、创造舒适而高品质生活环境、提高城市魅力）、绿色保护方针（保护框架性水和绿色、保护市街地宝贵的绿地、在城镇建设中保护和创造绿）；规定了城市景观规划的方针，包括景观形成基本方针、有风格景观形成方针、水与绿相协调景观形成方针、与城市建设一起形成景观方针。第四部分还规定了主要城市设施的建设目标，十年内建成的项目有羽田机场区域的街区建设、首都高速中央环状线、环状 2 号线、品川车站周边地区、5 个大规模地下街、丰州新市场等。

总体规划是从区域整体角度，作宏观设计，为一般的具体规划提供精神引领。城市规划区域内的一般规划必须依据开发建设与保护方针。所以，总体规划不针对具体的人或者组织，不与公民、法人等发生直接关系。一般规划更具体，有时直接规范到人或者组织，而一般规划来源于总体规划，所以可以说，总体规划通过一般规划对人或者组织产生间接效力。需要指出的是，日本倡导地方自治理念，现在的市町村在很多方面，包括城市规划方面，都具有自治权，以前由都道府县管辖的权限，有的已经转移至市町村。简单说，都道府县与市町村是两级独立的地方政府，两者互不干涉。但是，在总体规划方面，都道府县还是影响市町村。除都道府县制定的一般规划要符合都道府县的总体规划外，市町村的总体规划也应当依据都道府县的总体规划来制定。

二、市町村

1992 年 6 月《城市规划法》修改，市町村总体规划得到确立。修订后的法要求市町村应当根据议会通过的市町村建设基本构想和城市规划区域开发建设与保护方针，制定市町村城市规划基本方针。该基本方针被称为市町村的总体规划。二十世纪八、九十年代，日本泡沫经济破裂，社会发展进入了成熟期，与以往快速发展、大建快建、整齐划一的城市设计规划建设不同，成熟期要求城市规划更加体现地域特色，更加反映居民意愿，更加创造宜居空间。总体规划就是通过对未来图景的设想，通过居民的参与和支持来实现上述目标。

与规范都道府县总体规划不同，《城市规划法》并没有统一规定市町村总体规划应当包括的内容。从实践情况看，多数市町村总体规划以二十年为目标期限，规定市街建设的理念、目标、城市的未来图景、为实现未来图景而采取的方针等。①2011 年 2 月东京都国立市公布了新的总体规划。该总体规划由五部分组成，即总体规划的地位、城市未来图景、七大主题建设、特色地区建设、规划的实现。第一部分规定了总体规划制定的背景与修改的经过、基本想法、在体系中的地位。第二部分规定了基本理念、城市建设的推进方法、预想的城市形象、七大主题、四大地区。第三部分规定了符合地区特性的土地利用、珍惜水和绿色及生物的城镇建设、能够安心、富裕地生活的城镇建设、促进地区繁荣的产业振兴、安全舒适的道路建设、珍视美丽景观的城镇建设、抗灾能力强的城镇建设。第四部分规定了北部地区、东中西地区、富士见台地区、南部地区的特色建设。第五部分规定了城镇建设的作用分担与合作机制、城镇建设的具体化、推进体制的确立、市民参加条例与城镇建设条例的制定、总体规划的评价与修订。

第二节　土 地 利 用

根据《城市规划法》，城市规划应当规定土地利用方面的很多内容。其中，最基础性的制度是划线制度和地域地区制。

一、概说

划线制度是土地利用方面的起始制度，成为城市规划的重要内容。为防止无序的市街化，实现有规划的街区化，城市规划可以将城市规划区域区划为市街化区域和市街化调整区域。市街化区域是已经形成市街地的区域和十年内优

① ［日］生田长人：《都市法入門講義》，信山社 2010 年版，第 38 页。

先推进市街化的区域，市街化调整区域是应该抑制市街化的区域。划线制度的详细情况由后述专章介绍。

地域地区制是土地利用方面的另一项重要制度。该制度包括两大方面，一是用途地域，一是其他地域地区。用途地域就是从用途角度对土地分划区域，形成低层居住专用地、中高层居住专用地、居住地、商业地等共12类，也就是"用地分类制度"（详情另述）。其他地域地区包括特别用途地区、特定用途限制地域、特例容积率适用地区、高层居住诱导地区、高度地区或者高度利用地区、特定街区、《城市再生特别措施法》第36条第1款的城市再生特别地区或者第89条的居住调整地域或者第109条第1款的特定用途诱导地区、防火地域或者准防火地域、《密集市街地建设法》第31条第1款的特定防灾街区建设地区、《景观法》第61条第1款的景观地区、风致地区、《停车场法》第3条第1款的停车场建设地区、临港地区、《古都历史风土保存特别措施法》的历史风土特别保存地区、《明日香村的历史风土保存与生活环境建设特别措施法》第3条第1款的第一种历史风土保存地区或者第二种历史风土保存地区、《城市绿地法》第5条的绿地保护地域或者第12条的特别绿地保护地区或者第34条第1款的绿化地域、《流通业务市街地建设法》第4条第1款的流通业务地区、《生产绿地法》第3条第1款的生产绿地地区、《文化财产保护法》第143条第1款的传统建筑群保存地区、《特定机场周边飞机噪音对策特别措施法》第4条第1款的飞机噪音障碍防止地区或者飞机噪音障碍防止特别地区。用途地域是一般性的，适用于规划区域内所有土地，其他地域地区则是特列，是零散性的，具有针对性，两者可以叠加，即在用途地域上可以再设定其他地域地区。当然，也可以在没有进行过用地分类的地区设定其他地域地区。

二、其他地域地区

其他地域地区大体可以归纳为五大类。①第一类是为补充用途地域制，实现特色利用的地域地区，包括特别用途地区、特定用途限制地区。第二类是为高度利用城市中的特定土地，实施有别于一般管制的地域地区，包括特例容积率适用地区、高层居住诱导地区、高度地区、高度利用地区、特定街区、城市再生特别地区。第三类是城市中特别需要注意防火的地区，包括防火地域与准

---

① ［日］生田长人：《都市法入門講義》，信山社2010年版，第66—77页。

防火地域、特定防灾街区建设地区。第四类是城市中需要保护各种城市环境的地区，包括景观地区、风致地区、高度地区、历史风土特别保存地区、第一种或第二种历史风土保存地区、传统建筑群保存地区、生产绿地地区、绿地保护地域或特别绿地保护地区或绿地地域。第五类是保障特别必要设施的地区，包括停车场建设地区、临港地区、流通业务地区、飞机噪音障碍防止地区或飞机噪音障碍防止特别地区。

（一）特别用途地区

特别用途地区，是指为了增进用途地域内一定土地利用更加符合该地区特性，为了保护环境等，补强该用途地区而设定的地区。事实上，十二项用途地域或者十二类用地分类无法从用途角度管控全国的市街地。用途地域制实施的是消极管控、底线管控，适用最小限制，面对建筑规制更加细致、品质要求更高的街区建设时无法应对。对此，特别用途地区制可以作为用途地区制的补充予以应对。根据《建筑标准法》第 49 条，在特别用途地区内，地方条例规定用途地域之用途规制事项以外的、旨在实现地区指定目标的建筑物限制禁止的必要事项；在特别用途地区内，都道府县或者市町村认为为实现该地区指定目的而有必要时，在获得国土交通大臣认可后，可以通过制定条例来放松用途地域之用途规制方面的管制。根据第 50 条，对指定目的之实现而言有必要的、特别用途地区内建筑物基地、结构或者建筑设备的限制，由都道府县或者市町村的条例规定。截至 2010 年 3 月底，日本全国共有 394 个城市指定了特别用途地区，面积合计为 10 万余公顷。①

以前，法律法规规定了十一类特别用途地区，即中高层居住专用地区、商业专用地区、特别工业地区、文教地区、零售店铺地区、事务所地区、福利地区、娱乐休闲地区、观光地区、特别业务地区、研究开发地区。1998 年城市规划法修改，特别用途地区的类型不由法律法规预先限定和规定，由市町村在具体的城市规划中规定。这体现了城市规划领域的地方分权精神。有利于发挥地方的积极性，有利于地方政府通过更加细致的用途管制，建设更具特色的街区。国土交通省《城市规划区域、市街化区域、地域地区的决定状况》（日文

---

① ［日］国土交通省：《都市計画区域、市街化区域、地域地区の決定状況》，http://www.mlit.go.jp/toshi/city_plan/toshi_city_plan_fr_000022.html（国土交通省主页），2020 年 3 月 16 日最后一次访问。

为“都市計画区域、市街化区域、地域地区の決定状况”）显示，截止到2010年3月底，在上述十一个类型中，特别工业地区体量最大，共有222个城市实施了指定，面积约为2.67万公顷。为了保护当地具有特色的中小企业，地方政府可以将某区域指定特别工业地区，将特色中小企业集中于该工业区内。例如，有的地方以纺织业为地方特色产业，有的工厂、小作坊深居居民区内，对此，地方政府可以在该原居住类土地上再指定为特别工业地区，规定只允许纺织类工厂进驻。

（二）特定用途限制地域

特定用途限制地域，是指在没有规定用途地域的土地区域内，为形成和保持良好环境，符合地域特性地合理利用土地，而限制特定建筑物用途的地域。近年来，在没有划线、没有设定用途地域的地方，像弹子球店、风俗设施等给当地居住环境带来不良影响的建筑物，像大规模店铺、旅游悠闲设施等给公共设施带来巨大负荷的建筑物不断出现。另外，2000年《城市规划法》修改，划线成为地方的自主选择，在从划线变为不划线的地方，以前的市街化调整区域成为无用途管制的“白地”，在此就有可能建设影响周边环境的建筑物。为了克服这种现象，在确立“划线选择制”的同时，新设了特定用途限制地域制。“对这样的白地，若有市街化倾向的，本来应该指定为用途地域，但其只是建设单体的大规模零售店铺，将其规制于特定利用之上即可解决问题。用途地域具有‘面对集中于市街地中有限土地的各种需求，让其做何用途’这一资源分配手段的性质，而特定用途限制地域具有与既有土地利用相协调的性质，在性质上与用途地域略有不同。”①用途地域与特定用途限制地域具有互补的意义，两者的恰当配合很重要，所以在指定特定用途限制地域时，可以对应现实需求，一起指定或者变更用途地域。截止到2010年3月底，日本全国共有29个城市指定了特定用途限制地域，面积合计为7.9万余公顷。②

特定用途限制地域制的最大问题是难以进行预防性应对。例如，在白地上建设大规模零售店铺的规划确立公布后，再指定特定用途限制地域，进行调整是不现实的，因为特定用途限制地域需要城市规划规定，而城市规划出台需要相当

---

① ［日］生田长人：《都市法入門講義》，信山社2010年版，第70页。

② ［日］国土交通省：《都市計画区域、市街化区域、地域地区の決定状况》，http://www.mlit.go.jp/toshi/city_plan/toshi_city_plan_fr_000022.html（国土交通省主页），2020年3月16日最后一次访问。

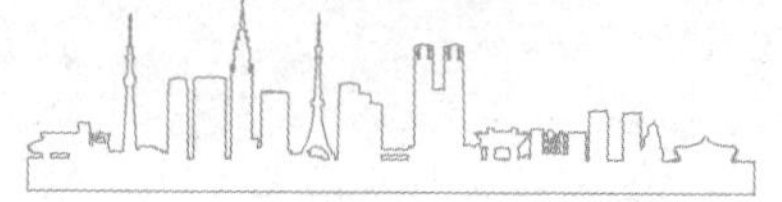

的时间，而且出台城市规划若只针对个案的话，也会招致各种批评。所以，需要在事先进行预测，将盖然性高的地区指定为特定用途限制地域，而且还不能指定大片区域。另外，在没有发生问题的阶段就推进指定程序也会有困难。①

（三）特例容积率适用地区

特例容积率适用地区，是指具备适当配置与规模之公共设施的第一类中高层居住专用地、第二类中高层居住专用地、第一类居住地、第二类居住地、准居住地、近邻商业地、商业地、准工业地、工业地内的土地。根据《建筑标准法》第52条第1款至第9款，在建筑物容积率限度内还有未利用容积的，为促进该未利用容积利用和土地高度利用，而指定的地区。在该地区可以实施容积转移，即一地块未利用的容积转移至同地区内另一地块上，由此实现地区内土地的高度利用。国土交通省《城市规划区域、市街化区域、地域地区的决定状况》显示，截止到2010年3月底，共有1个城市（东京都）指定了特例容积率适用地区，面积为116.7公顷。

特例容积率适用地区制度创设于2005年。由于容积转移时，并不要求转出地与接受地相邻，所以与美国的TDR（Transferable Development Right，即可转移开发权）相似。容积转移会给该地区空间，尤其是接受地的空间带来很大影响，所以适用地区非常有限，适用条件严格。适用时需要满足两个物理条件，一是地区内以交通设施为代表的城市基础设施十分完善，容积转出地和容积接受地共享这些完善的基础设施；一是容积接受地上的建筑物不得妨碍交通、安全、防火、卫生等。此外，还要满足目的条件，即容积转出地一般有如下情况，有应该保存或者复原的历史建筑物；为完善教育设施，维护文化环境，从用途和周边状况看，文化设施最好不使用很高的容积率；为了形成良好的街区景观，建筑物的最高限度被地区规划所限定。运用特例容积率适用地区制度的典型例子就是东京火车站开发事例。②根据《建筑标准法》第57条之2，

① ［日］生田长人：《都市法入門講義》，信山社2010年版，第71页。

② 日本东京火车站大楼建于1914年，高三层，最高处33米，长330米，红砖墙体，故该大楼俗称“红砖驿舍”，1945年因美军空袭而毁损，1947年修复，2003年被认定为日本重要文化财产，受到特殊保护。为了让大楼发挥更大的经济和社会效益，焕发时代活力，2007年至2012年大楼内外进行了大规模修缮。在此过程中，日本东铁路公司将大楼上方的空中空间以容积率的形式卖给了周边六栋大楼，筹得了500亿日元的修缮费用。这样，东京火车站大楼作为受保护建筑得以维持历史原貌，供广大民众更好地参观和使用，同时火车站周围树立了起更多更高的大厦，展现出东京都丸之内地区活力四射的新形象。

特例容积率适用地区内的两个以上地块的所有权、地上权或使用权等的权利人，可以向特定行政机关申请认定该两个以上地块各自适用的特别容积率的限度；特定行政机关在考虑该地块上建筑物利用的必要性、周边状况等后，认为符合法定要件的，应当指定特例容积率的限度。

（四）高层居住诱导地区

高层居住诱导地区，是指为适当分配居住和居住以外用途，引导建设便利性高的高层住宅，在第一类居住地、第二类居住地、准居住地、紧邻商业地或者准工业地的城市规划中，在《建筑标准法》第 52 条第 1 款第 2 项规定的建筑物容积率 400％或者 500％的土地上，规定建筑物容积率的最高限度、建筑物建蔽率的最高限度和建筑物基地面积最低限度的地区。在大城市的中心城区，正在出现居住功能降低、人口空洞化加剧、生活场所与工作场所日渐远离、公共公益设施闲置等问题。在中心城区中指定高层居住诱导地区，有利于缩短生活场所与工作场所的距离，实现商务功能、商业功能、文化功能与居住功能相协调，把中心城区建成宜居地区。1997 年城市规划法修改，崭新创设了高层居住诱导地区制度。截至 2010 年 3 月底，日本全国共有 1 个城市（东京都）指定了高层居住诱导地区，面积为 28.2 公顷（东京都港区内的 9.3 公顷、江东区内的 18.9 公顷）。①

高层居住诱导地区内的建筑物，住宅比例超过三分之二的，可以采取如下建筑限制方面的合理措施：（1）住宅容积率方面的奖励，即在该建筑物所在的用途地域内的指定容积率（400％或者 500％）以上，其 1.5 倍以下，对应住宅建筑面积的比例而计算出的数值范围内，在该高层居住诱导地区的城市规划中规定容积率；（2）因前面道路宽度而放松容积率限制，即在第一类、第二类居住地与准居住地内，其容积率适用与商业地等其他用途地区相同的数值，也就是，从“道路宽度×0.4”变为“道路宽度×0.6”；（3）放松斜线限制，即在第一类、第二类居住地与准居住地内，其道路斜线限制和邻地斜线限制适用与商业地等其他用途地区相同的数值。

在高层居住诱导地区内建设高层住宅时，为了不损害该地区居住环境的最

① ［日］国土交通省：《都市計画区域、市街化区域、地域地区の決定状況》，http://www.mlit.go.jp/toshi/city_plan/toshi_city_plan_fr_000022.html（国土交通省主页），2020 年 3 月 16 日最后一次访问。

低标准，应当对应该地区实情来规定建筑物的建蔽率的最高限度和基地面积的最低限度。其中，设定建蔽率的最高限度的目的是，地区内公园等空地不足时，通过强化建蔽率，可以获得更多的空地，切切实实地保护市街地环境。基地面积的最低限制的目的是，在因地价上涨而使基地不断缩小的情况下，防止基地细分化，促进基地的整合，从而保障市街地环境。①高层居住诱导地区内允许容积率的大幅度提高，故原则上其处于基础设施已经完善的地区，如街区道路宽度过半数超过八米，或者绿水环保而具有较高的独立性，给周边影响少等。高层居住诱导地区制度创设时的建设省通知暗示，不仅作为大城市，还作为地方城市的中心市街地空洞化对策来应用它。但现实是很多地方城市的中心城区已经丧失了聚集人口的能力，通过奖励容积率来增加住宅供给，还是很有疑问的。②

（五）高度地区

高度地区，是指为维护市街地环境或者增进土地利用，在用途地域内规定建筑物高度的最高限度或者最低限度的地区。高度地区分为两类，即最高限高地区和最低限高地区，前者在建筑密度有可能过大的市街地区域、交通等城市功能有可能降低的商业地内，或者为保持居住地内适当的人口密度和良好的居住环境而被指定；后者出现在市街地中心区的商业地区、车站周边、周边住宅地等，旨在促进土地利用。最高限高地区被广泛应用于大城市居住类用途地域内，通常多以斜线限制的形式实施，目的是保护低层建筑物间的日照等，但最近出现了为保护景观而被应用的情况（京都市、小田原市）。③实践中极少指定最低限高地区。国土交通省《城市规划区域、市街化区域、地域地区的决定状况》显示，截止到 2010 年 3 月底，共有 204 个城市指定了高度地区，面积合计约为 40.9 万公顷，其中最高限高地区面积 40.5 万公顷，最低限高地区面积 0.4 万公顷。

（六）高度利用地区

高度利用地区，是指为合理且健康地利用高度利用用途地域内市街地土地，或者为了更新城市功能，而规定建筑物容积率最高限度与最低限度、建筑

---

① ［日］城市规划法制研究会：《よくわかる都市計画法》，行政出版社 2010 年版，第 56 页。

② ［日］生田长人：《都市法入門講義》，信山社 2010 年版，第 335 页。

③ ［日］生田长人：《都市法入門講義》，信山社 2010 年版，第 74 页。

物建蔽率的最高限度、建筑物建筑面积的最低限度、墙面位置限制的地区。由于限制内容对地区内土地利用影响重大，所以应当在充分考量项目前景、建筑活动影响、土地利用状态等后作出指定。尤其是根据《城市再开发法》上的市街地再开发项目的城市规划可以在高度利用地区内实施，所以在指定高度利用地区时，应当留意与市街地再开发项目的关联。①截止到 2010 年 3 月底，日本全国共有 271 个城市指定了高度利用地区，面积合计为 1 816.4 公顷。②

（七）特定街区

特定街区，是指为建设和改善市街地，就进行街区建设的地区，规定该街区内建筑物容积率与建筑物高度最高限度以及墙壁位置限制。早在 1961 年，特定街区就在城市规划法上被制度化，主要作为在商业地上建设高层建筑物的手段得到应用，如东京霞关大厦、东京都政府大楼等。③国土交通省《城市规划区域、市街化区域、地域地区的决定状况》显示，截止到 2010 年 3 月底，共有 17 个城市指定了特定地区，地区数 111 个，面积合计约为 186.6 公顷。

《建筑标准法》第 60 条规定："特定街区内的建筑物的容积率与高度应当在与特定街区相关的城市规划规定的限度以下。特定街区内建筑物墙壁或作为其替代物的柱子的建设，除建筑物地盘面下部门以及国土交通大臣指定的走廊柱子及其他类似物外，不得违反与特定街区相关的城市规划规定的壁面位置的限制。特定街区内的建筑物不适用第 52 条至第 59 条之 2，以及第 60 条之 3 第 1 款的规定。"这样，特定街区内不适用用途地域内的容积率、建蔽率、高度、斜线限制等一般性限制。根据《城市规划法》第 17 条第 3 款，与特定街区相关的城市规划案必须获得土地所有人等利害关系人的同意。这显示出特定街区制度对利害关系人影响更大，与一般的地区地域制度相比，增加了利害关系同意这样更高的要求。市町村可以制定特定街区相关城市规划。国土交通省制定《城市规划运用指针》，其中规定了特定街区的运用标准、容积率缓和标准等。市町村根据这些标准来规定具体应用标准。具备下列条件的，在考量有效空地

---

① ［日］城市规划法制研究会：《よくわかる都市計画法》，行政出版社 2010 年版，第 57 页。

② ［日］国土交通省：《都市計画区域、市街化区域、地域地区の決定状況》，http://www.mlit.go.jp/toshi/city_plan/toshi_city_plan_fr_000022.html（国土交通省主页），2020 年 3 月 16 日最后一次访问。

③ ［日］生田长人：《都市法入門講義》，信山社 2010 年版，第 331 页。

面积对街区面积比等因素后，决定容积率增加程度：（1）建设地方政府认为应该鼓励进入该地区的建筑物时；（2）安排旨在提高市街地环境的有效空地时；（3）建设广域性公共公益设施时；（4）保护历史建筑物时；（5）城市总体规划中鼓励住宅建设地区中，建筑物一定比例用于住宅时。容积率转移也适用于特定街区内土地。

（八）城市再生特别地区

根据 2002 年制定的《城市再生特别措施法》，为通过城市开发项目，紧急而有重点地推进市街地建设，可以设置“城市再生紧急建设地域”。为激活民间资本和智慧，引导其从事城市开发活动，有必要在城市规划上，构建起能对应民间计划的、松绑既有用途地域内限制的、事前透明性更高的机制，为此，建立了城市再生特别地区制度。城市再生特别地区就是处于城市再生紧急建设地域内，贡献于城市再生，促进土地合理、健康、高度利用的区域。国土交通省《城市规划区域、市街化区域、地域地区的决定状况》显示，截止到 2010 年 3 月底，共有 13 个城市指定了城市再生特别地区，地区数为 49 个，面积合计约为 96.9 公顷。

在城市再生特别地区内，适用一般地区的容积率限制、斜线限制、日影管制、高度地区的高度限制、用途管制等不再适用，取而代之，可以特别规定应鼓励的特别用途、容积率的最高限度（数值为 400％以上的）和最低限度、建蔽率的最高限度、建筑面积的最低限度、高度的最高限度、壁面位置。城市再生特别地区内建筑物必须符合该地区的城市规划所规定的内容。关于用途管制，可以规定既有用途地域的城市规划没规定的用途，但不得限制既有用途地域的城市规划所认可的用途。实践中的城市再生特别地区有个共同特征，即几乎都处于城市商业性的用途地域内，被指定为高容积率，一般城市规划中几乎见不着的超 1 000％的容积率也出现的比较多，大阪角田町地区等地区还出现了 1 800％的情况。①

（九）防火地域或者准防火地域

防火地域或者准防火地域，是指为防止和排除市街地火灾危险而规定的地域。在防火地域，原则上三层以上或者建筑面积一百平方米以上的建筑物必须是耐火建筑物，除此之外的建筑物必须是耐火建筑物或者准耐火建筑物。在准

① ［日］生田长人：《都市法入門講義》，信山社 2010 年版，第 337 页。

防火地域，原则上四层以上或者建筑面积一千五百平方米以上的建筑物必须是耐火建筑物，建筑面积五百平方米以上，一千五百米以下平方米的建筑物必须是耐火建筑物或者准耐火建筑物。三层以上建筑物必须是耐火建筑物、准耐火建筑物或者防火必要标准的建筑物。截止到 2010 年 3 月底，日本全国共有 743 个城市指定了防火地域或者准防火地域，面积合计约 32 万公顷，其中，防火地域面积 3 万余公顷，准防火地域面积约 29 万公顷。①

防火地域多指定在商业地上，一是从面上指定于建筑物密集地区，以防火灾扩大，一是指定于干线道路沿线，以起到阻燃作用。在防火地域，建设耐火建筑物成为义务，由耐火能力弱的大量传统木质建筑物形成的老街区就面临着消失的危险，防火安全与传统景观保护的调整成为大难题，好在建筑标准方面导入了性能、整体防火等措施，提高了地区防火能力，使两者得以兼顾，当然，有的地方为了保护历史木质建筑街区，解除其防火地域的指定。

（十）景观地区

景观地区是指为维护建设市街地良好景观而规定的地区。其由《景观法》2004 年创设，并在城市规划法中不断发展。在景观地区内，必须规定建筑物的形体设计，可以规定高度的最高限度或最低限度、壁面位置、基地面积的最低限度。根据《景观法》第 63 条、72 条、73 条等，建筑物形态设计是否符合景观形成标准，由市町村长认定，不经过市町村长认定，不得建设建筑物；为形成良好的景观，地方条例可以对景观地区内的开发行为等实施必要的管制。景观地区制度不但可以应用于已经形成了良好景观的地区，还可以应用于今后将形成良好景观的地区。国土交通省《城市规划区域、市街化区域、地域地区的决定状况》显示，截止到 2010 年 3 月底，共有 19 个城市指定了景观地区，地区数 31 个，面积合计约为 1.9 万公顷。

（十一）其他

除上述之外，还有风致地区、停车场建设地区、临港地区、历史风土特别保存地区、特别绿地保护地区、生产绿地地区、流通业地区、传统建筑群地

---

① ［日］国土交通省：《都市計画区域、市街化区域、地域地区の決定状況》，http://www.mlit.go.jp/toshi/city_plan/toshi_city_plan_fr_000022.html（国土交通省主页），2020 年 3 月 16 日最后一次访问。

区、飞机噪音损害防止地区、休闲土地转型利用地区、受灾市街地复兴地区等。

第三节　城市设施建设

城市设施是指城市工作生活所必要的设施。《城市规划法》明确了城市规划规定城市设施的范围，对城市设施进行了列举。城市规划规定的城市设施被称为城市规划设施。

一、类型

城市设施包括：(1) 道路、城市高速铁路、停车场、汽车站及其他交通设施（空港、轨道、通路、交通广场）；(2) 公园、绿地、广场、墓地及其他公共空地（运动场、散步道路）；(3) 水道、电力供给设施、气供给设施、下水道、污物处理场、垃圾焚烧场及其他供给设施或者处理设施（冷暖空调设施、垃圾处理设施、石油管道、中水道设施）；(4) 江河、运河及其他水路；(5) 学校、图书馆、研究设施及其他教育文化设施（博物馆、美术馆、会场、展示场、公民馆、配食中心、体育馆、职业培训设施）；(6) 医院、保育所及其他医疗设施（保健所、诊疗所、助产所）或者社会福利设施（婴儿院、母子宿舍、老人养护院、残障福利设施）；(7) 市场、屠宰场或者火葬场；(8) 小区的住宅设施（一小区中五十户以上的集体住宅及其附带通路及其他设施）；(9) 政府办公设施；(10) 物流园；(11) 海啸防灾据点市街地形成设施；(12) 复兴再生据点市街地形成设施；(13) 复兴据点市街地形成设施；(14) 其他行政法规规定的设施。

二、规划的内容

城市规划应当规定城市设施的种类、名称、位置及区域，还要尽力规定面积及其他行政法规规定的事项。关于道路、江河及其他行政法规规定的城市设施，除前述事项外，当对适当而合理利用土地而言必要时，城市规划可以就该城市设施区域的地下或者空间，规定该城市设施建设的立体范围。在规定地下的立体范围时，可以一并规定距离该立体范围隔离距离的最小限度与荷重的最大限度。在市街化区域以及没有划线的城市规划区域内，至少要规定道路、公园以及下水道；在第一类低层居住专用地、第二类低层居住专用地、第一类中高层居住专用地、第二类中高层居住专用地、第一类居住地、第二类居住地以及准居住地内，还应当规定义务教育设施。城市设施一般都规定在其所在区域的城市规划里，但也有特殊情况。根据《城市规划法》第 11 条，特别有必要时，也可以在该城市规划区域外规定城市设施。比如，垃圾焚烧场、火葬场、上水道水源地设施等的规划就会超出原来的规划区域。这种情况下，需要各个规划主体、相关的地方政府进行充分的沟通和协商。

三、调查

都道府县每五年就要对城市规划区域进行基础调查，调查内容是人口规模、产业类别的就业人口规模、市街地面积、土地利用、交通量、城市设施利用等的现状与未来发展。调查结果表明既有的城市规划需要变更的，应当变更城市规划。在“东京高裁平成 17・10・20 判タ1197・163”这一判决中，东京高等法院认为，城市规划调查结果显示人口减少，但变更后的城市规划却决定将道路从 11 米拓宽至 17 米，而规划拓宽道路的条件是人口增加等，这种无视调查结果而变更城市规划的决定违法。①所以，调查结果将给未来的城市规划产生影响。

四、整体性与区域性

城市设施，尤其是城市基础设施与土地利用密切相关，不论是当下的土地利用，还是将来的土地利用。所以，在布局城市设施时，在判断其位置、规模、结构等是否适当时，要有综合性、专业性眼光。土地利用相关城市规划一般从面的角度进行管制，而城市设施相关城市规划则一般是从点或者线的角度进行建设。两者发生紧密关联后，城市设施相关城市规划也不能抛开面的视角，从城市整体布局城市设施也很重要。比如道路的布局，就需要考虑城市整体的道路网，必须要有综合视角。城市设施相关城市规划一经制定，就对区域内的活动附加了限制，有的土地还将被征收，影响甚大。所以，在哪个地方设置城市设施，设置何种规模等问题变得极为重要。有的城市设施布局要更注重整体视野，而有的城市设施则只限于某一区域。对后者，在布局时要注重反映该区域居民或者利害关系人的意志。学者生田长人认为不能无条件地赞成如下

① 参见［日］生田长人：《都市法入門講義》，信山社 2010 年版，第 126 页。

意见，即因为现在的城市规划程序中尚未建立这种与城市设施性质和功能相对应的机制，所以将综合性、专业性判断委任给行政机关，司法对程序性瑕疵进行判断就足矣。①

五、标准

《城市规划法》第13条第1款第11项规定，应当在考虑土地利用、交通等的现状和将来发展后，决定城市设施的适当规模和必要位置，由此确保平稳的城市活动和良好的城市环境。土地利用、交通等的现状与将来发展是规划城市设施时的标准。在日本，有的土地属国家，有的土地属于地方政府，有的土地属于私人，前两者称为“国公有地”。规划城市设施时，是否应该优先使用国公有地成为一个问题。最高法院东京目黑公园诉讼②判决“最判平成18·9·4判时1948·26”否定了优先使用国公有地的主张，但认为“当可以取代私有地，使用公有地时，使用公有地也可以是判断城市规划合理性的考虑要素之一”。就第13条第1款第11项的标准，城市规划决定权者可以根据具体事实进行判断，建设大臣为保护贵重树木而将私有地划为公园区域的决定不欠缺合理性。

六、行为限制与补偿

城市设施规划、建设、使用是个持续的过程。为了保障城市设施各方面顺利展开，有必要对城市设施所在区域内的一些行为进行限制。根据《城市规划法》第53条和54条，在城市规划设施区域内建设建筑物者必须获得都道府县知事等的许可，但行政法规规定的简易行为、必要应急措施等除外。建筑物满足以下条件的，都道府县知事等应当给予许可，即可以容易地转移或者清除的，层数为两层以下且没有地下层的，主要结构部门是木造、钢筋造、混凝土造以及其他类似结构的。建筑行为等受到上述限制，无疑给土地所有权人等带来了损失，这些损失需不需要进行补偿，是个问题。一般认为，城市设施建设具有很高的公益性，土地所有权人等被强加的忍受义务也轻，故无需补偿。最

---

① ［日］生田长人：《都市法入門講義》，信山社2010年版，第127页。

② ［日］城市规划城镇建设判例研究会：《都市計画まちづくり紛争事例解説》，行政出版社2010年版，第128—131页。

高法院在“最判昭和 48・10・18 民集 27・9・1210”这一判决中指出，不需要损失补偿的根据是：（1）在公益上有很高的限制必要性，（2）土地现在可以使用，并非本质性限制，（3）土地到时会被收购或者征收，到时会像权利没有受到限制那样，获得有价补偿；最终补偿以土地利用未受限制的完全土地价值得以实现，但过渡期限制本身所致的损失只不过是时间性的，与公益上的巨大需求相比，负面影响还处于应忍受的限度内。①在此方面，容易与因用地分类所致限制形成对比。用地分类所致限制认为是适用法规的一般性限制，而城市设施区域的限制很难说是一般性限制，而是偶发的、特定土地遭受的限制；用地分类后，土地虽然遭受了限制，但同时也会享受到因限制而产生的利益，而城市设施区域没有这种情况，对土地所有权人等而言，所受限制是为城市整体而做出的特别牺牲。否定对这种特别牺牲做出补偿，理由只能是所受限制轻微。②之所以说限制轻微，首先，其是对新建行为的限制，对既有的利用不附加特别负担，其次是可以建设一些容易转移或者清除的建筑，再次，限制有期限，即到该土地被收购之日止。

应该说，上述否定补偿的理由具有合理性。但实践中会出现一些特别的情况，比如限制期限拖得很长，典型形态是道路规划形成后长时间未实施，形成所谓的长期搁置规划道路问题。对此需不需要补偿，讨论一直不少，近来有不少观点主张针对不同的情况给予补偿，认为负担是客观存在的，从公平、平等角度出发，与其让个人承担该负担，还不如让社会全体成员承担更合适。③有一个道路规划，制定后过了六十年都没有实施，围绕着该规划及其导致的建筑限制，当事人之间形成诉讼纠纷并诉至最高法院。在“最判平成 17・11・1 判时 1928・25”这一判决中，最高法院认为“说其超越了一般应当然忍受的限制范围，被附加了特别牺牲还是很困难的，所以上诉人不能直接以宪法第 29 条第 3 款为根据请求损失补偿”。以宪法第 29 条第 3 款④为根据请求损失补偿虽然被驳回，但该案审判员藤田法官在补充意见中指出，应该讨论补偿的必要性，认为在考量对限制的忍受限度时，必须将限制的内容、限制的期间作为问题，在限制历经六十年的情形中，完全不考虑该时长，而只是简单地从建筑限

① ［日］安本典夫：《都市法概説》，法律文化社 2008 年版，第 163 页。

② ［日］生田长人：《都市法入門講義》，信山社 2010 年版，第 129 页。

③ ［日］生田长人：《都市法入門講義》，信山社 2010 年版，第 130 页。

④ 该条款规定：“私有财产在正当补偿下可以为公共所用。”

制程度角度出发说不需要损失补偿的想法大有疑问。①

城市设施相关城市规划制定后往往不会马上实施，经过一段时间后，规划会以建设项目形式落实。要实施城市设施建设项目，往往会先确定项目预定地。项目预定地的建设限制有特殊之处。项目预定地一般意味着项目不久就开工，假如允许在项目预定地上建设前述那些简易建筑的话，一开工就要拆除，这既麻烦又浪费，不太合理。所以，《城市规划法》第 55 条规定，都道府县知事等不得在城市规划设施区域内的项目预定地内实施第 53 条的许可。作为对土地所有权人等的弥补措施，法规设置了收购请求制度，即项目预定地内土地所有权人以不给予许可后明显妨碍土地利用为由，请求收购该土地时，只要没有特殊情况，都道府县知事等要按时价收购该土地。按时价收购也可以看作是一种补偿。

七、项目

城市规划法对城市设施建设项目建立了认可制。市町村在获得都道府县知事认可后实施城市设施建设项目。都道府县认为市町村实施有困难或者不适合实施的，在获得国土交通大臣认可后，可以实施城市设施建设项目。国家机关在获得国土交通大臣同意后，可以实施与国家利害有重大关系的城市设施建设项目。民间企业具备铁路项目、电力项目等的建设资质的，可以在获得都道府县知事的认可后，实施城市设施建设项目。所以，市町村是城市设施建设项目的一般实施者，在其他条件下，都道府县、国家机关、民间企业也可以成为实施者。实施者必须获得认可后才能启动工程。认可制有利于保障城市设施建设项目保质保量、有序进行。

拟获取认可者必须向国土交通大臣或者都道府县知事提交申请书。申请书应当记载实施者名称、城市设施建设项目种类、项目计划（项目地、设计概要、项目实施期间）等，同时还必须附带如下资料，即项目地图纸、表达设计概要的图纸和文书、资金计划书、资质证明等。实施预定者在城市设施项目规划公告之日起两年内，必须申请上述认可或者同意。国土交通大臣或者都道府县知事认为申请程序不违反法规，且所申请的项目符合下列条件的，可以给予认可或者同意，即项目内容符合城市规划、项目实施期间适当、具备资质。

---

① 详情参见［日］生田长人：《都市法入門講義》，信山社 2010 年版，第 132 页。

在上述条件中，项目内容符合城市规划存在一些值得讨论的地方。项目内容符合城市规划，是说城市规划本身是合法的，即依法确定，但反过来说，当时的城市规划本身就不依法确定的话，那项目内容符合它，则构成违法。最高法院判决表达了此意。①判断城市规划违法与否的时点是城市规划确立之时。城市规划领域是一个活跃的领域，项目实施的时间往往与城市规划确定的时间不一致，有时是城市规划确定之后过了很长时间，项目才开始实施。即使城市规划确定之时是依法确定，但时过境迁，尤其是经过很长时间后，城市规划就不符合时代要求了，就得应势修改。在这种情形中，当初的城市规划即使违法，到后来该违法性也得到治愈，当初的城市规划即使没有违法，但对照现行法规和形势，其已存在很大的问题。对此，学者生田长人认为，当初的城市规划决定的违法性当然由决定时刻来判断，但若后来该城市规划变更的话，那就应当根据当时决定时起到变更时止的各种变化，重新思考该城市规划的整体，所以，若能断定变更时城市规划合法，那当初城市规划的违法性只要不是极为重大，其违法性就在那个时点可能被治愈。另外，在项目认可前没有变更城市规划的情形中，尽管期间伴随各种变化，城市规划应当变更，但没有变更的，有时也构成违法。有必要在当初决定时点、变更时点、项目认可等时点，对城市规划的违法性进行判断后，参考违法性有无、违法性程度、违法性治愈等，对城市规划项目进行判断。②可以按照这样的精神，综合判断城市设施建设项目是否符合相关城市规划，进而是否能够获得认可或者同意。

城市设施建设项目获得认可或者同意后，向社会公布。公布标志着项目正式进入实施阶段，为了保障项目进展顺利，不会遭受不必要的干扰，有必要对实施阶段进行严格管制。《城市规划法》第 65 条规定，在项目地内拟变更土地形质、建设建筑物或其他工作物，或者拟设置或堆积重量超五吨之物件的，必须获得都道府县知事等的许可。都道府县知事等拟给予该许可时，必须预先听取项目实施者的意见。项目认可被公布十日后，拟有偿转让项目地内土地建筑物者必须通过书面形式向项目实施者报告该土地建筑物、转让价、接手人等事项。项目地内土地所有人可以请求项目实施者按时价收购该土地。

---

① 参见“最判平成 11・11・25 判時 1698・66”。

② ［日］生田长人：《都市法入門講義》，信山社 2010 年版，第 137 页。

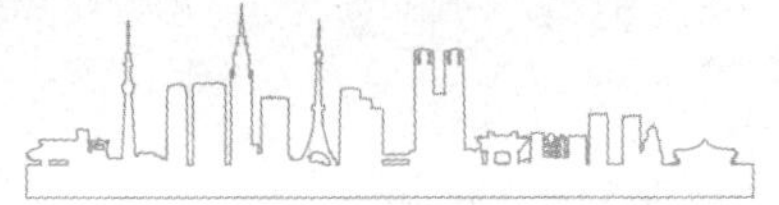

第四节　市街地开发项目

为开发建设市街地，《城市规划法》规定，在城市规划区域内，城市规划可以规定如下市街地开发项目：(1)《土地区划整理法》规定的土地区划整理项目；(2)《新住宅市街地开发法》规定的新住宅市街地开发项目；(3)《首都圈近郊建设地带与城市开发区域建设法》规定的工业园建设项目或者《京畿圈近郊建设区域与城市开发区域建设开发法》规定的住宅街区建设项目；(4)《城市再开发法》规定的市街地再开发项目；(5)《新城市基础建设法》规定的新城市基础建设项目；(6)《大城市区域内住宅与住宅地供给促进特别措施法》规定的住宅街区建设项目；(7)《密集市街地建设法》规定的防灾街区建设项目。这七大项目根据地方政府制定的综合性规划，与公共设施的建设和宅地建筑物的建设一起实施，由此积极推进整片市街地的开发。城市规划要规定市街地开发项目的种类、名称以及实施区域，还要尽力规定实施区域的面积及其他行政法规规定的事项。关于土地区划整理项目，城市规划除要规定上述事项外，还要规定公共设施的配置与宅地建设事项。

一、认可制

城市规划法对市街地开发项目建立了认可制。市町村在获得都道府县知事认可后实施市街地开发项目。都道府县认为市町村实施有困难或者不适合实施的，在获得国土交通大臣认可后，可以实施市街地开发项目。国家机关在获得国土交通大臣同意后，可以实施与国家利害有重大关系的市街地开发项目。民间企业具备资质的，可以在获得都道府县知事的认可后，实施市街地开发项目。所以，市町村是市街地开发项目的一般实施者，在其他条件下，都道府县、国家机关、民间企业也可以成为实施者。实施者必须获得认可后才能启动工程。认可制有利于保障城市设施建设项目保质保量、有序进行。拟获取认可者必须向国土交通大臣或者都道府县知事提交申请书。申请书应当记载实施者名称、市街地开发项目种类、项目计划（项目地、设计概要、项目实施期间）等，还必须附带如下资料，即项目地图纸、表达设计概要的图纸和文书、资金计划书、资质证明等。实施预定者在市街地开发项目规划公告之日起两年内，必须申请上述认可或者同意。国土交通大臣或者都道府县知事认为申请程序不违反法规，且所申请的项目符合下列条件的，可以给予认可或者同意，即项目内容符合城市规划、项目实施期间适当、具备资质。市街地开发项目获得认可或者同意后，向社会公布。公布标志着项目正式进入实施阶段，为了保障项目进展顺利，不会遭受不必要的干扰，有必要对实施阶段进行严格管制。在项目地内拟变更土地形质、建设建筑物或其他工作物，或者拟设置或堆积重量超五吨之物件的，必须获得都道府县知事等的许可。都道府县知事等拟给予该许可时，必须预先听取项目实施者的意见。项目认可被公布十日后，拟有偿转让项目地内土地建筑物者必须通过书面形式向项目实施者报告该土地建筑物、转让价、接手人等事项。项目地内土地所有人可以请求项目实施者按时价收购该土地。

二、预定区域

《城市规划法》第 12 条之 2 规定，城市规划可以在城市规划区内规定如下预定区域：（1）新住宅市街地开发项目的预定区域；（2）工业园建设项目的预定区域；（3）新城市基础建设项目的预定区域；（4）面积超过二十公顷的一小区住宅设施的预定区域；（5）整地块式政府办公设施的预定区域；（6）物流园的预定区域。其中的（1）（2）（3）是市街地开发项目，据此，城市规划可以规定这三类项目的实施预定者。另外，在这三类市街地开发项目预定区域建设建筑物受到限制，拟变更土地形质，或者建设建筑物及其他工作物者必须获得都道府县知事等的许可，但下列行为不受此限，即通常的管理行为、简易行为、应对突发灾害的紧急措施等。

第五节　地 区 规 划

城市规划一般而言是从城市整体出发，对基本的土地利用、城市设施、市街地开发项目等进行谋划和规范。这种一般规划体现了城市的整体构想，从中观角度实现城市的未来愿景，但往往会忽视城市中的局部特性，使城市面貌千篇一律，缺乏个性和深度。为了维护地区的良好居住环境，建设有特色的美丽景观，促进商业便利，高效利用土地，可以将城市规划做得范围更小、内容更详细，《城市规划法》于 1980 年确立了地区规划制度。根据第 12 条之 4，在城市规划区域内可以规定地区规划，地区规划要规定地区规划名称、位置及区域，还要尽力规定区域面积及其他行政法规规定的事项。这样，地区规划与一般规划、总体规划一起，从微观、中观、宏观构筑起日本城市规划的三重结

构。截止到2010年3月底，日本全国共有732个城市制定了地区规划，地区数5 795个，面积合计13.8万余公顷。①

一、实施区域

地区规划旨在从建筑物的建筑形态、公共设施及其他设施的配置等方面出发，一体性建设、开发和保护具备区域特性样态和良好环境的街区。在规定了用途地域的土地区域内可以制定地区规划，在尚未规定用途地域的土地区域内，可以在下列区域内制定地区规划：（1）实施或者已经实施了住宅市街地开发及其他建筑物或其基地建设项目的土地区域；（2）建筑物的建设或其基地建设正在或者有可能无序进行的一定土地区域中，从公共设施建设状况、土地利用动向等看，有可能形成不良街区者；（3）良好的住宅市街地中正在形成良好居住环境及其他优秀街区环境的土地区域。

二、内容

地区规划要规定地区规划名称、位置及区域；还要规定主要为街区内居住者使用的道路、公园及其他行政法规规定之设施（以下称“地区设施”）和建筑物建设与土地利用的规划（以下称“地区建设规划”）；还要尽力规定该地区规划的目标、该区域建设开发与保护方针、区域面积及其他行政法规规定的事项。符合下列条件的土地区域，为了促进土地合理健康地高度利用和增进城市功能，可以在地区规划中规定为一体性综合性市街地再开发或开发建设区域（以下称“再开发等促进区”）：（1）土地利用状况正在发生显著变化，或者非常有可能发生显著变化的土地区域；（2）为合理且健康地高度利用土地，而有必要建设规模与配置适当之公共设施的土地区域；（3）促进土地高度利用有利于增进城市功能的土地区域；（4）规定了用途地域的土地区域。符合下列条件的土地区域，为了通过建设剧场、店铺、饮食店及其他类似用途的大规模建筑物（以下称“特定大规模建筑物”）来增进商业及其他业务便利，可以在地区规划中规定为一体性综合性市街地开发建设区域（以下称“开发建设促进区”）：（1）土地利用状况正在发生显著变化，或者非常有可能发生显著变化

① 参见日本国土交通省主页 http://www.mlit.go.jp/toshi/city_plan/toshi_city_plan_fr_000026.html，2020年3月16日最后一次访问。

的土地区域；(2) 为通过建设特定大规模建筑物来增进商业及其他业务便利，而有必要建设规模与配置适当之公共设施的土地区域；(3) 在该区域内通过建设特定大规模建筑物来增进商业及其他业务便利的话，有利于增进城市功能的土地区域；(4) 规定了第二类居住地、准居住地或工业地的土地区域，或者尚未规定用途地域的土地区域。规定了再开发等促进区或者开发建设促进区的地区规划要规定前述事项、道路公园及其他行政法规规定之设施的配置与规模外，还要尽力于土地利用基本方针。地区建设规划可以规定如下事项：(1) 地区设施的配置与规模；(2) 建筑物等的用途限制、建筑物的容积率最高限度或最低限度、建筑物的建蔽率的最高限度、建筑物基地面积或地板面积的最低限度、壁面位置限制、壁面后退区域（作为壁面位置限制而规定的限度线与基地界限线之间的土地区域）中工作物设置的限制、建筑物等高度的最高限度或最低限度、建筑物等形态或色彩及其他设计限制、建筑物绿化率的最低限度及其他行政法规规定的建筑物事项。

三、制定程序

地区规划由市町村制定。在制定程序上，与市町村制定一般规划不同，制定地区规划时要根据市町村的条例，听取土地所有人等利害关系人的意见。《城市规划法》第16条规定，依据条例规定的意见提交方法等，征求区域内土地所有人及其他行政法规规定的利害关系人①的意见后，制作地区规划案；市町村可以在条例中规定居民或利害关系人就地区规划案表达意见的方法。典型的“地区规划程序条例”的内容包括目的、对地区规划案意见征求的内容与阅览场所、说明会、利害关系人意见提交方法、委任事项等。②紧贴民众的程序设计有利于地区规划体现地区特色，符合当地居民意愿。

---

① 根据《城市规划法施行令》第10条之4，利害关系人是就地区规划案相关区域内土地具备对抗要件的地上权人、租赁权人或者已登记的先取特权人、质权人、抵押权人，以及该土地或上述权利的预登记、关于该土地或上述权利的扣押登记、关于该土地的回购特约登记的登记名义人。

② [日] 生田长人：《都市法入門講義》，信山社2010年版，第182页。

第四章 日本城市规划法制度（一）

本研究重点关注制度。日本城市规划法确立了很多重要制度，本书将其分成两大部分来介绍。本部分介绍备受《城市规划法》重视，规范较详细、基础性强的几项制度，如划线制度、用地分类制度、开发许可制度和程序制度。

第一节　划线制度

日本《城市规划法》第 7 条规定："为了防止城市无序扩张，实现有序的市街化，有必要时，可以在城市规划中将城市规划区域划分为市街化区域和市街化调整区域。……市街化区域是已经形成市街地的区域以及十年内优先且有计划地实现市街化的区域。市街化调整区域是应该抑制市街化的区域。"该法将规划区域分成两大类，实施不同的开发政策，形成区域区分制度，又称划线制度。

一、沿革

1955 年至 1975 年的 20 年间，日本经济高速增长。在此期间，第一产业比重显著下降，第二、三产业急速增长，大量农村年轻劳动力涌入城市。1960 年至 1970 年间的 10 年间，城市人口增加 1 500 万人，城市不得不迅速向外扩张。①当时，土地住宅开发管制尚不严格。有的农地、山林、原野被作为住宅用地，农田旁、乡道边被开发成小规模住宅用地，城市住宅区以"摊大饼"的方式迅速向郊区延伸。对这种迅猛发展，各级地方政府也是疲于应付，常常来不及给这些住宅区配备道路、学校、医院等设施。这个时期形成的很多街区存在很多问题，时至今日都需要好好改造。当然，面对这些问题，当时国家也意识到应当审视和把握城市的发展趋势，加大规划力度，科学规划，消除摊大饼式发展带来的弊端，保持城市有序健康发展。所采取的措施之一，即将城市规

① ［日］生田长人：《都市法入門講義》，信山社 2010 年版，第 42 页。

划区域区分为积极开发区域和暂缓开发区域，对不同的区域采取不同的开发政策。1967 年 3 月住宅用地审议会的《关于城市土地利用合理化对策的回答》（第 6 次回答）①将城市地域分为四大地域，即既成市街地、市街化地域、市街化调整地域和保存地域；目的是从环境、便利性、公共投资效率等角度出发，用良好的顺序和形态来满足大量且不断增长的开发需求。1968 年全面修改《城市规划法》，地域区分措施写进了法律，形成了现行日本城市规划法上的划线制度。

二、内容

所谓划线，就是在规划区域内划出一道线，形成市街化区域和市街化调整区域。其中，市街化区域又分两种情况，一是既成市街地区域，一是十年内优先且有计划地实现市街化的区域。关于既成市街地区域，内阁颁布的《城市规划法施行令》（以下简称《施行令》）规定是国土交通省令规定的有相当的人口和人口密度的市街地以及与之相连的正在不断市街化的区域。据此授权，国土交通省令《城市规划法施行规则》（以下简称《规则》）将既成市街地区域规定为两种情况：（1）对每个 50 公顷以下、已大体整形的土地进行计算后人口密度达每公顷 40 人以上的土地延绵着的区域，且区域内人口在 3 000 人以上；（2）与第一种情况的土地连接着的区域，且对每个 50 公顷以下、已大体整形的土地进行计算后建筑物的基地面积合计为该区域面积的三分之一以上。《规则》要求这两种情况中的土地都不能是集中农地。“十年内优先且有计划地实现市街化的区域”有两种情况：（1）是市街地的周边地域的，最好满足以下三个条件，与既成市街地相连、已呈现相当的住宅区化、十年左右可以成为既成市街地；（2）是新街地的，要考虑市街地的发展动向、该区域的地形、自然条件和交通条件、有效配备基础设施后决定。②另外，根据《施行令》第 8 条，以下土地区域原则上不能作为十年内优先且有计划地实现市街化的区域：（1）鉴于该城市规划区域内的市街化动向以及铁路、道路、江河和排水设施建设情况，不适合市街化的区域；（2）可能因溢水、灌水、海啸、涨潮等而发生灾害

---

① 日文为《都市地域における土地利用の合理化を図るための対策に関する答申》。

② ［日］城市规划法制研究会：《よくわかる都市計画法》，行政出版社 2010 年版，第 27 页。

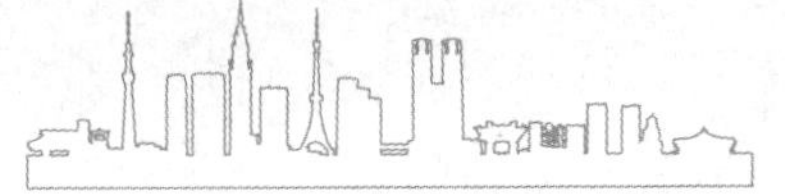

的地区；（3）优良农地以及其他应长期作为农地的地区；（4）为维护优美的自然风景、保持城市环境、储备水源、预防沙土流出等而应保护的地区。

三、效果

规划区域被区分为市街化区域和市街化调整区域后，根据相关法律，在这两个区域会形成不同的效果。首先，在市街化区域，要进行土地分类管理，要规定道路、公路和下水道，要规定市街地开发项目等，而这些在市街化调整区域原则上都不要。其次，关于开发许可，在市街化区域，符合（空地配备、道路设计、给水排水设施等方面的）技术标准的，给予许可，而在市街化调整区域，除要满足上述市街地区域的技术标准外，还必须是如下情形才能获得许可：（1）日常生活所必需的店铺、矿产资源或观光资源利用设施、农林水产物贮藏加工设施；（2）不会促进周边市街化，且在市街化区域内难以实施或明显不适当者，例如农家的二儿子和三儿子分家后的宅基地等；（3）20 公顷以上的开发。再次，在市街化区域，改变农地性质不需要许可，只要向农业委员会报备即可，而在市街化调整区域，需要得到都道府县知事等的许可。国土交通省《2018 年度城市规划现状调查》（日文为《2018 年度都市計画現況調查》）显示，截止到 2018 年 3 月，市街化区域面积约为 145.2 万公顷，市街化调整区域面积约为 378.9 万公顷。①

四、例外

在有的城市，即使中心街区也没有出现人口大量集中的现象，也就没有必要通过划线来控制市街地的无序扩张。在这样的城市规划区域，一直以来就没有导入划线制度。而且，根据 2000 年修订后的城市规划法，是否实施划线制度成为各地的自由，这样，不划分市街化区域与市街化调整区域的“非划线城市规划区域”就大量存在。在这样的区域，当需要规制土地利用时，可以通过城市规划来规定土地用途、基础设施等，对规模大、对周边影响大的开发行为，不出于抑制目的而实施管制，而是为维护良好的市街地水平而实施许可制

---

① ［日］国土交通省：《2018 年度都市計画現況調査》，https://www.mlit.go.jp/toshi/tosiko/toshi_tosiko_tk_000049.html（日本国土交通省主页），2020 年 6 月 25 日最后一次阅读。

度。实践中，有的城市规划区域既没有划线，也没有进行用地分类，俗称“白地区域”。白地区域的土地管理十分松懈，出现了不少与周边土地利用不相协调的情况。

第二节　用地分类制度

日本《城市规划法》第 8 条规定，城市规划可以规定第一类低层居住专用地、第二类低层居住专用地、第一类中高层居住专用地、第二类中高层居住专用地、第一类居住地、第二类居住地、准居住地、近邻商业地、商业地、准工业地、工业地、工业专用地。以此为基础，形成了用地分类制度。截止到 2018 年 3 月，用地分类总面积约为 186.7 万公顷，占城市规划区域总面积（1 024.4 万公顷）的 18.2%。①

一、沿革

日本明治维新后，踏上了国家近代化道路。为向伦敦或巴黎学习，建设近代化城市，树立东京作为帝都的威仪，1888 年颁布第一部城市规划法——《东京市区改造条例》。由于当时首都改造的切入点是道路，所以该条例主要规范了道路规划建设，内容比较简单。第一次世界大战后，日本的产业结构发生变化，由轻工业向重工业转变，东京的人口和产业由此急剧膨胀，市内外大小工厂散乱分布，脏乱差街区到处可见。②对此，《东京市区改造条例》已无法应对，需要内容更丰富、方法更多样的新法规来解决新问题。1919 年《城市规划法》和《市街地建筑物法》公布。两法将规划区域内的土地分为居住地、工业地、商业地、未定地等四类，对不同的土地实施不同的管制，确立了用地分类制度。第二次世界大战后，日本经济崛起，社会、城市各方面发生巨大变化。在此背景下，日本于 1968 年制定了全新的《城市规划法》。用地分类扩大到八类，分别为第一类居住专用地、第二类居住专用地、居住地、近邻商业地、商业地、准工业地、工业地和工业专用地。③经济高速增长后，店铺、事

---

① ［日］国土交通省：《2018 年度都市計画現況調查》，https://www.mlit.go.jp/toshi/tosiko/toshi_tosiko_tk_000049.html（日本国土交通省主页），2020 年 6 月 25 日最后一次阅读。

② ［日］堀内亨一：《都市計画と用途地域制》，西田书店 1978 年版，第 8—9 页。

③ ［日］城市规划法制研究会：《よくわかる都市計画法》，行政出版社 2010 年版，第 42 页。

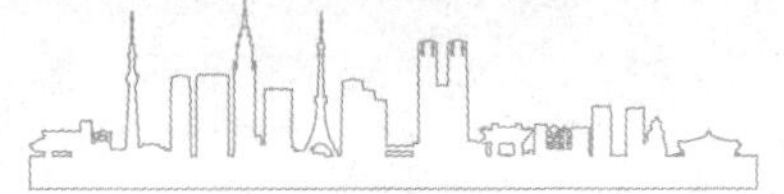

务所等商业设施不断进入住宅地，到二十世纪八九十年代，中心城区的商业地价严重影响了住宅地价。为了抑制住宅地价过快上涨，有必要进一步细分用地，根据面积规模来更加细致地设置店铺、事务所等建筑物，①1992年修改《城市规划法》，用地分类中的居住用地系列从原来的三类扩大为七类，②形成现行的十二类用地。在城市规划中，这十二类用地分类对土地利用管制发挥着基础性作用。

二、作用

确立用地分类制度，可以缓解道路的混杂程度，因为用地分类后，土地上的建筑物的用途、容积率等被限制，由此能形成与该区域人口数相适应的交通量；可以减少火灾等，保障地区安全，因为用地分类后，工业用地与居住用地分开，易燃易爆物、燃料库等远离居民；可以增进健康和一般福祉；可以提供充足的日照和通风；可以缓解土地和建筑物的混杂状况；可以避免人口过度集中。③学者生田长人认为用地分类制度具有城市土地资源分配规划功能、城市空间管理规划功能这两大功能。④居住、商业、工业等需求集中于有限的城市土地之上，若任由市场配置，则经济能力强的需求会支配市街地的分配，而经济能力弱的需求无法获得适当且必需的场所，那么在总体上就不能形成健康而良好的城市，另外从个体来看，用地分类能够将污染物排泄、危险物处理等远离住宅区，调整设施周边环境。这是城市土地资源分配规划功能。在市街地上建起各种建筑物空间是人们利用城市土地的最常见形式，此情形中的土地利用者之间应当形成互不妨碍、和谐共处的规则和方法，而且，为了维护环境、景观等，利用土地时还应当区分公私，确保公共空间。对此，用地分类制能发挥空间管理规划功能。

三、类型

《城市规划法》将城市土地分成12类。这12类可归纳成3大系列，即居

---

① ［日］生田长人：《都市法入門講義》，信山社2010年版，第61页。

② ［日］稻本洋之助：《都市計画制度の再構築》，《法律時報》1994年第66卷第3号，第36页。

③ ［日］堀内亨一：《都市計画と用途地域制》，西田书店1978年版，第10—11页。

④ ［日］生田长人：《都市法入門講義》，信山社2010年版，第54—55页。

住用地系列、商业用地系列和工业用地系列。居住用地系列包括第一类低层居住专用地、第二类低层居住专用地、第一类中高层居住专用地、第二类中高层居住专用地、第一类居住地、第二类居住地、准居住地等7类。商业用地系列包括近邻商业地、商业地等2类。工业用地系列包括准工业地、工业地、工业专用地等3类。国土交通省《2018年度城市规划现状调查》显示，截止到2018年3月，用地分类总面积约为186.7万公顷，其中，居住用地面积约为125.5万公顷，占比67.3%，商业用地面积约为15.2万公顷，占比8.1%，工业用地面积约为46万公顷，占比24.6%。

(一) 居住用地系列

居住用地，即用于建设住宅等居住设施的土地。这类土地要满足居住的要求，不得建设有损于居住环境的建筑。居住用地系列包括第一类低层居住专用地、第二类低层居住专用地、第一类中高层居住专用地、第二类中高层居住专用地、第一类居住地、第二类居住地、准居住地这7类。“低层”是指三层以下住宅，“中高层”是指四层以上住宅。“第一类”与“第二类”在管制程度上有区别，对“第一类”设置更多条件，管制更严，从而居住环境就更纯，而对“第二类”管制更松，可以有中小型店铺等。“居住专用地”与其他三类居住地相比，禁止的东西更多，管制更严。截止到2018年3月，第一类低层居住专用地面积约为33.8万公顷，占用地分类总面积的18.1%；第二类低层居住专用地面积约为1.6万公顷，占用地分类总面积的0.9%；第一类中高层居住专用地面积约为25.9万公顷，占用地分类总面积的13.9%；第二类中高层居住专用地面积约为10万公顷，占用地分类总面积的5.4%；第一类居住地面积约为42.4万公顷，占用地分类总面积的22.7%；第二类居住地面积约为8.8万公顷，占用地分类总面积的4.7%；准居住地面积约为2.9万公顷，占用地分类总面积的1.6%。①

1. 第一类低层居住专用地

(1) 用途方面。在第一类低层居住专用地上，只能建设如下建筑或设施：(A) 住宅。(B) 内设50平方米以下事务所、店铺，且一半以上面积用于居住

① ［日］国土交通省：《2018年度都市計画現況調査》，https://www.mlit.go.jp/toshi/tosiko/toshi_tosiko_tk_000049.html（日本国土交通省主页），2020年6月25日最后一次阅读。

的住宅。其中，事务所不得设有停放废物运输车、危险物运输车的停车场。店铺可以是：日用品店、食堂、咖啡馆；理发店、美容店、干洗收取店、当铺、衣服出租店、租书店及其他从事类似业务的店铺；西服店、榻榻米店、门窗店、自行车店、家用电器点及其他从事类似业务的店铺（使用马达的，功率总和必须低于 0.75 千瓦）；自产自销食品的面包店、米店、豆腐店、点心店及其他从事类似业务的店铺（使用马达的，功率总和必须低于 0.75 千瓦）；课外补习班、花道教室、围棋教室及其他类似设施；美术品或工艺品制作工作室或工房（使用马达的，功率总和必须低于 0.75 千瓦）。（C）集体住宅、宿舍或出租屋。（D）学校（不包括大学、高等专科学校、专修学校以及非普通学校）。（E）神社、寺院、教会及其他类似机构。（F）老人院、保育所、福利院及其他类似机构。（G）公共浴室。（H）诊疗所。（I）派出所、电话亭及其他类似公益建筑物。类似公益建筑物包括，五百平方米以下的邮政设施；六百平方米以下的地方政府副楼、老人福利中心、儿童福利设施及其他类似机构；设置于公园内的公共厕所或休憩所；公共汽车站点；经国土交通大臣认定的通信设施、电力设施、简易天然气设施、液化气销售设施、自来水设施、下水道设施、城市高速铁路设施、供热设施等。（J）前述各项建筑物的附属物。（K）除以上外，还可以建设特定行政机关认可的、公益上必要，且不影响第一类低层居住专用地良好居住环境的建筑或设施。但是，不得建设六百平方米以上的车库、超过十五平方米的畜舍，不得在二楼以上建车库，等等。

（2）容积率方面。第一类低层居住专用地上建筑物的容积率不得高于该地区城市规划规定的容积率，而《建筑标准法》规定该城市规划可以规定的数值是 50％、60％、80％、100％、150％或者 200％。

（3）建蔽率方面。建蔽率是指建筑物单层面积与基地面积之比。第一类低层居住专用地上建筑物的建蔽率不得高于该地区城市规划规定的建蔽率，而《建筑标准法》规定该城市规划可以规定的数值是 30％、40％、50％或者 60％。

（4）外墙壁后退距离方面。第一类低层居住专用地上建筑物要从基地界线处向内退，所退距离必须大于该地区城市规划规定的距离，而《建筑标准法》规定可以规定的数值是 1.5 米或者 1 米。

（5）高度方面。第一类低层居住专用地上建筑物的高度不得超过该地区城市规划规定的高度，而《建筑标准法》规定该城市规划可以规定的数值是 10 米或者 12 米。

从上述规范可以看出，第一类低层居住专用地用于建设纯度高的、安静的低层住宅或者别墅区域。

2. 第二类低层居住专用地

第二类低层居住专用地的管制比第一类低层居住专用地松。符合第一类低层居住专用地标准的建筑物或设施可以在第二类低层居住专用地上建设，反之则不行。

（1）用途方面。在第二类低层居住专用地上，只能建设如下建筑或设施：（A）与第一类低层居住专用地（A）—（I）项相同。（B）经营面积不超过150平方米的如下建筑物：店铺；餐饮店；销售日用品的店铺、食堂或咖啡馆；理发店、美容院、干洗收取店、当铺、衣服出租店、租书店及其他从事类似业务的店铺；西服店、榻榻米店、门窗店、自行车店、家用电器店及其他从事类似业务的店铺（使用马达的，功率总和必须低于0.75千瓦）；自产自销食品的面包店、米店、豆腐店、点心店及其他从事类似业务的店铺（使用马达的，功率总和必须低于0.75千瓦）；课外补习班、花道教室、围棋教室及其他类似设施。（C）除以上外，还可以建设特定行政机关认可的、公益上必要，且不影响第二类低层居住专用地良好居住环境的建筑或设施。但是，不得建设六百平方米以上的车库、超过十五平方米的畜舍，不得在二楼以上建车库，等等。

（2）其他方面。在容积率、建蔽率、外墙壁后退距离、高度等方面与上述第一类低层居住专用地的规定相同。

从上述规范可以看出，第二类低层居住专用地用于建设比较安静的低层住宅或者别墅区域。

3. 第一类中高层居住专用地

（1）用途方面。在第一类中高层居住专用地上，只能建设如下建筑或设施：（A）与第一类低层居住专用地（A）—（I）项相同。（B）大学、高等专科学校、专修学校及其他类似建筑物。（C）医院。（D）老人福利中心、儿童福利设施及其他类似建筑物。（E）经营面积五百平方米以内的店铺、餐饮店及其他类似建筑物。（F）三百平方米以内的车库或者城市规划决定的车库。（G）税务署、警察署、保健所、消防署及其他类似建筑物；国土交通大臣认可的电信、电力、天然气设施。（H）上述各项建筑物的附属设施。（I）除以上外，还可以建设特定行政机关认可的、公益上必要，且不影响第一类中高层

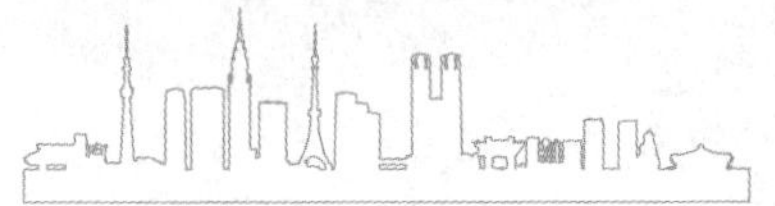

居住专用地良好居住环境的建筑或设施。

(2) 容积率方面。第一类中高层居住专用地上建筑物的容积率不得高于该地区城市规划规定的容积率，而《建筑标准法》规定该城市规划可以规定的数值是100%、150%、200%、300%、400%或者500%。

(3) 建蔽率方面。与前述第一类低层居住专用地和第二类低层居住专用地的规定相同。

(4) 高度方面。《建筑标准法》在第56条对第一类中高层居住专用地上建筑物各部分的高度要求进行了规定。

从上述规范可以看出，第一类中高层居住专用地用于建设安静的公寓区域。

4. 第二类中高层居住专用地

(1) 用途方面。在第二类中高层居住专用地上，不得建设如下建筑或设施：(A) 麻将馆、弹子球馆、射击馆、赛马券销售所、车票销售点及其他类似设施；卡拉OK厅及其他类似设施；剧场、电影院、演艺场或观礼台；三百平方米以上或者处于三楼以上的车库；经营性仓库。(B) 工厂。(C) 保龄球场、滑冰场、游泳馆及其他行政法规规定的运动设施。(D) 酒店或者旅馆。(E) 驾校。(F) 规模由行政法规规定的畜舍。(G) 三楼以上不用于建设第一类中高层居住专用地能建设施。(H) 一千五百平方米以上的第一类中高层居住专用地建筑物以外的建筑物。但是，特定行政机关认为公益上有必要，而且不影响第二类中高层居住专用地良好居住环境的，不受此限制。

(2) 其他方面。在容积率、建蔽率、高度等方面，与上述第一类中高层居住专用地的规定相同。

从上述规范可以看出，第二类中高层居住专用地用于建设热闹的公寓区域。

5. 第一类居住地

(1) 用途方面。在第一类居住地上，不得建设如下建筑或设施：(A) 进行如下工作的工厂：使用十升以上三十升以下乙炔发生器的金属工作、印刷用墨水生产、使用750瓦马达来喷射涂料、使用马达进行鱼肉加工、使用两台以下的机械研磨机来干燥研磨金属，等等；料理店、夜总会、带包间公共浴室。(B) 麻将馆、弹子球馆、射击馆、赛马券销售所、车票销售点及其他类似设施。(C) 卡拉OK厅及其他类似设施。(D) 三千平方米以上的第一类中高层居住专用地建筑物以外的建筑物。但是，特定行政机关认为公益上有必要，而且不影响第一类居住地居住环境的，不受此限制。

(2) 容积率方面。与前述第一类中高层居住专用地的规定相同。

(3) 建蔽率方面。第一类居住地上建筑物的建蔽率不得高于该地区城市规划规定的建蔽率，而《建筑标准法》规定该城市规划可以规定的数值是50%、60%或者80%。

(4) 高度方面。《建筑标准法》在第56条对第一类居住地上建筑物各部分的高度要求进行了规定。

与前四类地相比，本类用地可以建设工厂，但要求其规模不会给酒店、旅店、住宅地造成不良影响。

6. 第二类居住地

(1) 用途方面。在第二类居住地上，不得建设如下建筑或设施：(A) 进行如下工作的工厂，使用十升以上三十升以下乙炔发生器的金属工作、印刷用墨水生产、使用750瓦马达来喷射涂料、使用马达进行鱼肉加工、使用两台以下的机械研磨机来干燥研磨金属，等等；陪侍俱乐部、料理店、夜总会、①带包间公共浴室。(B) 使用马达，作业面积超过五十平方米的工厂。(C) 剧场、电影院、演艺场或看台。(D) 三百平方米以上或者处于三楼以上的车库。(E) 经营性仓库。(F) 经营面积一万平方米以上的店铺、餐饮店、展览馆、游戏场、赛马票销售点、车票销售点及其他行政法规规定的类似建筑物。但是，特定行政机关认为公益上有必要，而且不影响第二类居住地居住环境的，不受此限制。

(2) 其他方面。在容积率、建蔽率、高度等方面，与上述第一类居住地的规定相同。

与上述几类用地相比，本类用地可以建设麻将馆、弹子球馆、卡拉OK厅、小规模工厂等。

7. 准居住地

(1) 用途方面。在准居住地上，不得建设如下建筑或设施：(A) “近邻商业地”上不得建设的建筑物。(B) 使用马达、作业面积超过五十平方米的工厂（面积不超过一百五十平方米的汽车维修厂除外）。(C) 进行如下工作的工

① 关于“陪侍俱乐部”与“夜总会”的区别，参见日本《风俗营业法》第2条。

厂：使用十升以上三十升以下乙炔发生器的金属工作、印刷用墨水生产、使用750瓦马达来喷射涂料、使用马达进行鱼肉加工、使用两台以下的机械研磨机来干燥研磨金属，等等。（D）行政法规规定的贮藏或处理火药、危险物、火柴、可燃气体、压缩或液化气的设施。（E）观众席面积二百平方米以上的剧场、电影院、演艺场或者看台。（F）经营面积一万平方米以上的剧场、电影院、演艺场、看台、餐饮店、展览馆、游戏场、赛马票销售点、车票销售点等。但是，特定行政机关认为公益上有必要，而且不影响准居住地居住环境的，不受此限制。

（2）其他方面。在容积率、建蔽率、高度等方面，与上述第一类居住地的规定相同。

从以上规范可以看出，准居住地是可以与道路的沿线服务业共存的住宅用地。①

（二）商业用地系列

商业用地是旨在促进商业发展的用地，分邻近商业地和商业地两类。邻近商业地旨在为近旁住宅地居民提供日用品及其他便利。截止到2018年3月，商业用地面积约为15.1万公顷，占用地分类总面积的8.1％；邻近商业地面积约为7.7万公顷，占比4.1％；商业地面积约为7.4万公顷，占比4％。②

1. 邻近商业地

（1）用途方面。在邻近商业地上不得建设如下建筑物：（A）“商业地”上不得建设的建筑物。（B）陪侍俱乐部、料理店、夜总会及其他类似设施。（C）带包间公共浴室及其他行政法规规定的类似设施。但是，特定行政机关认为公益上有必要，而且不影响准近旁住宅地环境的，不受此限制。

（2）容积率方面。与前述第一类中高层居住专用地、第二类中高层居住专用地、第一类居住地、第二类居住地和准居住地的规定相同。

（3）建蔽率方面。邻近商业地上建筑物的建蔽率不得高于该地区城市规划规定的建蔽率，而《建筑标准法》规定该城市规划可以规定的数值是60％或者80％。

---

① ［日］生田长人：《都市法入門講義》，信山社2010年版，第58页。

② ［日］国土交通省：《2018年度都市計画現況調査》，https://www.mlit.go.jp/toshi/tosiko/toshi_tosiko_tk_000049.html（日本国土交通省主页），2020年6月25日最后一次阅读。

(4) 高度方面。《建筑标准法》在第 56 条对近邻商业地上建筑物各部分的高度要求进行了规定。

从以上的规范可以看出，邻近商业地上不可以建工厂、夜总会等，目的是为近旁住宅地提供日常消费的商业便利，同时又不影响其居住环境。

2. 商业地

(1) 用途方面。在邻近商业地上不得建设如下建筑物：(A) 从事如下工作的工厂：生产火药；生产消防法规定的危险物；生产火柴；生产硝化纤维素产品；生产粘胶产品、醋酸基或铜氨人造丝产品；生产合成染料、颜料或涂料；使用引火性溶剂生产橡胶产品或挥发油；使用干燥油或引火性溶剂生产仿革纸布或防水纸布；生产以木材为原料的活性炭；生产煤气或焦炭；生产可燃气；生产压缩气体或液化气；生产氯、臭素、硫磺、氯化硫、氟化氢酸、盐酸、硝酸、硫酸等；蛋白质加水分解产品；采集、硬化或加热加工油脂（化妆品除外）；硫化油膏、合成树脂、合成橡胶或合成纤维；生产肥料；生产纸或纸浆；生产皮革、胶、毛皮或者骨；精制沥青；生产沥青、煤焦油、木焦油、石油蒸馏产物及其残渣；生产水泥、石膏、消石灰、生石灰或电石；熔融或精炼金属；生产以炭粉为原料的炭制品或黑铅制品，或者粉碎黑铅；使用马达且伴随吊装、打孔或填孔的金属厚板或型钢工作；生产铁钉或钢球；使用四千瓦以上马达的拉线、拉管或者金属拉伸；使用锻造机锻造金属；生产以动物脏器或排泄物为原料的医药品；生产或粉碎含石棉的产品；上述各项之外的行政法规规定的因在安全、防火、卫生、健康上危害度高而恶化环境的工作；行政法规规定的贮藏或处理危险物的建筑物。(B) 使用马达、作业面积一百五十平方米以上的工厂。(C) 从事如下工作的工厂：玩具烟火的生产；使用乙炔气的金属工作；使用引火性溶剂的干洗、染色或者涂料的加热干燥烘烤；赛璐珞的加热加工或者使用电锯的加工；画具或水性涂料的生产；使用七百五十瓦以上马达的涂料喷涂；使用亚硫酸气漂白物品；骨炭及其他动物炭的生产；生产肥皂；生产鱼粉、羽毛粉、肉骨粉、肉粉或血粉、以上述物质为原料的饲料；手漉纸的生产；羽或毛的洗净、染色或漂白；破衣服、棉头、纸头、线头及其他类似物的消毒、挑选、洗净或漂白；使用马达制棉，再造古棉，起毛，洗毛，反毛或制造毛毡；使用马达切割或干燥研磨骨、角、牙、蹄、贝壳，或者三台以上研磨机的金属干燥研磨；使用马达粉碎矿物、岩石、沙土、水泥、沥青、硫磺、金属、玻璃、砖、陶器、骨或贝壳；使用马达生产混凝土或者将水泥装袋；生产墨、炉灰或煤球；使用五十升以下坩埚、釜来铸造活字或金属工艺品，熔融金属；瓦、砖、土器、陶器、人造磨石、坩埚或珐琅铁器；玻璃制造或吹沙；金属的溶射或吹沙；铁板的带波加工；铁桶的洗净或再利用；使用弹簧锤来锻造金属；使用四千瓦以上马达的拉线、拉管或者金属拉伸；上述各项以外的、行政法规规定的妨碍商业发展的建筑物。但是，特定行政机关认为公益上有必要，而且不影响商业发展的，不受此限制。

（2）容积率。商业地上建筑物的容积率不得高于该地区城市规划规定的容积率，而《建筑标准法》规定该城市规划可以规定的数值是200%、300%、400%、500%、600%、700%、800%、900%、1 000%、1 200%或者1 500%。

（3）建蔽率方面。商业地上建筑物的建蔽率不得高于该地区城市规划规定的建蔽率，而《建筑标准法》规定该城市规划可以规定的数值是80%。

（4）高度方面。《建筑标准法》在第56条对商业地上建筑物各部分的高度要求进行了规定。

从以上的规范可以看出，商业地上不可以建设处理危险品、制造公害的工厂等，目的是促进商业便利，营造良好商务环境，形成繁华的城市街区。

（三）工业用地

工业用地是旨在促进工业发展的用地，分准工业地、工业地和工业专用地三类。工业专用地就是专门用来发展工业的用地，可以建设含重工业、化学工业在内的大型工厂。工业地则不像工业专用地那么纯粹，虽然也可以建设有噪音、有污染物排放、危险品生产的工厂，但也可以建设店铺和住宅。准工业地是住宅、商业设施和工厂混在一起的土地，但不得建设对住宅有重大影响的工厂。截止到2018年3月，工业用地面积约为46万公顷，占用地分类总面积的24.7%；准工业地面积约为20.5万公顷，占工业用地面积的44.6%；工业地面积约为10.7万公顷，占比23.3%。工业专用地面积约为14.8万公顷，占比32.3%。①

1. 准工业地

（1）用途方面。在准工业地上不得建设如下建筑物：（A）从事如下工作的

① ［日］国土交通省：《2018年度都市計画現況調査》，https://www.mlit.go.jp/toshi/tosiko/toshi_tosiko_tk_000049.html（日本国土交通省主页），2020年6月26日最后一次阅读。

工厂：生产火药；生产消防法规定的危险物；生产火柴；生产硝化纤维素产品；生产粘胶产品、醋酸基或铜氨人造丝产品；生产合成染料、颜料或涂料；使用引火性溶剂生产橡胶产品或挥发油；使用干燥油或引火性溶剂生产仿革纸布或防水纸布；生产以木材为原料的活性炭；生产煤气或焦炭；生产可燃气；生产压缩气体或液化气；生产氯、臭素、硫磺、氯化硫、氟化氢酸、盐酸、硝酸、硫酸等；蛋白质加水分解产品；采集、硬化或加热加工油脂（化妆品除外）；硫化油膏、合成树脂、合成橡胶或合成纤维；生产肥料；生产纸或纸浆；生产皮革、胶、毛皮或者骨；精制沥青；生产沥青、煤焦油、木焦油、石油蒸馏产物及其残残渣；生产水泥、石膏、消石灰、生石灰或电石；熔融或精炼金属；生产以炭粉为原料的炭制品或黑铅制品，或者粉碎黑铅；使用马达且伴随吊装、打孔或填孔的金属厚板或型钢工作；生产铁钉或钢球；使用四千瓦以上马达的拉线、拉管或者金属拉伸；使用锻造机锻造金属；生产以动物脏器或排泄物为原料的医药品；生产或粉碎含石棉的产品；上述各项之外的行政法规规定的因在安全、防火、卫生、健康上危害度高而恶化环境的工作；（B）行政法规规定的贮藏或处理危险物的建筑物。（C）带包间公共浴室及其他行政法规规定的类似设施。但是，特定行政机关认为公益上有必要，而且危害低的，不受此限制。

(2) 容积率方面。与第一类中高层居住专用地、第二类中高层居住专用地、第一类居住地、第二类居住地、准居住地、邻近商业地的规定相同。

(3) 建蔽率方面。与第一类居住地、第二类居住地、准居住地的规定相同。

(4) 高度方面。《建筑标准法》在第56条对准工业地上建筑物各部分的高度要求进行了规定。

从以上规定可以看出，准工业地上允许住宅、商业和工厂同时存在，禁止建设严重影响住宅的工厂、危险品贮存设施等。虽是工业用地，但因有住宅，不得不为了住宅而对工业作出限制。

2. 工业地

(1) 用途方面。在工业地上不得建设如下建筑物：（A）带包间公共浴室及其他行政法规规定的类似设施。（B）酒店或旅馆。（C）陪侍俱乐部、料理店、夜总会及其他类似设施。（D）剧场、电影院、演艺场或看台。（E）学校。（F）医院。（G）经营面积一万平方米以上的店铺、餐饮店、展览馆、游戏场、赛马票销售点、车票销售点及其他行政法规规定的类似建筑物。但是，特定行政机关认为工业上或公益上需要的，不受此限制。

（2）容积率方面。工业地上建筑物的容积率不得高于该地区城市规划规定的容积率，而《建筑标准法》规定该城市规划可以规定的数值是100%、150%、200%、300%或者400%。

（3）建蔽率方面。工业地上建筑物的建蔽率不得高于该地区城市规划规定的建蔽率，而《建筑标准法》规定该城市规划可以规定的数值是50%或者60%。

（4）高度方面。《建筑标准法》在第56条对准工业地上建筑物各部分的高度要求进行了规定。

从以上规定可以看出，酒店、剧场、电影院等人口密集的设施，学校、医院等弱者聚集的设施不得在工业地上建设，这是因为工业地上可以建设制造噪音或震动、排放大气或水污染物的工厂，以及生产危险物的工厂。但工业地上可以建设店铺和住宅。

3. 工业专用地

（1）用途方面。在工业专用地上不得建设如下建筑物：（A）工业地上不得建设的建筑物。（B）住宅。（C）集体住宅、宿舍或出租屋。（D）老人院、福利院及其他类似设施。（E）销售物品的店铺或餐饮店。（F）图书馆、博物馆及其他类似设施。（G）保龄球馆、滑冰场、游泳馆及其他行政法规规定的类似运动设施。（H）麻将馆、弹子球馆、射击馆、赛马券销售所、车票销售点及其他类似设施。但是，特定行政机关认为公益上有必要、不损害工业发展的，不受此限制。

（2）容积率方面。与工业地的规定相同。

（3）建蔽率方面。与第一类低层居住专用地、第二类低层居住专用地、第一类中高层居住专用地、第二类中高层居住专用地的规定相同。

（4）高度方面。《建筑标准法》在第56条对准工业地上建筑物各部分的高度要求进行了规定。

从以上规定可以看出，工业专用地就是促进工业发展的专门用地，是建设重工业、化学工业、大工厂的用地，有的是临海的港湾，有的是内陆的工业开发区。所以，不允许建设住宅、餐饮店、销售物品的店铺等，只允许建设工厂、诊所、澡堂、仓库、事务所等。

四、特点

(一)类型多样且适时而变

日本城市规划法上的用地分类经历了增长式变化，从最初的四类，到后来的八类，再到现在的十二类，呈现多样类型。20世纪80年代，日本地价高涨，由此产生了许多社会不公现象，民众对此反响强烈，土地政策的不完善广受批评。1989年《土地基本法》制定，旨在更加突出土地的公共属性，明确提出在土地利用中公共利益优先。在这一思想的指导下，本着解决地价高涨等实际问题，《城市规划法》被修改，针对性地扩大了用地分类的种类，将原来三类的居住用地系列，扩大到七类，实践运行效果良好。类型多样且适时而变，一是表明用地分类的纯度在提高，“专用地”色彩更浓，更加细致回应社会需求，更加准确满足民众呼声。二是表明城市规划领域是个活跃的社会领域，城市规划法要始终保持与时俱进、应时调试的态度。

(二)用途管制与形态管制并用

《城市规划法》《建筑标准法》等法律法规对十二类用地从用途、容积率、建蔽率、高度等方面进行了规范。从用途方面出发，对土地进行用途管制是用地分类的初衷，目的是实现产业或资源的配置。但随着社会发展，土地尤其是城市土地的功能日益多元。对城市空间进行配置也成为用地分类制度的重要功能。为此，需要从容积率、建蔽率、高度等方面出发，进行形态管制。即让土地上的建筑物建成城市规划所预想的大体模样。法律法规规定的多为数值区间，即进行区间管制。所以，城市规划所要管制的是大体模样，而不是千篇一律，铁板一块。

(三)正面清单与负面清单并用

《建筑标准法》在规范各类用地的用途时，有的是从正面列举可以建设的建筑物，即正面清单，有的是从反面列举不可以建设的建筑物，即负面清单。使用正面清单的是第一类低层居住专用地、第二类低层居住专用地和第一类中高层居住专用地，使用负面清单的是第二类中高层居住专用地、第一类居住地、第二类居住地、准居住地、近邻商业地、商业地、准工业地、工业地和工业专用地。一般而言，对实施正面清单中的类型的管制要严于负面清单中的类型。为了保障良好的居住环境，对第一类低层居住专用地、第二类低层居住专用地和第一类中高层居住专用地的管制标准比其他类型更严格。十二类用地中，使用负面清单的大大多于正面清单。这表明土地用途管制在整体上相对松

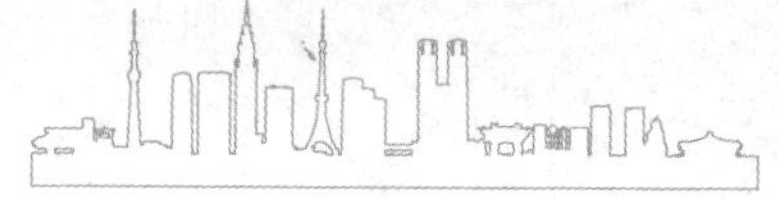

缓，进而表明土地所有权人的权利受到的限制更少。这是日本城市规划法上建筑自由观念的体现。

（四）存在不少特例

如前所述，在规范各类用地的用途时，最后都毫无例外地附带但书。即虽然《建筑标准法》列举了可以建设或者不得建设的建筑物，但特定行政机关许可的话，可以不受该列举的限制。获得许可的基本条件是特定行政机关认为有公益上的必要。①但书在建筑标准法中其他与用地分类相关的管制中也大量存在。也就是说，《建筑标准法》先规定一般情况，而后再补充特殊情况。这表明，《城市规划法》中的用地分类涉及的面宽，社会影响极大，制度设计必须全面，不能只顾大多数，而牺牲少数。从用途角度科学、完备地创制设计用地类型极为困难。十二类用地是否完全满足客观现实需求，并非毫无疑问。对此，《城市规划法》作了特别安排，在用地分类的同一条文的下一项设置了“特殊用途用地”项。特殊用途用地是指在实施了用地分类的土地上划定一定土地，在该土地上进行更符合该土地特性、更加环保的土地利用。这是十二类用地分类的补充。

第三节　开发许可制度

日本《城市规划法》规定，在城市规划区域内进行开发行为的，必须获得都道府县知事的许可，即对城市土地开发行为实行许可制。土地利用管制是现代城市规划的重要内容，在土地上建造建筑物是城市土地的利用方式。所以，管制城市土地可以从土地和建筑物这两个角度入手。日本《城市规划法》和《建筑标准法》等一起，构建起土地开发许可制度和建筑规范制度，实现对土地利用的有效管制。

一、形成与目的

1919年《城市规划法》是日本第一部面向全国实施的城市规划法。该法确立了建筑规范制度，对建筑物的用途、形态等进行限制，实现对土地利用的

---

①　实践中，由于许可标准太模糊，引发了一些纠纷和诉讼，多为邻近居民请求撤销该许可的情况。如关于在第一类居住专用地上建设市民服务中心的“东京高裁昭和57年11月8日判决”、在商业地上建设工厂等的“东京高裁昭和60年8月7日判决”、在第二类居住专用地上增建工厂兼住宅的“东京高裁昭和60年2月27日判决”，等等。

管制。1968年日本全新制定《城市规划法》，开发许可制成为该法的崭新亮点。当时，日本经济高速增长，人口集中涌入城市，市街地无序扩张。为控制这种局面，日本参考英国《1962年城乡规划法》（*Town and Country Planning Act 1962*）上的规划许可制（planning permission），建立开发许可制，但两者有很大差别，英国对所有国土实行规划许可，且适用许可情形多，许可标准严格，而日本对规划区域以外土地不实行开发许可，且适用许可情形少，许可标准宽松。①在实施五年后的1974年，开发许可制迎来了较大程度的修改，扩大了开发许可制的适用区域，扩大了开发行为的范围，修改了开发许可标准，追加了市街地调整区域内不适用事项，等等。②设立开发许可制有两个目的，一是在市街地调整区域原则上不允许进行市街化开发，由此防止市街地的无序扩张；一是在允许开发的地区，设置开发标准和水平，促进形成良好市街地。③

二、开发行为

开发许可制的对象是开发行为，即对开发行为是否给予许可。这样，开发行为成为开发许可制的起点和重要概念。开发行为是指为建设建筑物或特定工作物而变更土地区划和形质的行为。该定义出于两个角度，一是目的，即为了建设建筑物或特定工作物，一是效果，即土地的区划和形质发生了变化。《建筑标准法》规定了建筑物概念。建筑物是指附着在土地上的有屋檐和墙壁（或柱子）的构筑物，还包括附属的门或围墙、设置于地下或高架内的事务所、店铺、娱乐场所、仓库及其他类似设施。《城市规划法》规定了特定工作物概念。特定工作物是指水泥厂及其他可能损害周边环境的设施，或者高尔夫球场及其他大规模设施。前者被称为第一类特定工作物，有沥青厂、粉碎机厂、危险物贮藏处理设施等；后者被称为第二类特定工作物，有规模超1公顷的棒球场、网球场、田径场、游乐园、动物园及其他运动休闲设施、墓园等。

开发行为会变更土地的区划和形质。区划的变更是指地块的分离或合并、建筑物基地的变更等。开发别墅住宅小区时，因建设很多栋别墅，故会变更区划，是开发行为，需要获得许可。但是，在工厂旧址上建设公寓楼房时，因只

---

① ［日］安本典夫：《都市法概説》，法律文化社2008年版，第58页。

② ［日］大盐洋一郎：《日本の都市計画法》，行政出版社1981年版，第328—330页。

③ ［日］生田长人：《都市法入門講義》，信山社2010年版，第202页。

是一个地块，故没有变更区划，不是开发行为，不需要获得许可。①建设多栋公寓楼房时，一般会变更区划，构成开发行为。但有判例认为，当这些楼房相互连接，在结构上形成一个不可分割的整体时，可以看成是一栋建筑物，故其基地没有发生区划变更，不构成开发行为。②形质的变更是指刨土、堆土、整地等。但是，与旧宅地上的建筑行为或者与建筑行为密不可分的打地基、挖土等行为不构成形质变更。建设建筑物时，没有刨土、堆土等，只拆除了旧建筑，拆除或设置了院墙栅栏等，而且不需要新配备公共设施的，不是开发行为。③

有些行为虽然是开发行为，但根据法律，其可以无需获得许可。这些行为包括小规模开发行为、与农林渔业相关的开发行为、作为公益设施、城市规划项目而实施的开发行为、作为灾害应急措施而实施的开发行为、通常的管理行为或简易行为等。小规模开发行为包括如下情形：在市街化区域内的，开发面积不超过 1 000 平方米的行为；在未划线的城市规划区域内的，开发面积不超过 3 000 平方米的行为；有的都道府县或较大的市的条例规定为不超过 300 平方米。进行小规模开发时，一般总是伴随建筑行为，而通过建筑标准法来规范建筑行为，同样能维护城市环境，所以就无需通过许可制来对小规模开发行为进行严格管制了。通常的管理行为或简易行为包括为用于临时建筑物的建设，或者一时用于土木工程等而实施的开发行为；用于车库、堆放场及其他类似建筑物的建设而实施的开发行为；用于建筑物的增建或特定工作物的增建，且增建面积不超过 10 平方米而实施的开发行为；为增建从事日用品销售、加工、修理的店铺等，且增建面积不超过 50 平方米而实施的开发行为。

三、许可标准

建立开发许可制是为了防止市街地无序扩张，维护市街地的良好水平。这与划线制度的意义相统一。城市规划区域被划分为市街化地区和市街化调整地区，市街化区域是已经形成市街地的区域以及十年内优先且有计划地实现市街

---

① ［日］安本典夫：《都市法概説》，法律文化社 2008 年版，第 61 页。

② 京都地判昭和 62・3・23（载《判例時報》1232 号 77 页）、大阪高判昭和 63・9・30（载《判例地方自治》57 号 77 页）。

③ ［日］城市规划法制研究会：《よくわかる都市計画法》，行政出版社 2010 年版，第 179 页。

化的区域；市街化调整区域是应该抑制市街化的区域。开发许可制运用于这些地区，通过实施不同许可标准，达到两种制度的共同目的。开发许可制是划线制度的重要抓手，划线制度为开发许可制提供了场域。为此，开发许可制中建立了两个标准，一个是通用标准，适用于任何规划区域内的开发行为，一个是市街化调整区域标准，只适用于市街化调整区域内的开发行为。通用标准是为了确保市街地最低限度的必要水平而设置的标准，被称为是技术标准。因为在市街化区域，城市基础设施已经配备，开发原则上都应该得到允许，所以许可标准不是检测要不要实施开发行为，而是在检测通过开发行为形成市街地的水平。①而市街化调整区域标准所规制的是开发行为本身能否在这个地方实施，被称为布局标准。因为市街化调整区域原则上不允许开发，通过许可标准来产生特例，有意识地引导开发行为的布局。

通用标准有：（1）拟建建筑物符合用地分类中的用途管制；（2）从开发区域的状况（规模、形状及周边状况）、开发区域内土地的地形及地盘性质、拟建建筑物的用途及基地规模等角度出发，道路、公园、广场等的公共空地以不妨碍环保、防灾、通行安全、项目活动效率的规模和结构，得到适当配备，而且开发区域内主要道路与区域外大道相连；（3）排水设施能有效排出下水，同时不会给开发区域及周边地区带来溢水等灾害；（4）从地形地质角度出发，对灾害采取了安全措施，对噪音震动等环境污染采取预防措施；（5）申请人具有开发资质和信用，施工方具有完成工程的能力，已获得区域内多数土地或建筑物权利人的同意。

市街化调整区域标准可以分成四大类：②（1）被认为不太会促进市街化者，如为开发区域周边居住者提供公益上必要建筑物，或者日常生活所需物品之销售的店铺等而实施的开发行为；为农林水产物的处理、贮藏、加工所必要之建筑物而实施的开发行为；促进山间地农林业发展而实施的开发行为；邻近市街化区域并形成日常生活圈，五十户以上的建筑物延绵的既有聚集区域内的地方条例指定范围以外的开发行为。（2）被认为最适合与市街化调整区域者或者不得已而为之者，如为市街化调整区域内资源有效利用所必要的建筑物而实施的开发行为；为促进中小企业活力而实施的开发行为；为与市街化调整区内既有

① ［日］安本典夫：《都市法概説》，法律文化社 2008 年版，第 66—67 页。

② ［日］生田长人：《都市法入門講義》，信山社 2010 年版，第 208—209 页。

工厂有密切关联之建筑物而实施的开发行为；符合地区规划或集聚区规划内容的建筑物。(3) 不适合在市街化区域实施者，如危险物贮藏、处理用建筑物等。(4) 其他，如市街化调整区域被确定时，已经有自主用、工作用土地，并在6个月内提出申请者，为申请中的建筑物而实施的开发行为；与乱开发没有关联，经过开发审查会讨论的、在市街化区域难以实施或者明显不当的开发行为。这些标准说的都是例外，虽然它们都有适当性，且不得已而为之，但现在，在市街化压力特别大的大城市周边，这些标准的实施越来越不严格，特别是开发审查会的裁量幅度太大，市街化调整区域的市街化被一点一点地推进。

四、附加条件

许可标准的适用不是一个简单的机械过程，而是更应该从地域特色出发。地域状态不同，开发就有很大差异。抓住地域特色，提高开发质量是城市规划法的目的。为此，法律规定可以在许可上附加城市规划上的必要条件，只是这些条件不得向接收者施加不当义务。条件可以是防止工程灾害的措施、保障开发行为适当实施的必要条件、工程中止时公共设施恢复原状的条件、开发行为开始或结束的时间。因为工程不一样，工程实施时的内容、样态等就不一样，另外，所附条件要尽量具体明确，所以法律难以逐一规定，只能在具体许可行为中以附件条件的形式予以落实。所以防止工程灾害的措施不是法定的许可标准，而是许可的附件条件。①关于开发许可标准，《城市规划法》设置了三层规范方式。一是该法本身明确标准，一是授权行政法规细化标准，再一个是由地方政府制定条例来具体规范，条例有时严于中央法律，有时松于中央法律。二十世纪六十年代后期以来，许多地方政府制定开发指导纲要，据此实施行政指导。在公共公益设施的用地提供方面、部分用地取得费或建设费的开发者负担方面、中高层共同住宅区内要求扩大公园方面、事前与市町村长协商方面、向周边居民说明协商方面，其要求是不断得到落实。

五、开发许可与公共设施

开发行为是要开发城市土地，形成市街地。市街地必须配备必要的城市基础设施及其他公共设施。在此过程中，开发许可与公共设施形成紧密关系，主

---

① ［日］安本典夫：《都市法概説》，法律文化社 2008 年版，第 71 页。

要体现在获得开发许可时的事前协议或同意上、开发行为所建公共设施的管理上、开发行为所建公共设施的费用负担上。①开发许可的申请人必须预先与既有公共设施的管理者协商，并获得其同意。若不这样，开发行为就有可能产生道路交通堵塞等情况。当开发行为本身也包括公共设施建设时，申请人必须预先与未来公共设施的管理者进行协商，这有利于今后公共设施的良好管理。比如开发区域内道路修好后，交由市町村管理，而开发者和市町村在事前就要协商好。开发行为建成公共设施后，原则上在建成的第二日起，交由公共设施所在的市町村管理，而公共设施所在的土地也属于公共设施管理者。开发行为所建公共设施的建设费用，含土地的取得费用原则上由开发者负担，但该公共设施是干线道路等的主要公共设施时，可以向国家或地方政府请求与该土地的取得费用相当的费用。

开发者取得公共设施管理者的同意后，在申请开发许可时，应当将同意书附带在申请书上一并提交。不提交同意书的，被认为申请不合格，无法获得许可。实践中，对在自己管辖区域内进行的开发行为并无许可权的市町村为了反映当地人的意见，有时会向开发者说不同意。就该不同意的合法性问题，能否提起行政诉讼，判例和学说没有形成统一的看法。②1995 年最高法院否定了该不同意决定的行政行为性，认为："行政机关的拒绝行为是公法上的判断行为，表明该开发行为不利于公共设施的适当管理。得不到同意的话，给公共设施带来影响的开发行为就无法合法实施，这只是一种结果——只有满足前述要件时法才认可这样的开发行为，而拒绝行为本身不具有禁止或限制开发行为的效果。开发行为者即使没有获得同意，不能实施开发行为，其权利或法地位也没有被侵害，所以不能说拒绝行为给国民的权利或法律地位造成了直接影响。"

---

① ［日］生田长人：《都市法入門講義》，信山社 2010 年版，第 212—214 页。

② 认为不是行政行为的有"东京地判昭和 63・1・28 行集 39・1・4"、"盛冈地判平成 3・10・28 行集 42・10・1686"、"水户地判平成 6・9・27 判自 141・34"，宇贺克也《城市规划法 32 条的同意和协商》（载《法律人》第 906 号）、樱井敬子《判批》（载《自治研究》1995 年第 71 卷第 6 号第 113 页以下）；认为是行政行为的有"仙台高判平成 5・9・13 行集 44・8・771"，阿部泰隆《公共设施管理者对城市规划法 32 条之开发许可的同意》（载《判例时报》1989 年第 1291 号第 169 页）、山村恒年《判批》（载《判自》1995 年第 131 号第 66 页）、见上崇洋《判批》（载《民商》1996 年第 114 卷第 291 页）。参见［日］金子正史：《まちづくり行政訴訟》，第一法规 2008 年版，第 48—49 页；［日］生田长人：《都市法入門講義》，信山社 2010 年版，第 213 页。

另外，《城市规划法》在第50条、51条列举了可以复议和诉讼的情形，公共设施管理者的不同意不在其列。①对最高法院的判决，学者安本典夫表达了不同的看法，认为即使法效果要依据法律产生，但这也不影响公共设施管理者不同意的行政行为性，例如，户口迁移申请因根据公职选举法登记选举人而产生了选举权有无的法效果，所以具有行政行为性，也就在此前提下，最高法院在“最判平成15·6·26判时1831·94”中判决维持原审判决，撤销了不受理决定；《城市规划法》第50条没有列举也不是否定其行政行为性的决定性根据。②但是，用“同意”一词，而且第52条确实没有列举，这能让人感觉到立法者不让其进入行政诉讼的心思。在公共设施管理者不同意的情况，依然提出申请后，行政机关会以申请不合法为由作出不许可决定。对此，当事人可以提起撤销不许可决定的诉讼，要求行政机关履行许可义务，当然可以在诉讼中主张公共设施管理者不同意决定的违法性。这样，即使开发许可权人没权审查该违法性，但法院有权审查。③2000年《城市规划法》修改，在第32条中增加一项，强调为了适当管理公共设施，公共设施的管理者应当进行协商，即明确公共设施管理者推进协商的义务。

通过上述诉讼之争，透出了一个重要问题。市町村对地域空间发展肩负责任。在开发许可过程中只具有作为公共设施管理者表达意见的地位，这是否妥当？在上述案件中，开发区域处于市街化调整区域中，而且根据县知事所定的《建设开发和保护方针》以及县制定的“广域城市规划基本规划”，被确定为自然绿地保护区域，市也将其置于同样地位。所以，市拒绝了“以开发为前提的与江河道路等相关的技术性协商”。当事人拿着不同意开发的市的报告，而不是同意书，向有开发决定权的行政机关申请审查。市提供的是向上级汇报的报告，可见对行政机关的尊敬。这显现了城市规划法在制度方面的瑕疵。在此条件下，为了发挥市町村在地域空间方面的责任，可以考虑通过自治条例，创设与许可制相区别的、旨在对照市町村土地利用规划检查开发规划，禁止不适合规划之开发的制度。④

---

① 最判平成7·3·23民集49·3·1006。

② ［日］安本典夫：《都市法概説》，法律文化社2008年版，第84页。

③ ［日］安本典夫：《都市法概説》，法律文化社2008年版，第85页。

④ ［日］安本典夫：《都市法概説》，法律文化社2008年版，第85—86页。

六、开发许可的性质

许可的本质在于法律对本来的自由设定为一般禁止，满足一定条件后解除该禁止，恢复实施特定行为的自由。即许可事项本来是任何人都可以做的事项，解除禁令只是权利的恢复，不是重新设定权利。具备解除禁令条件而不给予许可的，构成对他人权利的侵害。

日本确立开发许可制时是想仿效英国制度，对许可建构较宽泛的裁量权。但制定出来的法律却要求，只要符合标准、程序合法，就必须给予许可，压缩了开发许可的裁量空间。但是，附加条件制度又为开发许可制增加了一些裁量余地。日本自古就有建筑自由的观念，尊重土地权利人的自由，对其建筑或开发行为尽量不限制、少限制。这样，在开发许可制度设计方面，裁量就很少，而且，实务解释往往还会进一步缩减裁量空间。①

但是，日本《土地基本法》规定了土地和土地所有权的特性，确立了公益优先、规划利用的原则。土地利用不应该过度倾向建筑自由或开发自由，而要注意到土地的价值往往在与周边的相互关系中形成，只有与周边协调好，才能更好地进行开发利用，所以，开发许可的裁量内容要在行政机关、开发者、地域空间的使用人、管理该地域空间的市町村、开发许可权人的协调过程中形成。②在这个过程中，要考虑各个相关方的利益，更要设计好各方参与程序。

七、许可程序

开发许可是一个过程，要经历许多步骤。首先是申请人提出申请。土地开发者作为申请人向都道府县知事提交开发许可申请书。申请书应当记载开发区域的位置与规模、开发区域内拟建建筑物或特定工作物的用途、与开发行为相关的设计、施工方情况等。提交该申请书时，还必须附带与开发行为相关的公共设施管理者的同意书或协商材料、开发区域内多数土地或建筑物权利人同意材料。其次是都道府县知事收到申请书后，应当毫无延迟地开始审查，毫无延迟地作出许可或不许可的决定，并以书面形式送达申请人。作出不许可决定时还必须附上不许可的理由。现代行政法要求行政机关作行政决定时注意听取行政相对人、利害关系人、公众或专家的意见。日本《行政程序法》设置了一般

① ［日］安本典夫：《都市法概説》，法律文化社 2008 年版，第 76 页。
② ［日］安本典夫：《都市法概説》，法律文化社 2008 年版，第 77 页。

的意见听取机制和严密的听证制度。根据该法，申请人以外者的利益关照成为许可要件的，行政机关应当尽力创造听取申请人以外者意见的机会。开发许可决定要不要听取他人意见，关键在于他人的利益关照是否成为许可要件。城市规划虽然旨在实现一般公益，但当其与他人生命安全、生活环境紧密相关时，他人的利益关照应当视为许可要件，最高法院的一些判例也显出此意。①在实定法方面，《建筑标准法》规定，超出用地分类框架，实施例外许可时，必须请与许可有利害关系者参加，公开听取意见。参照此精神，作开发许可决定时应当听取利益相关人的意见。《行政程序法》规定，作撤销许可的不利行政行为、直接剥夺行政相对人资格或地位的不利行政行为时应当举行听证。当拟作出不给予开发许可的决定时，符合听证标准的，应当举行听证，听取申请人的意见。

获得开发许可后，申请人就会展开开发工程。开发工程完成后，必须向都道府县知事报告，接受检查，与许可内容相符的，发放检查合格证。随后，都道府县知事发布工程竣工公告，宣告工程正式结束。工程竣工公告产生如下效果：(1) 开发区域内土地可以建设建筑物，但应当建设申请开发许可时明确的拟建建筑物；(2) 因开发工程而设置的公共设施自公告之日的第二日起，原则上归市町村管理；(3) 公共设施所在的土地自公告之日的第二日起，归属作为公共设施管理者的地方政府。

没有获得许可就实施开发行为的，无法获得建筑确认所必需的相关证书，就不能接受建筑确认，建筑也就无法投入使用。没有获得许可就实施开发行为的，还要承受各种处罚，如五十万以下的罚金，另外，都道府县知事可以命令其停止工程、恢复原状，不服从该命令的，处以一年以下有期徒刑或者五十万日元以下罚金。

八、许可纠纷

开发许可是城市土地利用管制的重要方式，一头关涉开发者的重大利益，一头牵着公共利益。私人利益与公共利益、私人之间的重大利益有时在此相互纠结在一起，形成开发许可纠纷。法律为解决这类纠纷设置了复议、诉讼等纠纷解决机制。开发许可是现代社会比较典型的行政行为类型，可以对其申请复

---

① ［日］安本典夫：《都市法概説》，法律文化社 2008 年版，第 66 页。

议或者提起诉讼。但实践中，许可纠纷往往关涉的利益重大，有时涉及的人特别多，解决起来有时很困难，存在不少需要探讨的地方。

(一) 复议

对许可纠纷，城市规划法设置了复议前置机制。即复议是诉讼的前置程序，不经过复议，就不能提起诉讼。许可申请人对都道府县知事等的许可或不许可决定不服的，可以向“开发审查会”申请复议。开发审查会受理复议请求后，必须在两个月内作出复议决定。开发审查会在作决定之前，应当要求复议申请人、都道府县知事等、其他关系人、代理人等出场，进行公开的对辩审理。不经过开发审查会的复议，不得提起行政诉讼，但以与矿业、采石业、沙砾采掘业的协调为由而向公害协调委员会申请裁定的情形除外。开发审查会是设置于都道府县等内的具有独立性的审查机构，由五名委员组成，委员从法律、经济、城市规划、建筑、公众卫生或行政方面有丰富经验和学识的人中产生。

(二) 诉讼

开发许可是典型的行政行为，对开发许可决定不同，可以提起行政诉讼，按照法律规定和一般法理推进的话，纠纷一般都能解决。但实践中，围绕着原告适格、诉益等，形成了开发许可诉讼难点案例和问题，引起了实务界和学界的探讨。

1. 原告适格方面

原告适格是诉讼的起点，提起诉讼的人没有原告资格的话，诉讼就无法往前推进。根据日本《行政诉讼法》，要成为合格原告，其必须是与行政行为的撤销“有法律上利益者”。开发许可诉讼关系中，除开发许可申请人、行政机关是利益攸关方外，可能还有别人，如开发地区周边居民也是利益攸关方。那么，周边居民到底具不具备原告资格？这要具体案件具体分析，关键点是看其是不是“有法律上利益者”。作此判断时，不能只依据作为行政行为根据的法令条文的文字，而应当考虑该法令的宗旨与目的，以及该行政行为中应该被考虑利益的内容与性质。而在考虑该法令的宗旨与目的时，有相关法令与该法令目的相通的，应当参考该相关法令的宗旨与目的；在考虑利益的内容与性质时，也应当考量行政行为违反法令后被侵害利益的内容与性质及其被侵害的样态与程度。

1997 年最高法院在判决“最判平成 9・1・28 民集 51・1・250”（请求撤

销开发许可决定判决）中开始认可开发区域周边居民的原告资格。在该案中，开发行为是要挖掘坡度很陡的部分斜面，整理土地，设置护壁。《城市规划法》第 33 条第 1 款第 7 号规定，为了防止地面下沉、坍塌、出水及其他灾害，工程设计中应该包含改造地面、设置护壁或排水设施及其他必要的安全措施。这是一项许可标准，目的是保护人身安全。从该目的和通过开发行为拟保护的利益的内容、性质等来看，因坍塌而直接受害的开发区域内外一定范围内居民的人身安全应该作为个别利益加以保护。这样，开发区域内土地是很可能发生坍塌的土地时，遭受坍塌之直接损害地域内的居民是有法律上利益者，在行政诉讼中原告适格。

2005 年最高法院在判决“最判平成 17・12・7 民集 59・10・2645”（小田急高架项目诉讼判决）中从保护生活环境利益角度认可了开发区域周边居民的原告资格。在该案中，开发行为建成的立交会产生噪音、震动等，进而明显影响居民的身体健康和生活环境。《城市规划法》第 13 条第 1 款规定，城市规划应当符合根据公害对策基本法而制定的公害防止规划。该条的宗旨在于要求采取防止因噪音、震动而明显损害身体健康和生活环境的措施。另外，开发行为所在地的东京都的环境影响评价条例也要求在决定城市工程规划时，应当通过环境影响评价来关照公害防止。《环境影响评价法》在第 33 条至 37 条确立了环境影响评价与大工程行政许可的紧密联系，进而紧密联系上了《城市规划法》上的开发许可。这样，在开发许可诉讼中，环境影响评价法就成为判断“有法律上利益者”时的相关法令。①影响环境行为由此就可能解释为侵害法律上利益。反复持续受到噪音和震动侵害，很可能显著侵害身体健康和生活环境，与工程许可相关的规定可以说是在保护居民不直接遭受生活环境方面显著损害这一居民的具体利益，该具体利益不被一般公益所吸收。所以，该案中因噪音和震动而使得身体健康和生活环境直接遭受显著损害的工程周边居民是合格的原告。

2006 年最高法院在判决“最判平成 18・3・30 民集 60・3・948”（国立市公寓判决）中说道，“城市景观作为良好风景，让人类的历史和文化环境有型化，形成丰富的生活环境，是有客观价值的”“居住在该良好景观附近，每天都享受该风景者，与侵害良好景观之客观价值的行为有密切的利害关系，享受该良好风景的利益是法律上值得保护的利益”。从景观利益角度认可原告适格。

---

① ［日］安本典夫：《都市法概説》，法律文化社 2008 年版，第 79 页。

该判决是民事判决。而作为同案的行政判决，“东京地判平成 13・12・4 判时 1791・3”认为只要满足如下条件，就可以说建筑标准法也具有保护个人景观利益的旨趣，一是存在通过忍受因建筑规范导致财产权受限而获得景观利益这一互换型利害关系；一是通过客观数值而明确了作为保护对象的利益的范围与内容外延。

2. 诉益方面

与原告适格一样，诉益也是诉讼成立的要件之一。在开发许可诉讼实务中，有时会出现诉益之争。比如，开发许可诉讼进行过程中，开发工程完成，其诉益是否能得到认可？是否撤销开发许可？另外，根据《城市规划法》，行政机关可以对违反许可内容行为作出纠正命令。①该纠正命令与开发许可是什么关系？最高法院判决“最判平成 5・9・10 民集 47・7・4955”认为：“开发许可具有没获得开发许可就不能合法实施开发行为的法效果，反过来说即是，具有促使开发行为合法实施的效果。”开发工程结束后，该法效果消失，也就没有诉益。在该判决中，就为什么应当认为上述开发行为的法效果随着工程结束而消灭，法庭给出的理由是，只要开发行为违法，就应当作出要求纠正该违法行为的纠正命令，而不管此前开发许可到底如何。但是，符合开发许可后，就会颁发检查合格证。对此，藤岛昭法官表达了如下补充意见，即法律没有考虑违反许可标准的开发许可，所以工程即使符合开发许可内容，若在客观上违反许可标准，知事等可以拒绝交付检查合格证，可以发布纠正命令，这样一来，开发许可就不会成为检查合格证拒绝交付、纠正命令的法律障碍，所以，工程结束后，请求撤销开发许可、检查合格证的诉讼是欠缺该利益的。②最高法院在该判决中的逻辑是，纠正命令与开发许可没有关系，它以开发行为是

---

① 第 81 条规定，国土交通大臣、都道府县知事或者市长可以对下列各项者，在城市规划的必要限度内，撤销、变更根据本法所作出的许可或认可，停止其效力，变更其条件，或者附加新条件，或者命令停止工程及其他行为，或者命令其在一定的期间内改建、搬移或者拆除建筑物及其他工作物，或者命令其为纠正其他违法行为而采取必要的措施：（1）违反本法规定或者违反根据本法所作出之命令或行政决定者，或者在知道该违反事实情形下，受让、租赁与违反事实相关的土地或工作物者，或者取得与违反事实相关的土地的使用权者；（2）违反本法规定或者违反根据本法所作出之命令或行政决定而中标工程者或该工程承包人，或者不根据承包合同，而是自我推进工程者；（3）违反根据本法规定所作许可或认可或所附条件者；（4）通过欺诈及其他不正当手段获得本法所规定的许可或认可者。

② ［日］安本典夫：《都市法概説》，法律文化社 2008 年版，第 82 页。

否客观符合《城市规划法》第 33 条所规定的要件为标准而作出；即使存在开发许可，也可以发出纠正命令，即使作出了撤销开发许可的判决，该判决也没有要求作出纠正命令的法约束力。①这个逻辑也被后来的判例“最判平成 11·10·26 判时 1695·63”所继受（详情见“司法实践”章）。

那么，当事人能否在诉讼中请求法院作出判决，要求行政机关根据城市规划法第 81 条作出纠正命令?《城市规划法》虽然规定行政机关有作出纠正命令的职责，但并没有赋予公民或组织以申请行政机关作出纠正命令的申请权。在此情形下，向法院起诉请求行政机关作为的诉，在日本行政诉讼法上称为非申请型赋义务之诉。提起这种诉讼，行政诉讼法规定一要件，即行政机关不作为的话，将产生重大损害。在判断是否产生重大损害时，要考虑损害得以恢复的程度、损害的性质与程度、行政行为的内容与性质。所以，法院在判断是否要求行政机关作出纠正命令时，要对重大损害进行判断，认为损害重大的，可以要求行政机关作出纠正命令。

第四节 程 序 制 度

城市规划从起草到出台要历经很多步骤，程序制度旨在规范协调这些步骤，由此保障城市规划科学、合理和有序制定。根据《城市规划法》，日本的城市规划一般由市町村决定，部分城市规划由都道府县决定。决定主体的不同使得相关城市规划程序也有所不同。

一、决定者

城市规划涉及面广，所涉利益重大，制定城市规划往往是很多机关、组织或者个人参与其中。虽然参与者众多，但必须有一个主体起主导作用，拥有最后的决定权。城市规划的决定权是项重大的权力，拥有该权力者必须具备足够的权威和能力。1968 年制定现行《城市规划法》之前，城市规划完全由国家决定，地方没有权力，即国家垄断城市规划权。第二次世界大战后，日本实施新宪法和地方自治法，打破国家对城市规划权的垄断，向地方下放城市规划权的呼声高涨。基于此，1968 年《城市规划法》将城市规划权完全下移到地方，即都道府县和市町村拥有了城市规划决定权。但为了保障城市规划与国家政策

---

① ［日］金子正史：《まちづくり行政訴訟》，第一法规 2008 年版，第 5 页。

和重大公共利益的协调，该法同时建立了国家干预机制，即一定情形的城市规划必须获得国土交通大臣的同意。

《城市规划法》第 15 条规定，以下城市规划由都道府县决定，其他的城市规划由市町村规定：（1）城市规划区域建设开发与保护方针的城市规划；（2）划线的城市规划；（3）城市再开发方针的城市规划；（4）城市再生特别地区、居住调整地域、特定用途引导地区、临港地区、历史风土特别保存地区、绿地保护地域、特别绿地保护地区、绿化地域、流通业地区、飞机噪音损害防止地区、飞机噪音损害防止特别地区等地域地区的城市规划；（5）行政法规规定的（超越一个市町村区域的）广域性地域地区、广域性城市设施、基干性城市设施的城市规划；（6）市街地开发项目（土地区划整理项目、市街地再开发项目、住宅街区建设项目与防灾街区建设项目中，仅限于国家机关或者都道府县实施的行政法规规定的大规模项目）的城市规划；（7）市街地开发项目等预定区域的城市规划。因市町村合并及其他理由，使得广域性地域地区、广域性城市设施、基干性城市设施变成非广域、非基干的，或者原来非广域、非基干性变成广域、基干的，其城市规划对应变化成市町村决定的城市规划、都道府县决定的城市规划。从以上内容可以看出，都道府县承担的城市规划要不在内容上具有宏观性、指导性，要不所涉制度和项目具有重大性，要不对象区域是超越一个市町村的广域区域。这些方面适合都道府县这一层面来承担，而不适合市町村这一级决定。为了发挥地方的自主性、积极性，以及熟知当地情况的优势，除此以外的城市规划都由市町村来决定。基于宏观性、地域性、重大性等因素，都道府县的城市规划必定与市町村的城市规划产生影响。所以，后者必须符合前者，后者与前者相抵触的，前者优先。此外，规划区域跨两个以上都府县的城市规划由国土交通大臣与市町村决定。国土交通大臣应当基于都府县制作的方案，规定城市规划。所以，在极少的特别情形下，国土交通大臣成为城市规划的决定者。

都道府县拟决定与国家有重大利害关系的城市规划时，必须预先与国土交通大臣协商，并获得其同意。与国家有重大利害关系的城市规划包括：（1）城市规划区域建设开发与保护方针；（2）划线；（3）城市再生特别地区、居住调整地域、特定用途引导地区、与国际战略港湾或者国际据点港湾相关的临港地区、历史风土特别保存地区、近郊绿地特别保护地区；（4）如下城市设施，高速汽车国道或一般国道、首都高速道路或阪神高速道路、城市高速铁路、成田国际机场、东京国际机场、中部国际机场、关西国际机场、国家设置的公园或绿地、一级江河、整块式政府办公设施的预定区域。国土交通大臣应当从城市规划与国家利益相协调的要求出发，与都道府县进行协商。这是都道府县积极作为，请求国土交通大臣协商同意城市规划，《城市规划法》还规定国土交通大臣可以积极向都道府县作指示，即就与国家有重大利害关系的事项，国土交通大臣认为有必要的，可以指示都道府县或者通过都道府县指示市町村，在规定的期限内为决定城市规划而采取必要的措施。都道府县或者市町村在规定的期限内，无正当理由不采取措施的，国土交通大臣可以在社会资本整备审议会确认无正当理由后，自行采取措施。

二、流程

城市规划出台过程是一个流程，一步一步往前推进。都道府县决定的城市规划与市町村决定的城市规划在流程上虽有共通之处，但也有差异。

（一）起草

都道府县拟制作草案时，可以要求相关市町村提供资料及其在调查测量等方面提供必要协助；市町村认为有必要的，可以向都道府县提出应成为草案内容的事项。都道府县或者市町村认为有必要时，可以通过召开公共意见听取会来让居民反映意见。制定城市规划中的地区规划草案时，应当征求区域内土地所有人及其他利害关系人的意见。另外，根据一些地方条例的规定，居民或者利害关系人可以提议制定地区规划。这是草案形成阶段的意见征集，有别于公示阅览阶段的听取意见。就公共意见听取会召开的程序，很多市町村援用土地征收法的规则①，来制定自己的规则。为将居民的意见反映到城市规划中，应

---

① 《土地征收法》第 23 条第 3 款规定，与公共意见听取会程序相关的必要事项由国土交通省令规定。根据国土交通省颁布的《土地征收法施行规则》第 4 条至第 12 条，（1）拟请求召开公共意见听取会时，必须向国土交通大臣或者都道府县知事提交请求材料；（2）国土交通大臣或者都道府县知事拟召开公共意见听取会时，必须预先向当事人告知日期，当事人拟参加的，必须在一周内将参加之意通知国土交通大臣或者都道府县知事；（3）应当提前十一天公报公共意见听取会的日期与场所；（4）拟在公共意见听取会等上发表意见者，应当提前十一天向国土交通大臣或者都道府县知事提出申请；（5）国土交通大臣或者都道府县知事应当预先通知公共意见听取会上陈述意见的时间与时长；（6）国土交通大臣、都道府县知事或者其指定的职员作为议长主持公共意见听取会；（7）议长可以禁止陈述人超时、超范围、不当发言，可以勒令违规陈述人退场；（8）公共意见听取会必须做记录，记录案件内容、日期与场所、出席的陈述人等的姓名与住所、陈述人等的意见或答辩的要旨、其他事项后，议长签名盖章。

当更加灵活地举行公共意见听取会。①

(二) 公示阅览

都道府县或者市町村拟决定城市规划时，必须预先将此意予以公布，并自公告之日起两周内，让公众阅览附带理由说明的城市规划草案。相关市町村的居民以及利害关系人在阅览期间届满前，就供于阅览的城市规划草案，向都道府县或者市町村提出意见书。

(三) 审议与协商

都道府县审议城市规划草案时，应当将草案交付都道府县城市规划审议会②审议。交付审议时应当提交公示阅览期间相关市町村居民意见利害关系人提出的意见书。都道府县还应当听取相关市町村的意见。市町村审议城市规划草案时，应当将草案交付市町村城市规划审议会审议，该市町村没有设置市町村城市规划审议会的，应当交付该市町村所在的都道府县城市规划审议会审议。审议会是政府的咨询机构，审议会的审议意见对政府不具有法律上的直接约束力。也就是说，即使审议会否定了规划草案，也并不等于政府不能决定和实施该规划案，这样的城市规划不能说当然违法。但是，鉴于审议会成员有的具有较高的专业技术知识，有的擅长协调各种利害关系，他们讨论得出的结论值得考虑，违反其结论而做出决定与尊重其结论而做出决定相比，更缺失专业性和妥当性。③

(四) 决定

一般而言，都道府县或者市町村根据上述起草、公式阅览、审议与协商情况后决定城市规划。但也有一些特别的城市规划，决定之前还有一些特别步骤。都道府县拟决定与国家有重大利害关系的城市规划时，应当与国土交通大臣协商，并获得其同意。市町村拟决定城市规划区域或者准城市规划区域的城

---

① ［日］城市规划法制研究会：《よくわかる都市計画法》，行政出版社 2010 年版，第 152 页。

② 根据《城市规划法》，为了调查审议《城市规划法》所规定的城市规划委员会权限内事项，以及应都道府县知事或者市町村长咨询而调查审议的城市规划事项，都道府县设置都道府县城市规划审议会，市町村可以设置市町村城市规划审议会；城市规划审议会可以向相关行政机关提出建议；城市规划审议委员会的组织与运营事项由都道府县或者市町村的条例规定。

③ ［日］城市规划法制研究会：《よくわかる都市計画法》，行政出版社 2010 年版，第 159 页。

市规划时，应当预先与都道府县知事协商，其中，町村决定时，还应当获得都道府县知事的同意。也就是说，町村的城市规划案必须获得都道府县知事的同意，市的城市规划案必须与都道府县知事协商。这是因为城市规划的目的是促进城市健康有序发展，为此不同主体决定的城市规划不能相互矛盾和冲突，各类城市规划必须呈现整体性和统一性，都道府县知事的同意或者协商对此能够发挥一定的作用。

（五）公告

都道府县或者市町村决定了城市规划之后，应当公告其要旨，而且都道府县应当向相关市町村长，或者市町村向都道府县知事送达总图、规划图和规划书副本。都道府县知事以及市町村长应当将总图、规划图和规划书摆放在该都道府县或者市町村的办公场所内，供一般阅览，或者通过其他适当方法供于公众阅览。城市规划自公告之日起生效。

三、提议

近年来，城市居民对身边的城市建设越来越关心。主要表现为由地区居民组成的城市建设协会等组织大量出现。为了发挥居民的主观能动性，城市规划法建立了由居民、城市建设团体等提议制定城市规划或者地区规划的制度。提议有两类，一类是提议制定城市规划，一类是提议制定地区规划。

提议制定城市规划的主体有：（1）土地所有人、具备以建筑物所有为对抗要件的地上权人或者租赁权人；（2）以推进城市建设为目的而建立的特定非营利活动法人（城市建设 NPO）、一般社团法人或者一般财团法人、独立行政法人城市再生机构、地方住宅供给等。提议制定城市规划时，要符合一定的要件，比如：（1）提议制定城市规划的土地区域是，适合整体开发建设保护的一定规模（0.5 公顷，但一定情形下根据条例可以下降至 0.1 公顷）以上的整块土地区域；（2）提议的城市规划内容符合城市规划区域总体规划等；（3）已经获得如下人的三分之二以上同意，即提议制定城市规划的土地区域内土地的所有权人、具备以建筑物所有为对抗要件的地上权人或者租赁权人。

原则上对所有城市规划都可以提议，对提议权没有规划种类方面的限制。只是“城市规划区域建设开发与保护方针”和“城市再开发方针等”应当是提议时的指导方针，所以不是提议的对象。另外，划线城市规划的提议因为需要符合“城市规划区域建设开发与保护方针”，所以对在“城市规划区域建设开发与保护方针”中规定要进行划线以及确定了划线方针的城市规划区域，不得提议制定城市规划来废止划线。①收到制定城市规划提议后，都道府县或者市町村应当毫无延迟地就是否有必要制定或者变更城市规划作出判断，认为有必要制定或者变更的，应当制作规划案。都道府县或者市町村拟根据提议制定或者变更城市规划时，应当将情况交于城市规划审议会审议。都道府县或者市町村认为没有必要根据提议而制定或者变更城市规划时，应当将其要旨与理由毫无延迟地通知提议人，通知之前也应当听取城市规划审议会的意见。

根据《城市规划法》第16条，地方政府可以在相关条例中，规定居民或者利害关系人提议制定地区规划。这确立了地区规划提议制度。但是该提议权必须由地方条例来规定。提议权的主体是居民、利害关系人。从实践情况来看，不少地方政府制定了条例，但提议制定地区规划的事例极少。②

四、居民参与

现行《城市规划法》重视居民参与城市规划。不论是举行公共意见听取会，还是将规划草案供于阅览；不论是提议制度，还是居民进入市町村城市规划审议会，都体现了居民参与精神。居民参与制度成为当下日本城市规划领域中央立法和地方立法广受重视的制度。

日本城市规划法上的居民参与经历了一个发展过程。传统的城市规划观是行政性城市规划观和专家主导城市规划观。前者认为城市规划旨在维护城市全体成员的利益，城市规划的制定实施必须从这个利益出发，而行政具有公益判断者的资格，行政承担城市规划具备正统性。后者认为城市规划要从空间位置、自然环境、经济社会的各种条件出发来考虑，对此有专业知识和经验的专家适合承担。③

在这些观念占据下，日本无法在城市规划领域开启居民参与。居民参与领域的变革源于地方。二十世纪六十年代以后，有些地方政府在土地利用方面尝

① ［日］城市规划法制研究会：《よくわかる都市計画法》，行政出版社2010年版，第168—169页。

② 参见［日］伊藤久雄：《都市計画提案制度と地区計画申し出制度の現状と課題》，《自治総研》2015年第445号，第45—48页。

③ ［日］原田纯孝：《日本の都市法Ⅱ》，东京大学出版会2001年版，第407页（佐藤岩夫撰写）。

试制定自己的规则。这个时期，日本经济高速增长，但城市开发无序，城市公共设施跟不上，开发商与居民纷争频发。对此，川崎市、兵库县川西市等制定自己的开发方针，要求开发商承担公共设施建设费用，要求开发商事前与居民协商并获得其同意。到二十世纪末，很多地方制定条例，确立了协商同意、公众意见听取会等形式的居民参与。

在居民参与氛围高涨，地方率先立法的影响下，1999 年《城市规划法》修改，增加了市町村城市规划审议会制度，市町村居民成为审议会成员。2000 年《城市规划法》修改，要求将城市规划草案供于阅览时，必须附带有关草案制定理由的书面材料；另外，还新设了第 16 条第 3 款和第 17 条之 2，市町村可以在条例中规定居民或者利害关系人对规划事项的提议方法，都道府县或者市町村可以在条例中附加城市规划程序，使程序更加详细。新条文为地方政府扩大和强化居民参与提供了制度条件。2002 年《城市规划法》修改，规定土地所有人、城市建设 NPO 组织、公益法人等可以提议制定城市规划。2006 年《城市规划法》修改，规定都道府县或者市町村拟编制城市规划案时，应该采取召开公共意见听取会等措施，让居民的意见得到反映。据此，居民介入城市规划的时间提前到了规划案的起草阶段。

二十世纪九十年代以后，地方分权潮流兴起。相对于国家而言，居民与地方的关系要紧密得多，这使得居民参与在地方分权潮流中获得发展。《城市规划法》也是根据地区居民自治与自律、地方层面的民主主义，建设理想城市的程序法，而居民参与在该程序法中发挥了极为重要的作用。①

第五节　建筑规范制度

现代城市规划有两个重要抓手，一个是土地，一个是建筑。从用途角度对土地进行分类，实现对土地的管制，从体积、高度、密度等角度对建筑进行规制，实现对建筑的规范。土地管制法制和建筑规范法制成为城市规划法制相辅相成、缺一不可的双轮。日本的建筑规范制度主要设置于《建筑标准法》和《城市规划法》之中。在百余年日本现代城市规划法制史中，这两部法犹如同胞姊妹如影随形，彼此融入，相互配合，与时俱进。建筑规范制度也随着这两

---

① ［日］原田纯孝：《日本の都市法Ⅱ》，东京大学出版会 2001 年版，第 422 页（佐藤岩夫撰写）。

部法律的演进而不断进步，在实践中为城市的文明进步作出贡献。

一、沿革

《建筑标准法》是规范建筑的专门法，是建筑规范方面的首要法律。为了保护国民的生命、健康和财产，规范建筑物的基地、设备、结构、用途等，日本于1950年5月24日制定了《建筑标准法》。回顾历史，明治维新以后，日本为应对近代城市化进程，满足近代交通需求，形成有较好基础设施的城市街区和建筑，1919年4月5日制定了首部全国意义的《城市规划法》（大正8年法律第36号）和《市街地建筑物法》（大正8年法律第37号）。而《市街地建筑物法》成为《建筑标准法》的前身。①1919年《城市规划法》的亮点之一是确立用地分类制度，将土地分为居住地、工业地、商业地、未定地等四类。该制度要求各类用地上的建筑受到与用地用途相对应的限制，而承担此任务的正是《市街地建筑物法》。比如，该法规定了限高，要求居住地上的建筑物不得超过65尺，居住地以外不超过100尺。②一个是"法律第36号"，一个是"法律第37号"，这彰显了《城市规划法》与《市街地建筑物法》的紧密关系，也更加确立了《城市规划法》与《建筑标准法》的姊妹法形象。

《市街地建筑物法》共二十六条，规定了用地分类、建筑物类型的指定、基地与道路的关系、壁面位置的指定、高度与空地的指定、防火、建筑工程、罚则等。该法在立法技术上走的是简单立法、授权立法的方式，即条文内容很简单，而更具体的规定则授权天皇或大臣制定相应规则。这也是当时行政权强势的现实反映。第二次世界大战末期，日本国土遭到美国的轰炸，东京等许多城市几乎变成灰烬。战后，日本面临着繁重的城市重建任务，战后复兴成为国家战略。1946年专门制定了《特别城市规划法》，1950年全新制定了《建筑标准法》以取代《市街地建筑物法》，以满足新形势的要求。建筑确认制度等成为新《建筑标准法》的亮点。二十世纪六十年代后，日本经济高速增长，农村

---

① 在1919年《市街地建筑物法》之前，建筑规范方面有一些地方立法，如，1886年的滋贺县家屋建筑规则、1909年的大阪府长屋建筑规则、1912年的兵库县建筑规则等。参见［日］安本典夫：《都市法概説》，法律文化社2008年版，第88页。

② 随着1970年《建筑标准法》修改，全面建立起容积率制度，运行了五十年的绝对高度不超过100尺的限制宣告结束。参见［日］大泽昭彦：《市街地建築物法における絶対高さ制限の成立と変遷に関する考察》，《土地総合研究》2008年第16卷第1号，第51页。

人口大量涌入城市，城市面临着众多新课题，战前制定的《城市规划法》已经完全不能应对。为此，1968年出台了全新的《城市规划法》。与此相配合，《建筑标准法》也在1970年得到了较大程度的修改。后来，又在1998年（为让建筑确认业务向民间开放）、2006年（为应对耐震系数伪造问题）进行了较大的修改完善。

现行《建筑标准法》共设十章，除总则、杂则、罚则等章外，还有建筑物基地、结构与建筑设备，城市规划区域内建筑物基地、结构、建筑设备与用途，型式适合认定，建筑协定，制定建筑标准适合判定资格者检定机构，建筑标准适合判定资格者的登记，建筑审查会等。本法的目的是“规定建筑物的基地、结构、设备和用途的最低标准，谋求国民生命、健康和财产的保护，进而增进公共福祉”。即本法设定的标准是最低标准，是国家在建筑领域提出的最低要求，除本法规定的特例（如第41条），以及其他法律有规定的外，任何个人和组织不得以任何形式实施低于本法标准的标准。在上述各章中，第三章“城市规划区域内建筑物基地、结构、建筑设备和用途”是与《城市规划法》最紧密的内容。由于这些内容不是只局限于建筑所有人这一个人小视角，而是从建筑与周边环境出发，从整体利益出发，从整个城市发展角度提出的要求，所以被理论界和实务界称为“集体规定”。与此相对，第二章“建筑物基地、结构与建筑设备”等章节的出发点是建筑本身，从结构耐力、采光、防火结构、楼梯等方面规范和促进建筑本体的安全与卫生，所以被“单体规定”。单体规定是对所有建筑的规定，集体规定是对规划区域内建筑的要求，两者是一般与特别的关系。从这个角度说，前者是建筑规范的一般规定，后者是特别规定。规划区域内建筑必须在满足单体规定的基础上，按照集体规定建设。

二、单体规定

建筑标准法上，单体规定主要体现在建筑的卫生与安全、结构强度、附属设施（楼梯、出口、排烟设备、非常用照明设备、非常用出入口、非常用升降机、通道）、防火与避难、工程现场预防危险等方面。①对这些规定，地方自治条例可以进一步追加标准或者加重标准。在基地的卫生安全方面，要求基地要高出邻接的道路；在湿润土地、多出水的土地、垃圾填埋土地上建设建筑物

① ［日］安本典夫：《都市法概説》，法律文化社2008年版，第90页。

的，要采取堆土、地盘改造等必要措施；基地必须配备下水管、下水沟等；建筑物有可能遭受崩塌损害的，必须设置护壁等。在结构强度方面，《建筑标准法》第 20 条从高度、材质角度将建筑物分成六十米以上超高层建筑物、六十米以下大型筑物、中型建筑物、小型建筑物等四类，实施不同的要求。《建筑标准法施行令》规定，建筑物结构设计的原则是，对应用途、规模、结构类别、土地状况，有效配置柱子、梁、地板、墙壁等，建筑物在结构安全上能够整体一致地安全对抗荷重和外力；尤其是结构耐力的主要部分（地基、基桩、墙壁、柱子、地面板等）要紧紧相扣，而且还要有刚性和韧性，使用不易腐蚀、不易磨损的材料。建筑物内的居住房间要符合采光、换气、隔音、防潮等方面的规定。建筑标准法与消防法一起，对应中小学校、百货商店、电影院、大型建筑、一般建筑等不同建筑和场所，在楼梯、走廊出入口、阳台，屋顶露台、排烟设备等方面设置不同的防火标准。建筑物的地基、主要部分所使用的建筑材料经过国土交通大臣认定，要符合日本工业规格（JIS）或者日本农业规格（JAS）。像电梯这样的同一型式量产的建筑设备或者量产型住宅等要预先接受国土交通大臣的型式认定，看该型式是否符合标准。①

三、集体规定

集体规定是针对城市规划区域内建筑的特别规定，所以研究城市规划法时需要特别关注。从大的面向看，除单体规定中有的建筑物基地、结构与建筑设备外，还有用途。用途是指建筑物用于做什么，用来居住，用来开餐馆，抑或用来建工厂，等等。它是与用地分类相对应的制度，即在什么类型的土地上建设建筑，那该建筑的用途就限定在该类型上，工业用地上的建筑不能用来建居民区，而居住用地上也不能建工厂。法律从容积率、建蔽率、高度等方面，设定具体的数值区间和范围，规范各类土地上的建筑物，对建筑物形态实行管制（详细内容可参见用地分类制度部分）。

（一）与道路关系

道路是城市的重要基础设施。《城市规划法》和《建筑标准法》从道路角度出发，对建筑提出了要求。在道路狭窄的地方，建筑物的高度或者容积率会受到限制。建筑区域内的道路应当畅通，因为只有这样，发生火灾等紧急情况

---

① ［日］安本典夫：《都市法概説》，法律文化社 2008 年版，第 92 页。

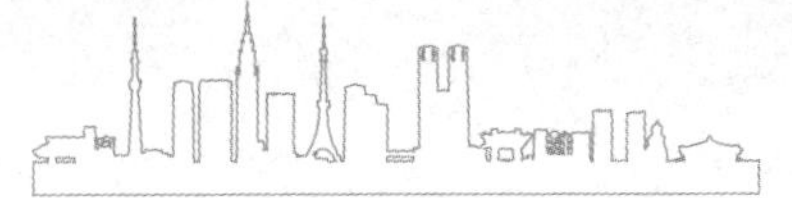

时才能快速救灾，保护建筑利用人的生命和财产安全。道路是重要的公共空间，设计和建造建筑物时应该保障和促进该公共空间通风、采光等。

《建筑标准法》要求建筑物的基地必须与道路相连两米以上；但因特殊建筑物、三层以上建筑物、带无窗口房间的建筑物、建筑面积一千平方米以上的建筑物所必须连接的道路的宽度、基地与道路相连部分的长度、建筑物用途或规模的特殊性，而难以达到避难或者通行安全之目的的，地方公共团体可以通过条例附加必要的限制；为建筑物或者基地而建设的护壁不得突进道路内。第42条第1款规定，道路是指宽幅四米以上的道路。同时，第2款规定了特殊情况，即在编入城市规划区域时建筑物已经并排建好的道路，①即使宽幅没有未到四米，经特定行政机关的认定，可以作为例外，视为前款道路，从该道路中心线向左右各水平推移两米的地方视为道路边界线；但从中心线水平推移未到两米处是山崖、江河等的，从山崖、江河等的这一侧道路边界线向道路一侧水平推移四米处视为道路另一侧边界线。该款规定中的道路被理论界和实务界称为“第二款道路”。②

实践中有时会在私有道路方面发生建筑纠纷，即建筑物连接的是私有道路，但因该私有道路的废除、改建等而让建筑物无法满足上述“与道路相连两米以上”的要求。对此，《建筑标准法》规定因私有道路变更或者废止而使得基地不符合道路连接要求的，特定行政机关可以禁止或限制该私有道路的变更或废止。此时，特定行政机关要预先向道路所有人等交付载有拟拒绝废止变更之决定及其理由、意见书提交地与提交期限等的通知书；道路所有人等收到通知书后三日内，可以向特定行政机关请求公开听取其意见；有该请求的，该机关必须公开听取意见；听取意见时可以让证人出席，提出有利于自己的证据。另外，根据一些地方政府的法规（如《京都市私有道路变更废止程序条例》），私有道路的变更废止需要市町村长的同意，而其中获得同意的标准之一就是不

① 根据判决“东京高判昭和57·8·26判时1050·59”，“建筑物已经并排建好的道路”是指，以道路为中心，建筑物聚集一起形成部分街区，道路被用于一般通行，在防灾、消防、卫生、采光、安全等方面发挥着重要的公益作用。

② 日本没有经历马车时代，道路自古狭窄，即使现在低于两米宽的道路也不少，低于四米宽的道路在城市中也是大量存在，而面向这些道路的建筑也非常多；东京中心区域的二十三区内，与宽四米以下道路相连的住宅数占住宅总数的34%。参见［日］生田长人：《都市法入門講義》，信山社2010年版，第86页。

会产生违反道路连接义务的建筑物。各个地方应当朝着这个方向进一步建立和完善相关制度。①

(二) 景观

为了摆齐街区内建筑物的位置，提高街区景观质量，特定行政机关认为有必要的，可以指定建筑物的壁面线。壁面线一经指定，建筑物的墙壁、代替墙壁的柱子、两米以上高度的门或者院墙就不能超越该线。指定壁面线时，应当公开听取利害关系人的意见，必须获得建筑审查会的同意。壁面线被指定的建筑物将在容积率、建蔽率等方面获得一定程度的优惠。

(三) 基地面积

用地分类城市规划可以规定建筑物基地面积的最低限度，建筑物不得低于该限度。但下列情况例外：(1) 公共厕所、警察巡逻岗亭及其他类似的公益建筑物；(2) 周围是宽阔的公园、广场、道路及其他空地，特定行政机关认为有害街区环境而特别认可的建筑物；(3) 建蔽率为 80%，且属防火区域内的建筑物；(4) 特定行政机关从用途或者结构看不得不予以认可的情形。

(四) 高度

法律从两个角度规范高度，一是绝对高度限制，一个是斜线限制。旧城市规划法和市街地建筑物法规定商业用地上建筑物高度不得超过一百尺，其他地域内建筑物高度不得超过七十尺。现行法律基本抛弃了传统的、普遍单一的数值规定，而是通过容积率制度来间接规范建筑物高度，绝对高度限制只保留于低层居住专用地（详情参见用地分类制度部分）。②

斜线限制分为道路斜线限制、邻地斜线限制、北侧斜线限制等三类，目的是保障日照、通风等。道路斜线限制是对应建筑物基地前面道路宽度和与道路的距离，来限制建筑物的高度，由此确保道路的采光、通风、空间，同时也保障建筑物的空间环境。建筑物各部分的高度原则上是建筑物与前面道路对侧边界线距离的 1.5 倍以下，居住用地是 1.25 倍，另外，对应容积率，距离超过 20—50 米的，不适用上述规定。近年来，道路斜线限制不适用或者降低标准的情况增多了。邻地斜线限制是对应与邻地边界线之间的距离，来限制建筑物各部分的高度，目的是保障邻地的采光、通风等。原则上，必须是在与邻地边

① ［日］安本典夫：《都市法概説》，法律文化社 2008 年版，第 101 页。

② ［日］生田长人：《都市法入門講義》，信山社 2010 年版，第 100 页。

界线之间水平距离的2.5倍的基础上再加31米（居住类是加20米）所得数值以下。由于第一类、第二类低层居住专用地受到绝对高度的限制，所以不受此限。邻地斜线限制也有放松要求的例外情形。北侧斜线限制是对应建筑物与北侧前方道路的对侧边界线或邻地边界线之间正北方的距离，来限制建筑物的高度，目的是保障北侧邻地的日照等。建筑物的各部分高度必须是在北侧前方道路的对侧边界线或邻地边界线之间正北方的水平距离的1.25倍的基础上再加5米所得数值以下。该限制适用于对日照有特别需求的第一类、第二类低层居住专用地，不受日影限制的第一类、第二类中高层居住专用地。①

（五）日影

日影限制是为保障建筑物周边土地的日照，而从建筑物造成的日影角度对建筑物进行限制。由于商业地、工业地、工业专用地对日照的要求低，所以不适用日影限制，其他的土地适用。受限制的建筑物分两档，第一档是第一类、第二类低层居住专用地内高7米以上或者3层以上的建筑物，第二档是其他区域内高度超过10米的建筑物。日影限制的内容是，从建筑物基地边界线到周边一定距离内土地（用一定的高度测算。第一类、第二类低层居住专用地为1.5米即一楼窗户的高度，其他土地为4米即二楼窗户的高度，或者6.5米即三楼窗户的高度）高度的水平面上，不得形成一定时间以上的日影。在冬至日晴天的上午八时至下午四时的八小时内，看建筑物给周边土地产生多长时间的日影。②《建筑标准法》通过附表对四类土地列出了具体的数值。管制对象区域外的高10米以上的建筑物，冬至日给对象区域内产生日影的，视为属于对象区域内，适用日影限制。

四、建筑确认

拟建设、大规模修缮或者改装一定的建筑物的，应当在开工之前向建筑主事③确认其建设、修缮或者改装计划符合建筑标准规定，并获得确认证书，这就是建筑确认。建筑主事收到确认申请后，依据国土交通大臣制定的“确认审查方针”进行审查，符合规定的，交付确认证书，不符合规定的，交付记载理

---

① ［日］生田长人：《都市法入門講義》，信山社2010年版，第103—105页。

② ［日］生田长人：《都市法入門講義》，信山社2010年版，第107页。

③ 建筑主事是指设置于都道府县、二十五万人口以上的市町村及其他市町村内的，承担建筑确认（对建筑等的建筑计划是否符合建筑法令进行确认）事务的工作人员。

由的不符合通知书。

(一) 需要建筑确认的情形

并不是全国所有的土地、所有的建筑物都必须接受建筑确认，相关情况参见表 4-1。①

表 4-1　需要建筑确认的情形

适用地区	需要确认的建筑物	工　　程
全国	A. 地板面积超 100 平方米的特殊建筑物（学校、医院、剧场、百货商店、旅馆、集体住宅等）	建筑（新建、改建、增建、转移）、大规模修缮、变更用途后符合 A 的工程
	B. 符合下列之一的木质建筑物： a. 3 层以上； b. 建筑面积超过 500 平方米； c. 高超过 13 米； d. 梁高超过 9 米	
	C. 两层以上或者建筑面积超过 200 平方米的木质以外建筑物	
城市规划区域和准城市规划区域内	A—C 以外的所有建筑物	建筑（新建、改建、增建、转移）
全国	一定的工作物、与 A—C 的建筑物有关的一定建筑设备	设置等

(二) 建筑确认的内容

简单说，建筑确认的内容就是看拟建是否符合建筑标准规定。这是一项机械的判断工作，似乎没有什么裁量空间，所以除建筑主事有建筑确认权外，法律还授权民间组织的确认检查机构从事建筑确认事务。但是，要判断某个具体的建筑物是什么用途的建筑物时，裁量的余地很大，但法制度对此不够重视。《建筑标准法》对附款（条件）没有进行规定，所以不能将工程中的安全措施设定为建筑确认时的条件，即使法律规定了预防工程现场地基陷落、工程设施倒塌等预防义务（第 90 条），特定行政机关对工程中所使用的规模较大的建筑物，可以命令采取工程安全措施（第 90 条之 2），另外，增改建不特定多数人使用的既有建筑物或地下建筑物的，必须制作安全对策计划并向

① ［日］生田长人：《都市法入門講義》，信山社 2010 年版，第 112 页。

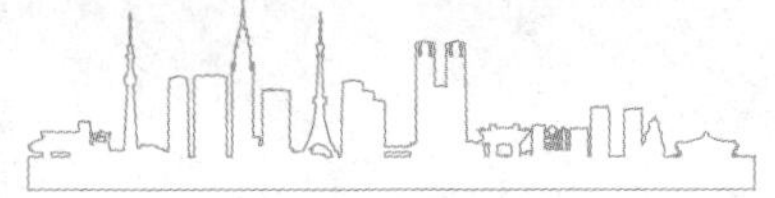

特定行政机关报告。①

建筑确认行为的依据是建筑标准规定。大体包括两类，一是《建筑标准法》和根据《建筑标准法》制定的行政法规、规章、规则中的规定；一是其他与建筑物基地、结构、建筑设备相关的法律和根据该法律制定的行政法规、规章、规则中的规定。关于第二类，尤其是被行政法规特别指出的规定，如被行政法规《建筑标准法施行令》列举出的《消防法》第 9 条、15 条、17 条，《城市规划法》第 29 条第 1 款、第 2 款，第 35 条之 2 的第 1 款等。面对这么多法规，建筑主事要对建筑申请一一作法规适合性审查确实不容易，所以《建筑标准法》规定，建筑主事收到有关防火地区、准防火地区的建筑确认申请，或者其他地区集体住宅的建筑确认申请时，应当通知消防首长，没有消防首长的同意，不得作出建筑确认。审查屎尿净化槽或者《建筑物卫生环境保障法》第 2 条第 1 款规定的附属于娱乐场所、百货店、商店、事务所、学校、集体住宅等的建筑物时，应当通知保健所长，在获得其意见后再实施建筑确认行为。

（三）建筑确认的主体

现行法律规定承担建筑确认职责的有两类主体，一类是建筑主事，一类是确认检查机构。建筑主事是市町村或者都道府县的公务员，具备一级建筑士资格，②并有两年以上建筑行政事务经验。建筑主事由市町村长或者都道府县知事任命。行政法规所认定的人口二十五万以上的市必须设置建筑主事。市町村可以设置建筑主事，但应当预先与都道府县知事协商。

确认检查机构是从事建筑确认工作的民营机构。在放松管制、民营化的浪潮中，1998 年《建筑标准法》修改，允许民营机构进入建筑确认领域，确认检查机构成为建筑确认的主体。确认检查机构由国土交通大臣、知事指定。承担具体确认、检查事务的检查员必须接受资格审查，从合格名单中选出。接受确认检查机构的确认，并获得确认证书的，该确认和确认证书视为建筑主事实施的确认和确认证书。很多的建筑确认都由该民营机构实施。

但是，民营机构有着逐利的本性，实践中由此会发生一些问题。建筑确认

---

① ［日］安本典夫：《都市法概説》，法律文化社 2008 年版，第 113—114 页。

② 建筑士是《建筑士法》规定的专业职务。一级建筑士、二级建筑士、木造建筑士等一直就有，受抗震伪造事件影响，《建筑士法》被修改，新设了结构设计一级建筑士、设备设计一级建筑士。

是项比较复杂的工作，需要时间。而申请人是希望越快越好。民营机构为了获得顾客，就一味满足顾客需求，放松审查，快速确认，造成类似 2005 年抗震伪造事件这样的社会大问题。总结经验教训后，2006 年《建筑标准法》修改，亮点是必须由都道府县知事来判断建筑主事或者确认检查机构对一定规模以上的建筑物是否进行了适当的结构计算。保障安全是最重要的公益，将与安全相关的建筑确认事务委托给民营机构不无问题。申请确认的建筑业者觉得利润不好的话，就很有可能轻视安全而偷工减料，假如民营确认检查机构过剩的话，那它们就很有可能将申请者的希望反映到确认行为之中。即使要委托给民营机构，也应该保证经常有公共机关对其实施严格监督。①

（四）检查与处理

建筑工程竣工后，必须接受建筑主事或者确认检查机关的竣工检查。符合建筑标准规定的，颁发检查合格证。只有获得该检查合格证后，建筑业主才可以使用该建筑物。另外，行政法规规定的向三层以上集体住宅的地板和梁配置钢筋的工程等还需要接受中期检查，合格的，颁发中期检查合格证。

对检查不合格的建筑物，特定行政机关可以命令建筑业主、建筑商、现场管理人、所有人、占有人等停止施工，或者采取拆除、转移、改建、增建、修缮、改装、禁止使用、限制使用等必要措施。原则上，命令由特定行政机关作出。情况紧急的，建筑监视员可以命令停止施工、临时禁止使用、限制使用。这些命令缘于建筑计划违反建筑标准规定，即使建筑主事没有发现并颁发了建筑确认书，建筑物也是违法建筑物，也要采取上述纠正措施，采取措施时也并不需要以撤销建筑确认为前提。相反，即使违反建筑计划，但却符合建筑标准规定的，不会被命令作纠正措施。符合建筑标准规定是建筑业主的责任。②当然，没有获得建筑确认，但建筑行为符合建筑标准规定的，也是违反程序的违法行为，对建筑业主、工程施工者要处以 1 年以下有期徒刑或者 100 万日元以下罚金。

为了保障前述命令得以落实，《建筑标准法》设置了处以 3 年以下有期徒刑或者 300 万以下罚金等罚则。但实践中据此处理的情形不多，其有效性不大。受抗震伪造事件的影响，对违反重要规定的行为，加大了刑罚力度，但效

---

① ［日］生田长人：《都市法入門講義》，信山社 2010 年版，第 113 页。

② ［日］安本典夫：《都市法概説》，法律文化社 2008 年版，第 118 页。

果不无疑问。另外，从一般法理出发，《行政代执行法》上的代执行也可以适用于此，为此，《建筑标准法》第 9 条第 12 款规定，对不采取措施的，或者履行不充分的，或者无法在规定期限内履行完毕的，特定行政机关可以自己实施，或者让第三人实施。但是，因为纠正措施很多，拆除措施显得太严厉，有违反比例原则之嫌，所以代执行也不怎么使用。①特定行政机关作出纠正措施命令后，将向国土交通大臣、都道府县知事通知该建筑物的设计者、工程监理人、工程承包人、宅地建筑物交易者、净化槽制造业者的名称等。国土交通大臣、都道府县知事应当根据建筑士法等采取撤销执照或许可、责令停业及其他措施。

建筑物不断老化，放置不管明显会带来危险，或者明显给环境卫生造成损害时，特定行政机关可以劝告相关人采取拆除、转移、增改建、修缮、改装、中止使用、限制使用建筑物等必要措施；对不听劝告者，可以命令其采取措施。上述危险、损害就要发生的，可以作出纠正措施命令。对违反集体规定，明显妨碍公益的既有建筑物，在取得市町村议会同意后，特定行政机关可以命令拆除、转移、增改建、修缮、改装、中止使用、限制使用；对此，市町村应当补偿命令所产生的损害。

（五）既有不合格建筑

既有不合格建筑是指，建设时符合建筑标准法等的规定，但建成后因法规修改或者城市规划变更而变得不符合规定的建筑物。既有不合格建筑不是违法建筑物，可以一如既往地存续着。但将来要改建、增建时，则必须按照改建、增建时法规的要求实施。法治国原理要求法的安定性与信赖保护，限制具有不利效果之法律的溯及适用。另外，从现实角度看，之所以如此，主要是两个理由，一是对通过新法规所要实现的法益与迎合新法规所需费用进行比较发现，后者费用庞大，不可取；二是这样的建筑物太多，所需费用太大，实现的可能性小，结果会让法规成为摆设。这针对的是一般情况。也有特殊情况。对像病人、残障人士等使用的一些建筑物，对新的建筑标准有着更急迫的需求，一味否定既有建筑物对新标准的积极应对，也是不恰当的。对这类建筑物，除了让其所有人、管理人等满足单体规定外，还需要让其承担在一定期间内采取应对

---

① ［日］安本典夫：《都市法概説》，法律文化社 2008 年版，第 119 页。

措施的义务。①重建、增改建、大规模修缮、改装的话，有义务适用新规定。而实践中，不只是增改建、修缮部分，而是要求整个建筑物符合新规定。这就太严格了。例如，医院所处的地方原来是准工业用地，当该准工业用地被改定为工业用地后，该医院就成为既有不合格建筑物，假若增改建医院时适用新规定，那整个建筑物就不能作为医院而使用，增改建也就无法实施。②事实上，2004 年《建筑标准法》修改，对这些情况放松了管制标准，比如，既有不合格建筑物增建后的面积不超过原来 1.2 倍的，可以增建。③

(六) 建筑确认的救济

最高法院在判决中指出，“建筑确认，是建筑标准法第 6 条第 1 款之建筑物的建设工程开始前，公权性地判断该建筑物建设计划是否符合建筑相关规定的行为，具有不获得确认，就不得实施工程的法效果，目的是防止出现违反建筑相关规定之建筑物”；④ “(建筑）确认本身具有基本无裁量余地之确认性行为的性质；符合条件的，建筑主事应当尽快作出决定”。⑤最高法院主张确认行为说。

对建筑确认结果不服的，可以提起复议，复议后，仍不服的，可以提起行政诉讼。建筑标准法采取了复议前置主义，即只有经过复议后，才能对建筑确认提起行政诉讼。对特定行政机关、建筑主事或者建筑监察员、都道府县知事、确认检查机构等的行政机关不服的，可以向市町村或者都道府县的建筑审查会申请复议。建筑审查会应当在受理复议申请后的一个月内作出决定。建筑审查会在作决定时，应当要求复议申请人、特定行政机关、建筑主事、建筑监察员、都道府县知事、确认检查机构及其他相关人或者其代理人出场，进行公开审理。对建筑审查会的复议决定不服的，可以向国土交通大臣申请再复议。

---

① ［日］生田长人：《都市法入門講義》，信山社 2010 年版，第 121 页。

② ［日］安本典夫：《都市法概説》，法律文化社 2008 年版，第 124 页。

③ 2004 年修法中，放松管制精神体现在以下三个方面：(1) 不适用结构耐力规定的建筑在增建时，在结构上通过防震连接件而相互分离的，增建部分以外的部分可以保持原样，在不适用避难规定的建筑物中，通过耐火结构壁而相互分离的部分也给予相同对待；(2) 既有不合格建筑物分两个工程增建时，在最后工程完成时适合的话，就可以了，这期间，修改后的法律实施的，不适用该规定；(3) 例如，对没有达到基础结构标准的木制既有不合格建筑，当只是小规模增建时，进行一定的补强，就可以了。参见［日］安本典夫：《都市法概説》，法律文化社 2008 年版，第 124 页。

④ 最高判昭和 59・10・26 判夕542・192。

⑤ 最高判昭和 60・7・16 判时 1136・53。

（七）建筑确认制度的问题

建筑确认制度宗旨是通过坚守建筑底线来形成良好的城市空间。日本社会一直以来就崇尚建筑自由，建筑自由理念深入人心、深入法规之中。《建筑标准法》等法规制定的是最低标准，而这个标准就是与建筑自由理念相协调的产物。作为落实建筑标准的重要制度，建筑确认制度也秉承建筑自由理念，最小限度地限制建筑权利人。一般而言，与许可相比，确认没有什么裁量的空间，面对申请人的申请，根据清楚的数值标准等作出判断。而许可一般给许可权人更多的裁量权，尤其是那些存在名额限制的许可。建筑标准法没有采用许可制，重要原因是在许可权人与建筑权利人的关系中，许可权有更多的地位优势，可以面对建筑情形作出更多的自由裁量，建筑权利人有更多的不确定感，许可制不利于体现建筑自由。但是，现代社会对城市规划有着更多需求，形成良好的城市空间、景观等都是普遍愿望。建筑确认制度很难说是有效控制城市空间的有效手段，日本的建筑规范制度也很难说是为形成良好城市空间而采取的建筑控制方法。在此背景下，为建设美好城市，日本《城市规划法》等除建立建筑规范制度外，还建立了建筑协定制度，确立地区规划制度等。还是应该像开发许可制在土地利用管制中的地位那样，就控制城市空间的集体规定设置建筑许可制，从体系上赋予其在《城市规划法》中的明确地位。①

第六节　建筑协定制度

建筑协定，是指为维护和增进住宅地的良好环境、商业地的便利性等，一定区域内土地所有人等可以协商确定该区域内建筑物的基地、位置、机构、用途、形态、设计或者建筑设备的标准。根据《建筑标准法》第 69 条，市町村可以通过条例确定在辖区内实施建筑协定制度。建筑协定制度是 1950 年制定《建筑标准法》时就设立的制度，是对战前社会惯例的延续和法定化，是日本独具特色的制度，与后来的地区规划等一起，深刻体现建筑自由理念和地方自治精神。截至 2008 年 3 月 31 日，日本各都道府县和较大市共有 2 803 件有效的建筑协定。②

---

① ［日］生田长人：《都市法入門講義》，信山社 2010 年版，第 118 页。

② ［日］国土交通省住宅局市街地建设课：《平成 19 年度末有効建築協定数》，http://www.mlit.go.jp/jutakukentiku/house/jutakukentiku_house_tk5_000003.html（国土交通省主页），2020 年 3 月 16 日最后访问。

一、根据

《建筑标准法》规定了建筑领域的一般标准，而建筑协定则是允许在这一般标准之外制定符合地区特色的特殊标准。当然，由于《建筑标准法》确定了最低标准，建筑协定约定的标准要高于前者。在国家层面的一般标准之外形成和运行特殊标准，需要很强的法理支撑和制度管制。建筑自由观念在日本自古有之，土地所有人等可以在自己的土地上自由地建设建筑物。面对近代社会的土地功能管制和城市规划潮流，建筑自由观念虽有让步，但始终势头强劲。《建筑标准法》不但规定了最低标准，即底线，还允许土地所有权人等协商确定建筑标准。为了维护建筑协定的正常秩序，防止土地所有权人等盲目协商，有必要从制度层面对建筑协定进行管制。一项重要手段即是要求立法层面为建筑协定制度提供根据。所以，《建筑标准法》规定市町村可以在条例中规定建筑协定制度。由此，市町村的条例是建筑协定得以建立的根据。换言之，市町村没制定相关条例的，不得实施建筑协定。在此基础上，建筑协定还需要获得特定行政机关的认可等。通过制度管制，以期实现土地所有人等权益与城市规划公益的平衡。

二、程序和效力

建筑协定的缔结权人是土地的所有人和使用权人。建筑协定必须获得区域内所有土地所有人和使用权人的一致同意。建筑协定一般是多个当事人签订。但也存在特殊情况，当市町村条例规定可缔结建筑协定的区域的土地归一个人所有时，可以订立一人协定。该协定获得特定行政机关认可后三年以内，该区域内存在两个以上所有人和使用权人的，协定就成为具有与一般协定相同效力的建筑协定。即一个人协定真正有效，需要三年内在该区域内出现两个以上所有权人和使用权人。

认可程序是建筑协定合法有效的重要步骤。拟缔结建筑协定的土地所有人和使用权人应当制作规定土地区域和建筑物标准、协定有效期间、违反协定时措施的建筑协定书，并通过其代表提交给特定行政机关，并获得其认可。建筑协定区域内土地所有人和使用权人认为邻接土地成为本区域一部分将有利于增进建筑物使用和改善土地环境的（即成为“建筑协定区域邻接地”），可以在建筑协定书上载明其希望该邻接地成为建筑协定区域内土地。市町村长应当公布申请，并将协定书提供给相关人阅览，通过公开的方式听取相关人的意见。行政机关对申请进行审查，符合条件的，应当给予认可。这些条件是：（1）不会不当地限制土地或建筑物的使用；（2）符合建筑协定制度的宗旨；（3）建筑协定规定了邻接地时，其界限得到明确规定，符合国土交通省的规章对建筑协定区域邻接地所做的标准。给予认可的，特定行政机关应当毫无延迟地公布该结果。建筑协定的废止需要获得协定参加人过半数的同意，应当向特定行政机关提出废止申请，并获得其认可。

建筑协定生效后，不但约束缔结协定的当事人，还可以约束协定生效后才成为该区域内土地所有人和使用权人的人，即具有对世权。通说和判例认为，建筑协定不是建筑主事所做建筑确认的对象，也不是特定行政机关所做纠正命令的对象。对违反协定的行为，缔约人自己可以提起民事诉讼，请求停止建筑工程、纠正违约建筑。实践中，缔约人组成建筑协定运营委员会，监视违反协定的行为，对违约行为采取纠正措施。很多建筑协定也规定，诉讼时的原告由运营委员会委员长担任。①

三、优势和特点

建筑协定的优势是居民可以根据需要决定协定的内容、区域规模、有效期间等，并根据形势变化而灵活变动。建筑协定直接表达了居民的意志，体现了地域特性。建筑协定可以说是一种以地区居民合意为基础的私人立法。从与民法上的地役权制度相比较的角度看，我妻荣认为建筑协定具有“集体地役权设定的实质”，即地役权的目的是调节要役地与承役地这两个土地的使用，而建筑协定则通过土地所有权人等的契约，实现在更广域内调整土地利用。②建筑协定的缺点在于缔结和运营协定的费用高。缔结、更新工作通常需要数月或数年。运营时，除了监视费用、纠正费用（与建筑业主的交涉费用、法务费用等）的金钱和时间成本外，还有运营委员通过法律来规范紧邻关系而伴随的心理成本，即地区社会中的社会关系和相互行为是互让互惠的，有很多不宜用法规范的地方，打破这种互让互惠的关系，开始用法来解决纠纷就是跨过一道高坎，也是成本。③

---

① ［日］原田纯孝：《日本の都市法Ⅱ》，东京大学出版会 2001 年版，第 429 页（长谷川贵史撰写）。

② ［日］我妻荣：《新訂物権法（民法講義Ⅱ）》，岩波书店 1983 年版，第 409 页。

③ ［日］原田纯孝：《日本の都市法Ⅱ》，东京大学出版会 2001 年版，第 429、443 页（长谷川贵史撰写）。

从六十多年的实践运行来看，日本的建筑协定呈现如下特点：[①] 第一，一人协定作为郊区开发新类型，成为建筑协定的主流。通过一人协定，地块形象得到提升，资产价值得到增加。20 世纪 70 年增加的建筑协定绝大部分是一人协定。这个时期也是建筑协定的第一个增加期。第二，在既有市街地，旨在提高环境水平的建筑协定因很难获所有当事人同意，故缔结得很少。在中高层公寓、独栋公寓楼的建筑计划所引发的纠纷中，建筑协定作为反对建筑物建设的手段得到认可。二十世纪八十年代后半期，建筑协定发挥了经济泡沫时期为维护生活而抵抗开发的作用。这是建筑协定的第二个增加期。第三，在既有市街地缔结各方都同意的建筑协定呈现一趋势，即为得到各方同意而不得不缩小或限定协定范围和内容。住宅地用途、建筑物层数、高度限制、外墙壁后退、基地面积限制成为协定的中心内容。第四，在功能上与建筑协定类似的地区规划虽然增加很快，但地区规划并没有取代建筑协定。在对特定区域强化和完善土地利用管制方面，在创造比法定标准质量更高的居住环境方面，在从制度上吸收市民参加要素方面，建筑协定与地区规划相同。例如，为管制建筑物的最低基地面积，可以选择使用地区规划、建筑协定、指导纲要，在地区规划与建筑协定之间作为地方规则时似乎有替代与被替代的关系，但现实中两者还是分开使用。地区规划的管制项目被严格地、有限地列举，而建筑协定的内容只是被概括性地规定，由此实务界对建筑协定评价为方法灵活，能够细致应对。建筑协定制度也受到不少的批评，主要有，监督协定遵守的体制机制不力，保障协定落实的手段不强，全体同意这一条件太严格。

从我们的角度看，建筑协议制度具有重要价值。首先，建筑协议制度彰显自治精神。建筑协议制度允许和鼓励土地权利人在遵守法规确定的基础标准上，自主确定和实施更高标准，建设高水平小区。这是权利人在自己的土地上自我规划建设，改变以往城乡规划中政府单方全面生硬决策局面，充分释放自治精神，展现基层城乡规划的开放形象，进而提高我国基层社会治理水平。其次，建筑协议制度体现民主要求。《城乡规划法》要求，城乡规划制定过程中，公民、专家参加相关座谈会、论证会、听证会等；人大常委会审议、备案；村民会议或者村民代表会议讨论同意。这是现代城乡规划展现出的民主性。建筑协议是某区域内多数权利人平等协商，达成一致，是一种直接民主，这契合并

---

① ［日］大桥洋一：《都市空間制御の法理論》，有斐阁 2008 年版，第 120—121 页。

增强了现代城乡规划的民主性。再次，建筑协议制度增强城乡规划的科学性。科学性是城乡规划的基本要求。建筑协议首先遵循了法规确定的基础标准，也就遵循了法规所确立的科学性，并在此基础上，发挥权利人熟知本区域情况并积极追求优质环境的优势，按照更高标准进行设计建设，进而增强了城乡规划的科学性。我们正在全面推进依法治国。建立建筑协议制度，最应当从法制入手，形成基本法、专门法、地方法等对其予以规范和保障的法制体系。

首先，可以在《城乡规划法》中确立建筑协议的地位。《城乡规划法》是城乡规划领域的基本法，确立城乡规划的各项重要制度，规范城乡规划的各项重要活动。建筑协议制度作为符合时代要求的新制度，其地位应当最先获得基本法的确认。为此，《城乡规划法》可以规定，设区的市及以上的市可以制定地方法规规章，确定在一定区域推行建筑协议。这样规定既确立了建筑协议的高法律地位，又将是否推行建筑协议的决定权赋予了地方，体现地方自治精神、因地制宜原则。其次，可以在《建筑法》中规定建筑协议制度的主要内容。《建筑法》是规范建筑行为的专门法，建筑协议制度的详细内容理应由其规定。为此，《建筑法》可以规定，某区域内土地的权利人可以协商决定开发建设本区域内土地时，执行比法规所定建筑标准更高更严的标准；旨在提高建设用地质量，创造便捷、优质的居住、商业环境等；范围包括建筑物的基地、位置、结构、用途、形态、设计、建筑设备等方面的标准。《建筑法》还应该规定建筑协议的效力、许可程序、变更废止程序等。再次，地方法规规章可以对建筑协议作具体规定。《立法法》在城乡建设管理方面赋予设区的市及以上的市以立法权。这些市正是城乡规划的制定主体，建筑协议的推行主力。这些市可以就是否推行建筑协议、何时何地推行、推行方法和程序、具体的建筑标准等制定法规规章。上海市可以在现行的《上海市城乡规划条例》《上海市城市规划管理技术规定（土地使用、建筑管理）》等法规规章中增加相关内容。

推行建筑协议制度应持积极而谨慎的态度，主要注意以下几个问题：第一，建筑协议务必坚持自愿原则，尊重民意。建筑协议是协议，意味着平等协商，自主决定。土地所有权、使用权是最重大的财产权益，对它们的处理必须获得权利人的同意。所以，建筑协议不容许有强制成分，系当事人自愿订立，政府不得在其中施加影响，充分尊重民意。第二，推行建筑协议应当因地制宜，务求实效。推行建筑协议是在城乡规划的公行政中引入具有私法意味的工作方法，两者需要磨合。在城乡规划法治化程度高的城市，可以更积极地推行。比如北上广的旧区或者城乡接合部的改造、郊区大型休闲娱乐场所周边地区的开发建设等。新型城镇化过程中，各级城市都面临着繁重的城乡规划升级任务，对此，可以以建筑协议为新抓手，适时适地推行建筑协议，调动民间积极性和智慧，群策群力实现目标。第三，建筑协议应与建筑标准法完善同步推进。全面依法治国要求建设完备的城乡规划法律体系。《城乡规划法》和《建筑标准法》是该体系的两大支柱。我国没有《建筑标准法》，现有的《建筑法》对建筑标准的规范力度很不够，急需完善。建筑协议的目的是确定比建筑标准法所定标准更高更严的建筑标准，以此实现更高水平的城乡规划，而没有建筑标准法的支撑，这一目的就会落空。我们应该修改《建筑法》，大量增加建筑标准方面的内容，或者制定《建筑标准法》。第四，建筑协议可以与章程民约等相结合。随着社会的发展，自治精神在我国基层得到了很大的发扬。城市居民小区的自治章程、农村的村规民约等旨在实现居民村民自治，且效果良好。建筑协议可以以这些章程民约的方式出现，比如自然村的建筑协议可以成一村规民约；或者建筑协议的部分内容进入章程民约，比如居民小区的自治章程约定一些严格的建筑标准。建筑协议与章程民约结合有利于居民或村民理解认可建筑标准，更好更快地实现建筑协议的目的。

第五章 日本城市规划法制度（二）

本章介绍城市规划法给予其重要地位、富有特色、有的有特别法详细规定的重要制度，如土地区划整理制度、城市再生制度、空间利用制度、开发利益公共还原制度。

第一节 土地区划整理制度

根据《城市规划法》，城市规划可以规定《土地区划整理法》上的土地区划整理项目（第 12 条），可以规定《大都市地区住宅与住宅地供给促进法》上的土地区划整理促进区域，可以规定《地方据点城市地区建设与产业商务设施再配置促进法》上的据点商务市街地建设土地区划整理促进区域（第 10 条之 2）；都道府县规定土地区划整理项目的城市规划（第 15 条）。据此，土地区划整理制度在城市规划法上得到确立。1954 年，日本制定了《土地区划整理法》。该法旨在通过规定土地区划整理项目的实施者、实施方法、费用负担等必要事项，推动土地区划整理项目的实施，进而促进良好市街地建设，增进公共福祉。土地区划整理项目是日本城市规划中最重要、应用最广泛的项目，通过土地减幅、换地等方法，实现不用出钱购买就能获得公共设施用地、不用征收土地就能改造不良市街地，在不触及棘手土地问题的状态下推进城市建设。①

一、概念

根据《土地区划整理法》，土地区划整理是指为改善公共设施和增进宅地利用，在城市规划区域内，变更土地区划的形质和新设或变更公共设施。这一规定表达了土地区划整理概念的目的和本质，但表述又过于抽象和精炼，理解

① ［日］石田赖房：《日本における土地区画整理制度史概説（1870—1980）》，《総合都市研究》1986 年第 28 号，第 45 页。

起来甚为晦涩。实践中，土地区划整理项目表现为，在需要建设道路、公园等公共设施的一定区域内，土地权利人让出自己的部分土地，各个让出地再集中起来，一部分用于道路、公园等公共用地，一部分出售，出售所得再用于本地项目开发建设，最终实现区域内各地块得到平整，公共设施得到完善，土地价值得到提升。实践中，土地区划整理概念可表现为图 5-1。

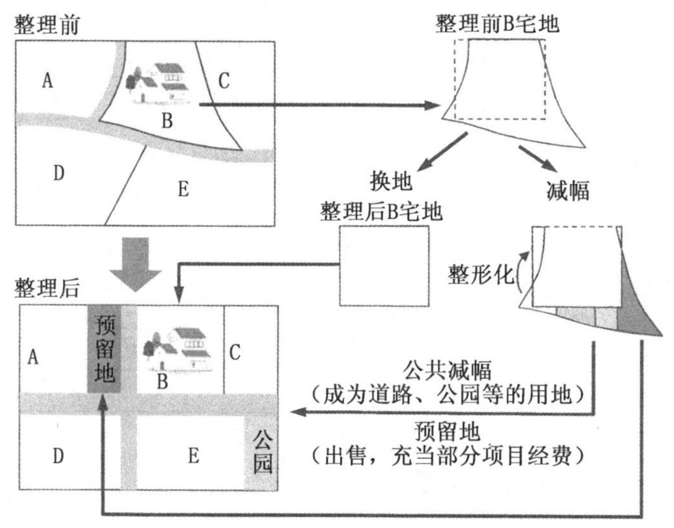

图 5-1　土地区划整理概念

日本有三类土地区划整理项目，分别是郊区开发型土地区划整理项目、既成市街地建设型土地区划整理项目和公共设施建设型土地区划整理项目。郊区开发型土地区划整理项目的目的是在尚未市街化的地域内，开发住宅用地等，为形成街区和住宅区创造条件。既成市街地型土地区划整理项目是建设街区和住宅区，改善密集的既成市街地。公共设施建设型土地区划整理项目的目的是建设公共设施和改善公共设施条件。

二、实施者

土地区划整理项目的实施者有个人、土地区划整理协会、区划整理公司、都道府县与市町村、国土交通大臣、独立行政法人城市再生机构、地方住宅供给公社等。宅地的所有权人或租地权人、得到宅地所有权人或租地权人同意者，可以一人或者数人共同，对该宅地或者一定区域宅地以外的土地实施土地区划整理项目。宅地的所有权人或者租地权人所设立的土地区划整理协会可以对含该宅地在内的一定区域土地实施土地区划整理项目。以宅地所有权人或租地权人为股东的股份公司满足如下条件的，可以实施含该宅地在内的一定区域土地的土地区划整理项目，即（1）以实施土地区划整理项目为主要目的，（2）不是《公司法》第 2 条第 5 项规定的公开公司，（3）项目区域内宅地的所有权人或租地权人具有过半数的股东决议权，（4）具有过半数股东决议权者和该股份公司所拥有的项目区域内宅地的面积，和这些人所具有之租地权的宅地面积总和，超过该区域内宅地面积的三分之二。都道府县或者市町村可以对项目区域内土地实施土地区划整理项目。因灾害及其他特殊情况而需要紧急处置的、与国家有重大利害关系的土地区划整理项目中，需要与国土交通大臣实施的公共设施项目一同实施的，或者都道府县、市町村明显实施起来明显困难或者不适当的，国土交通大臣自行实施，对其他项目，国土交通大臣可以指示都道府县或者市町村实施。国土交通大臣认为为有计划地建设一体性、综合性住宅市街地而有必要实施土地区划整理项目的，独立行政法人城市再生机构可以对项目区域内土地实施土地区划整理项目。国土交通大臣认为若不与地方住宅供给公社所做的宅地建设一体实施土地区划整理项目，就难以建设建成居住环境良好的集体住宅时，地方住宅供给公社可以在项目区域内实施土地区划整理项目。

三、流程

（一）调查

为保障干线道路的延续性，促进中小学、幼儿园、礼堂等设施合理配置，要在充分考虑与周边地区的关系后，在更加广阔的区域内，对区划整理预定地区实施调查。把握区划整理预定地区的现状，梳理规划的各项条件，明确市街地建设的必要性，并以此为基础构想该地域建设发展的方向。根据《土地区划整理法》第 72 条，国土交通大臣、都道府县知事、市町村长、独立行政法人城市再生机构理事长、地方住宅供给公社理事长为实施或者准备实施土地区划整理项目，认为有必要进入他人占有的土地，进行测量或者调查的，可以在必要的限度内进入他人土地；拟进入土地的，必须提前三日通知该土地占有人；土地占有人无正当理由的，不得拒绝或者妨碍该调查。

（二）规划

政府实施的土地区划整理项目因为是市街地开发项目，所以必须首先进入城市规划，由城市规划确定。城市规划要规定土地区划整理项目的种类、名称和实施区域，同时还要尽力规定实施区域的面积及其他行政法规规定的事项。个人、协会、公司实施的土地区划整理项目并不都是市街地开发项目，所以不进入城市规划也可以实施。为了保障进入城市规划中的土地区划整理项目能够顺利推进，《城市规划法》规定拟在土地区划整理项目区域内建设建筑物的，必须获得都道府县知事等的许可（第53条），土地区划整理项目区域内的建筑行为受到限制。

（三）制定项目规则与计划

1. 个人或数人实施土地区划整理项目

首先是制定项目规则（准则、规约、章程等）和项目计划。个人实施时，要制定准则和项目计划，数人共同实施时，要制定规约和项目计划。准则必须记载项目名称、实施地区、项目范围、事务所所在地、项目年度、公告方法等。规约必须记载项目名称、实施地区、项目范围、事务所所在地、费用分担情况、业务代表情况（职务、人数、任期、工作分担、选任方法）、会议、项目年度、公告方法等。项目计划应当记载实施地区、设计概要、项目实施期间和资金计划。其次是申请都道府县知事的认可。个人或数人实施土地区划整理项目，必须获得都道府县知事的认可。为此，当事人必须经由管辖实施地区的市町村长提出申请。申请时，必须获得宅地权利人对项目计划的同意。都道府县知事认为没有下列情形的，应当给予认可，即申请程序违反法令、准则规约或者项目计划的制定程序或内容违反法令、不适合做市街地的地区或者因土地区划整理项目以外之项目而被作为市街地规定在城市规划之中的区域被编入实施地区。都道府县知事作出认可后，应当毫无延迟地公告实施者的姓名或名称、项目实施的期间、实施地区等，而且应当向国土交通大臣和有关市町村长送达记载实施地区和设计概要的图纸文书。市町村长应当将图纸文书放在市町村办公大厅供公众阅览。

2. 土地区划整理协会实施土地区划整理项目

拟设立土地区划整理协会的，必须要在七人以上共同制定章程和项目计划后，获得都道府县知事对协会设立的认可。必须经由管辖实施地区的市町村长申请设立协会。也可以在项目计划制定前提出设立申请。章程必须记载事项有协会名称、实施地区、项目范围、事务所所在地、协会成员的情况、费用分担情况、干部情况（职数、任期、工作分担、选任方法）、全会、代表大会、项目年度、公告方法等。协会拟制定项目计划时，必须预先制作项目计划草案，并通过召开座谈会等形式让协会成员都了解草案情况。成员就草案可以向协会提出书面意见。都道府县知事收到申请后，应当将项目计划交由实施地区的市町村长供公众阅览两周。都道府县知事认为没有下列情形的，应当给予认可，即申请程序违反法令、章程或者项目计划的制定程序或内容违反法令、不适合做市街地的地区或者因土地区划整理项目以外之项目而被作为市街地规定在城市规划之中的区域被编入实施地区、实施土地区划整理项目所必要的经济基础及其他能力不足。都道府县知事作出认可后，应当毫无延迟地公告协会名称、项目实施的期间、实施地区等，而且应当向国土交通大臣和有关市町村长送达记载实施地区和设计概要的图纸文书。市町村长应当将图纸文书放在市町村办公大厅供公众阅览。

3. 区划整理公司实施土地区划整理项目

参考上述土地区划整理协会实施土地区划整理项目的相关内容。

4. 都道府县和市町村实施土地区划整理项目

都道府县或者市町村拟实施土地区划整理项目时，应当制定实施规程和项目计划。实施规程由条例规定，必须记载如下事项，即土地区划整理项目的名称、实施地区、范围、事务所所在地、费用分担情况、预留地的处理方法、土地区划整理审议会及其委员和预备委员情况等。项目计划应当记载实施地区、设计概要、项目实施期间和资金计划。项目计划被确定之前，应当让公众阅览两周。市町村制定项目计划的，还应当预先将项目计划上报都道府县知事。利害关系人对项目计划有意见的，可以在阅览期满后的两周内，向都道府县知事提交书面意见。都道府县知事收到意见后，应当将其交都道府县城市规划审议会审议。审议认为应该采纳的，都道府县知事对自己的项目计划进行必要修改，对市町村的项目计划要求市町村进行必要的修改；审议认为不采纳的，应当通知意见提出者。都道府县或者市町村每实施一个土地区划整理项目就要在都道府县或者市町村设置土地区划整理审议会。该审议会行使换地计划、临时换地的指定、减价补偿金的交付等法律规定的权限，任务结束后，审议会就废止。

5. 国土交通大臣实施土地区划整理项目

应当制定实施规程和项目计划。实施规程由国土交通省的规章规定，要求必须记载如下事项，即土地区划整理项目的名称、实施地区、范围、事务所所在地、费用分担情况、预留地的处理方法、土地区划整理审议会及其委员和预备委员情况等。项目计划应当记载实施地区、设计概要、项目实施期间和资金计划。国土交通大臣拟决定实施规程和项目计划时，应当将实施规程和项目计划供公众阅览两周。利害关系人有意见的，可以在阅览期满两周内向国土交通大臣提交书面意见。国土交通大臣对意见进行审查，认为应该采纳的，自行对实施规程和项目计划进行必要修改，认为不应该采纳的，应当通知意见提出者。国土交通大臣在审查意见时，应当听取项目实施地所属都道府县的都道府县城市规划审议会的意见。国土交通大臣确定项目计划后，应当毫无延迟地向相关都道府县知事和相关市町村长送达表示实施地区与设计概要的图纸文书；应当毫无延迟地公告实施者名称、项目实施期间、实施地区等事项。市町村应当在办公场所向公众提供该图书文书的阅览。国土交通大臣要针对每项土地区划整理项目在国土交通省内设置土地区划整理审议会。该审议会的权限、组织、运营等与都道府县或市町村的审议会相同。

6. 城市再生机构或者地方住宅供给公社实施土地区划整理项目

应当制定实施规程和项目计划，并获得国土交通大臣的认可。实施规程内容准用都道府县和市町村为实施者的情形，项目计划准用个人为实施者的情形。制定实施规程时，应当听取地方政府首长的意见。申请人应当附带地方政府首长的意见向国土交通大臣提交获取认可的申请书。收到申请后，国土交通大臣或者都道府县知事应当将实施规程和项目计划供公众阅览两周。利害关系人对实施规程和项目计划有意见的，可以在阅览期满两周内向都道府县知事提出。收到该意见后，都道府县知事应当毫无延迟地听取都道府县城市规划审议会的意见，并将意见上报国土交通大臣，没有意见的，应当毫无延迟地上报说没有意见。国土交通大臣应当对意见进行审查，认为应该采纳的，应当命令城市再生机构或者地方住宅供给公社对实施规程和项目计划进行必要修改，不应该采纳的，应当通知意见提出者。作出认可后，国土交通大臣或者都道府县知事应当毫无延迟地公告实施者的名称、项目实施期间、实施地区，而且还应当向相关都道府县知事和市町村长抄送表示实施地区和设计概要的图纸文书。市町村应当将图纸文书在市町村的办公场所供公众阅览。

（四）换地计划

换地是指在土地区划整理项目区域内将原先宅地更换至新址。换地是土地区划整理的重要步骤，旨在让项目区域内土地更加平整，功能设施更加完善，区域土地价值得到提高。但换地对土地权利人影响很大，需要认真对待。

根据《土地区划整理法》，实施换地之前应当制定换地计划，土地区划项目实施者是个人、协会、区划整理公司、市町村或者机构时，换地计划必须获得都道府县知事的认可。个人、协会、区划整理公司拟申请该认可时，必须经由管辖该区域的市町村长。换地计划必须记载换地设计、各笔换地明细、各笔清算金①明细、预留地及其他土地的明细。个人以外的实施者拟决定换地计划时，必须将换地计划供公众阅览两周，利害关系人对该换地计划有意见时，可以在阅览期间内向实施者提出。实施者收到意见后，对意见内容进行审查，认为应该采纳时，对换地计划进行必要修改，认为不应采纳时，应当告知意见提出者。应当对应新旧宅地的位置、面积、土质、水利、利用状况、环境等，来在换地计划中规定新宅地。个人、协会、区划整理公司制定换地计划时，为了补充土地区划整理项目的建设费用，为了实现准则或章程规定的目的，可以将一定土地规定为预留地。都道府县或者市町村、国土交通大臣、城市再生机构、地方住宅供给公社制定换地计划时，若项目实施后宅地总价高于实施前宅地总价，可以在换地计划中规定将差额范围的一定土地作为预留地，用于补充项目建设费用。在决定预留地时，必须获得土地区划整理审议会的同意。在实施换地决定之前，因变更土地区划形质、新设变更公共设施而有必要时，或者为实施换地决定而有必要时，土地区划整理项目的实施者可以在项目区域内宅地内指定暂时新宅地。指定后，原先宅地的使用收益人可以暂时同等使用收益该暂时新宅地。暂时新宅地被指定后，要搬迁建筑物或工作物、搬移地下埋设物、实施道路公园等公共设施建设工程。通例是，公共设施建设工程由土地区划整理项目实施者实施，建筑物等的搬迁则基于项目实施者的通知等而由所有人自行实施，项目实施者支付搬迁费用等。

（五）换地决定

土地区划整理项目的工程完成后，应当毫无延迟地作出换地决定。个人、协会、区划整理公司、市町村或者机构作出换地决定的，应当毫无延迟地上报都道府县知事。国土交通大臣作出换地决定的，应该予以公告。都道府县做出

---

① 根据《土地区划整理法》第 94 条，在规定或者不规定新宅地的情形中，被认为存在不均衡状态时，应该综合考虑原先宅地与新宅地的土地位置、面积、土质、水利、利用状况、环境等后，通过金钱予以清算，且必须在换地计划中规定该数额。

换地决定或者收到前述上报的，都道府县知事应当予以公告。要在将换地计划所规定的事项通知相关权利人后，实施换地决定。国土交通大臣公告换地决定后，换地计划中规定的新宅地就被视为原先宅地，换地计划中没有规定新宅地时，原先宅地的权利自公告结束后消灭；换地计划中规定的清算金生效。换地计划将新宅地置于宅地以外土地上，而该土地的公共设施被废止后，该土地属于国家所有时，取而代之的公共设施用土地就归属国家；该土地属于地方政府所有时，取而代之的公共设施用地就属于地方政府。通过土地区划整理项目建设的公共设施归该公共设施所在的市町村管理，但法律、准则、规约、章程、实施规程另有规定的除外。国土交通大臣或者都道府县知事在公共换地决定后，实施者应当尽快通知管辖换地计划所涉区域的登记所；项目区域内的土地与建筑物在项目前后有变动的，应当毫无延迟地向登记所申请或者嘱托该变动。实施者应当符合预留地目的，根据实施规程所规定的方法来处理所取得的预留地。

（六）补偿金与清算金

因土地区划整理项目的实施，使项目实施后的宅地价格总额少于项目实施前地价格总额的，在国土交通大臣或者都道府县知事公告换地决定后，项目实施者应当根据行政法规规定的标准，作为减价补偿金，向原先宅地所有人及其他权利人支付项目实施前后宅地价格的差额；应当征收或者交付前述已经确定的清算金。政府实施的土地区划整理项目因清算金的征收或交付而完成，协会实施的土地区划整理项目在协会解散得到认可、决算报告书得到认可后完成。

四、费用

实施者承担土地区划整理项目所需费用。国土交通大臣实施的土地区划整理项目所需费用由国家负担。就都道府县或者市町村接受国土交通大臣指示而实施的土地区划整理项目，国家承担部分费用。都道府县实施的土地区划整理项目使市町村获得利益时，国土交通大臣实施的土地区划整理项目使地方政府获得利益时，都道府县可以要求市町村，国土交通大臣可以要求地方政府，在所受利益的限度内承担项目的部分费用，但应当预先征求市町村或者地方政府的意见。机构实施土地区划整理项目使地方政府获利时，可以要求该地方政府在获利的限度内承担部分费用；费用数额和承担方法由双方协商确定，协商不成的，由当事人申请国土交通大臣裁定。对此，国土交通大臣应当听取当事人意见，并与总务大臣协商。实施城市规划所规定的干线街道及其他重要公共设施的土地区划整理项目后，实施者根据行政法规的规定，可以要求应该实施该公共设施项目者，即公共设施管理者，在取得该公共设施用地所需费用额的范围内，承担土地区划整理项目的全部或部分费用。都道府县或者市町村因新建或改建大规模公共设施或者因灾害等特殊情况而实施土地区划整理项目后，国家认为有必要，可以在预算的范围内，在项目费用的二分之一以内，向实施者交付补助金。

第二节　城市再生制度

百年历史的日本城市规划法，特别是 1968 年的现行《城市规划法》为日本的经济社会发展，尤其是城市建设发展发挥了强大的基础性支撑作用。21 世纪前后，日本经济不振，又遭遇老龄少子化社会，同时还得应对经济全球化、高度信息化等挑战，日本城市呈现出疲态、退化、老化等状况，同时形成“东京一级化”（全国优质资源都流向东京）现象。对此，追求经济健康发展、国民生活水平不断提高的日本政府和国民力图加以改变，提出了城市再生目标，并于 2002 年颁布了《城市再生特别措施法》（日文为“都市再生特别措置法”，以下简称“城市再生法”）。该法是站在社会发展新阶段，以《城市规划法》为基础，开辟出城市发展的新领域和新方向。当前，我国的城市发展处于历史新阶段，许多城市，尤其是大城市提出了城市更新目标，深圳、广州、上海等城市还出台了专门的规章和文件，用城市更新开创城市规划高质量发展的新境地。日本的城市再生与我国的城市更新有着很大的共通性，可以相互参考。

一、背景

城市再生是指为应对信息化、国际化、老龄少子化等经济社会形势变化而提高城市功能和改善居住环境。①现在的城市都背负着通勤时间长、交通拥堵、绿色和公共开放空间不足等二十世纪急剧城市化产生的负资产，同时又迎接着信息化、国际化、老龄少子化等新课题。这种形势下，不能再寻求城市的对外

① ［日］法令用语研究会编：《法律用語辞典（第 3 版）》，有斐阁 2006 年版，第 1064 页。

扩张，而要将目光投向城市内部，让多数国民生活着的、从事各种经济活动的城市得以重生，并焕发出二十一世纪的活力和魅力。1999年小渊惠三内阁组建的“经济战略会议”制定了《日本经济再生战略》，将城市再生等确立为国家重大战略，并将“城市再生具体化”作为今后政策的重要项目，要求设置城市再生委员会。2000年，根据《日本经济再生战略》，在建设大臣的引领下、东京圈和阪神地区召开了城市再生推进恳谈会，在城市再生的基本视角、具体项目等方面建言献策。随着城市再生的重要性被广泛认知，2002年《城市再生法》出台，后来经历了数次修改完善。2004年修改，创设了城镇建设补助金制度。2007年修改，创设了城市再生建设推进法人指定制度。2009年修改，创设了行人网络协定制度。2011年修改，创设了旨在强化国际竞争力的城市再生特别紧急建设地域制度、城市便利性增强协定制度。2012年修改，创设了旨在增强防灾能力的城市再生安全保障规划与城市再生安全保障设施协定制度。2014年修改，创设了旨在支援市町村建设精致城镇的选址适当化规划制度。

二、组织

为迅速而有重点地推进城市再生政策，日本内阁设立城市再生本部。城市再生本部由本部长、副本部长和本部员组成。本部长由首相担任，统管本部事务，指挥监督本部的职员。副本部长由国务大臣担任，协助本部长工作。本部员由本部长和副本部长以外的国务大臣担任。城市再生本部负责的工作是起草城市再生基本方针、推动城市再生基本方针的实施、起草旨在认定城市再生紧急建设地域和城市再生特别紧急建设地域的政令、制定和推动实施各城市再生紧急建设地域的地域建设方针、规划起草和综合协调城市再生方面的重要政策。城市再生本部认为对推动工作有必要时，可以要求国家行政机关、地方政府、独立行政法人、地方独立行政法人的首长或者特殊法人的代表人陈述意见、作出说明、提供资料及其他必要协助；认为特别有必要时，还可以请求上述以外的人提供必要协助。首相应当起草旨在有重点和有计划地推进城市再生政策的基本方针，并请求内阁会议予以决定。基本方针包括的事项有城市再生的意义和目标、政府为城市再生而应重点实施的政策的基本方针、有关城市再生紧急建设地域指定和城市再生特别紧急建设地域指定的政令起草的标准及其他基本事项、城市再生建设规划编制的基本事项、选址适当化规划编制的基本事项。城市再生基本方针经内阁会议决定后，立即由首相公布。

2009 年实施的《深圳市城市更新办法》将城市更新定义为，对特定城市建成区内城市基础设施或公共服务设施亟须完善的区域、环境恶劣或者存在重大安全隐患的区域、现有土地用途或建筑物使用功能抑或能源利用明显不符合社会经济发展要求的区域进行综合整治、功能改变或者拆除重建的活动。市规划国土主管部门负责组织、协调全市城市更新工作，依法拟订城市更新相关的规划土地管理政策，统筹城市更新的规划、计划管理，制定城市更新相关技术规范，组织制定城市更新单元规划，负责城市更新过程中的土地使用权出让、收回和收购工作。各区政府组织辖区内城市更新用地的整理，组织辖区内综合整治类更新项目和市政府确定由其实施的拆除重建类更新项目的实施，对功能改变类和其他拆除重建类更新项目的实施进行协调。市发展改革部门负责拟定城市更新相关的产业指导政策，统筹安排涉及政府投资的城市更新年度资金。市财政部门负责按照计划安排核拨城市更新项目资金。各相关主管部门依法在各自职能范围内为城市更新活动提供服务并实施管理。2016 年实施的《广州市城市更新办法》要求市政府成立城市更新领导机构，组建市城市更新部门，即广州市城市更新局。

日本将城市再生视为重大战略，在以首相为首的城市再生本部的领导指挥下加以推进。我国不少城市也在推进城市更新工作，但全国尚未形成普遍态势。先行城市的各种做法和制度创建为今后全国普遍推开城市更新乃至全国统一立法提供了很好的实践素材。在组织方面，深圳和广州的做法有所不同，都需要经历实践检验。

三、城市再生紧急建设地域的特别措施

城市再生紧急建设地域是内阁政令确定的城市再生据点，是通过城市开发项目来紧急且有重点地推进市街地建设的地域。政令可以在城市再生紧急建设地域内再确立城市再生特别紧急建设地域，在该地域内紧急且有重点地推进市街地建设对强化城市国际竞争力特别有效。城市再生本部起草旨在认定城市再生紧急建设地域和城市再生特别紧急建设地域的政令，起草时要听取并尊重相关地方政府的意见，地方政府认为自己所辖地域符合城市再生特别建设地域的标准时，也可以主动向本部提出认定申请。截止到 2020 年 1 月，有 52 个地域被认定为城市再生紧急建设地域，其中 13 地域被认定为城市再生特别紧急建

设地域，前者如东京都的秋叶原神田地域、埼玉县的川口车站周边地域等，后者如东京都的新宿车站周边地域、神奈川县的横滨都心临海地域等。①

为推进城市再生，城市再生紧急建设地域内实施特别措施：(1) 城市再生紧急建设地域建设方针（以下称地域建设方针）。城市再生本部应当根据城市再生基本方针，针对各个城市再生紧急建设地域，制定适用于该地域的地域建设方针。国家和相关地方政府要根据地域建设方针，致力于建设与城市再生紧急建设地域上城市开发项目相关的必要公共公益设施；致力于有重点有效果地推进落实城市再生紧急建设地域内市街地建设的必要政策；致力于综合而有效地推进落实强化城市再生特别紧急地域国际竞争力的必要政策。(2) 城市再生紧急建设协议会（以下称建设协议会）。本部长及受其委托者、相关地方政府首长为紧急而有重点地建设城市再生紧急建设地域内市街地而需要进行协商时，可以组建建设协议会。国家的相关行政机关的首长认为有必要时，经协商后可以让独立行政法人首长、特殊法人的代表人、该城市再生紧急建设地域内实施城市开发项目的民间企业、该城市再生紧急建设地域内建筑物的所有者（或管理者、占有者）、铁路项目者及其他公共公益设施建设或管理者加入建设协议会。建设协议会基于会议协商需要，可以请求国家行政机关首长、地方政府首长及其部门首长、特殊法人的代表人在资料提供、意见陈述、说明等方面提供必要协助。建设协议会可以编制城市再生紧急建设地域的城市再生安全保障设施建设规划、城市再生特别紧急建设地域的公共公益设施建设规划等，其日常事务由内阁官房处理。(3) 城市再生紧急建设地域的城市再生安全保障设施建设规划。该规划是关于大地震发生时避难用的移动通道、避难设施、储备仓库及其他设施的规划，要记载的事项是大地震发生时人员安全保障的基本方针、安全保障设施建设项目及其实施主体和期间、内含安全保障设施的建筑物的抗震改建项目及其实施主体、大地震发生时的人员引导和信息公开等事务及其实施主体。(4) 城市再生特别紧急建设地域的公共公益设施建设规划。该规划中的公共公益设施与旨在强化城市国际竞争力的城市开发项目及其实施关联。规划记载的事项有通过建设公共公益设施来强化国际竞争力的基本方针、强化国际竞争力所需的城市开发项目与公共公益设施建设项目及其实施主体和

① 日本内阁府地方创生推进事务局网页：https://www.kantei.go.jp/jp/singi/tiiki/toshisaisei/kinkyuseibi_list/index.html，2020 年 4 月 25 日最后一次访问。

期间、公共公益设施管理事项。该规划要得到国家相关行政机关首长、项目实施主体等全体同意。(5) 民间城市再生项目规划的认定。拟在城市再生紧急建设地域内实施旨在增进城市功能、使用土地面积超过政令所定规模的城市开发项目的民间企业，可以根据交通省令的规定，制作城市再生项目规划，申请国土交通大臣予以认定。民间城市再生项目规划必须记载的事项是项目区域的位置与面积、建筑物及其地基建设项目概要、公共设施建设项目概要和该公共设施的管理者、项目开始的时间和实施期间、用地取得计划、资金计划等。(6) 城市再生特别地区。城市规划可以将城市再生紧急建设地域内如下区域规定为城市再生特别地区，即为城市再生、为合理高度利用土地，鼓励建设给予特别用途、容积、高度、配列等建筑物的区域。城市再生特别地区的城市规划要增加规定建筑物的鼓励用途、建筑物容积率的最高限度和最低限度、建筑物建蔽率的最高限度、建筑物建筑面积的最低限度、建筑物高度的最高限度和壁面位置限制；可以规定城市再生特别紧急地域内可在道路上空或者路面下建设建筑物的区域，且必须作为建设边界规定空间或地下的上下范围。(7) 城市再生行人通路协定。城市再生紧急建设地域内一小区内的土地所有人和建筑物的所有人等都同意的话，可以缔结旨在提高城市再生紧急建设地域内城市开发项目实施相关的行人移动便捷性和安全性的通路建设管理协定。该协定必须获得市町村长的认可，只要申请程序不违法、无不当限制土地或建筑物等使用、协定内容符合国土交通省令所定标准的，市町村长都应当给予认可。

四、城市再生建设规划的特别措施

城市再生建设规划是指在应重点推进城市再生所需公共公益设施区域内建设公共公益设施的规划。市町村可以根据城市再生基本方针（该区域是城市再生紧急建设地域内时，根据城市再生基本方针和该城市再生紧急建设地域的地域建设方针），编制都市再生建设规划。该规划要记载区域与面积、城市再生所需项目（公共公益设施建设项目、市街地在开发项目、防灾街区建设项目、土地区域整理项目、住宅设施建设项目等）、公共公益设施管理事项等。城市再生建设规划必须与《城市规划法》中的城市规划区域建设开发与保护方针、城市在开发方针、市町村城市规划的基本方针保持协调。

为实施城市再生建设规划中的项目，市町村可以向国家申请补助金，为此，要向国土交通省提交其城市规划再生建设规划。国家为城市再生建设规划中项目的实施补充经费，可以在考虑该项目所能增加的城市功能、公共公益设施建设状况等后，根据国土交通省令，在预算范围内向市町村交付补助金。城市再生建设规划所载地域内一小区的土地所有人和建筑物的所有人等都同意的话，可以缔结旨在提高与该地域内城市开发项目实施相关的行人移动便捷性和安全性的通路建设管理协定。

在我国，广州市2016年起施行《广州市城市更新办法》，其要求市城市更新部门组织编制城市更新中长期规划，并报领导机构审定；根据中长期规划，结合城市发展战略，划定城市更新片区。划定片区时要保证基础设施和公共服务设施相对完整，综合考虑道路河流等自然要素及产权边界等因素，符合成片连片和技术规范的要求。一个片区可包括一个或者多个城市更新项目。上海市2015年起实施《上海市城市更新实施办法》，要求实行城市更新区域评估制度。区域评估要确定地区更新需求，适用更新政策的范围和要求。评估报告主要两方面内容，一是进行地区评估，即按照控制性详细规划，统筹城市发展和公众意愿，明确地区功能优化、公共设施完善、城市品质提升、历史风貌保护、城市环境改善、基础设施完善的目标、要求、策略，细化公共要素配置要求和内容；二是划定城市更新单元，即按照公共要素配置要求和相互关系，对建成区中由区县政府认定的现状情况较差、改善需求迫切、近期有条件实施建设的地区，划定城市更新单元并予落实。

五、选址适当化规划的特别措施

选址适当化规划是旨在促进住宅和城市功能增进设施（医疗设施、福利设施、商业设施及其他为城市居民带来共同福祉或便利、明显增进城市功能的设施）合理选址的规划。市町村可以在城市规划区域内，根据城市再生基本方针，编制选址适当化规划。该规划要记载区域、选址适当化基本方针、引导城市居民来居住的区域（以下称居住引导区域）、改善居住环境和保障公共交通及其他市町村为引导居民来居住引导区域内居住而采取的措施、引导城市功能增进设施落地的区域（以下称城市功能引导区域）、城市功能引导区域内应落地设施和经费土地方面保障及其他市町村为引导设施落地而采取的措施、落地设施建设项目及其关联公共公益设施建设项目等。选址适当化规划出台后，市町村要每五年对选址适当化政策的实施情况进行调查、分析和评价，认为必要时，要变更与之关联的城市规划。

为实施选址适当化规划中的项目，市町村可以向国家申请补助金，为此，要向国土交通省提交其选址适当化规划。国家为项目实施补充经费，可以在考虑该项目所能增加住宅、城市功能等后，根据国土交通省令，在预算范围内向市町村交付补助金。拟在选址适当化规划所载的居住引导区域内实施内阁政令规定户数以上住宅项目者，可以向城市规划决定者提议决定或变更一些城市规划；可以向《景观法》中的景观行政团体建议决定或者变更景观规划。拟在选址适当化回话所载的城市功能引导区域内实施土地面积高于内阁政令所定规模的城市开发项目的民间企业，可以根据国土交通省令的规定，制作民间引导设施建设项目计划，经由编制选址适当化规划的市町村，申请国土交通大臣予以认定。城市规划可以将选址适当化规划所载的城市功能引导区域内被认为有必要建设内含引导设施的建筑物的区域，确定为特定用途引导地区。特定用途引导地区的城市规划要规定建筑物等所应引导的用途、用于该用途的建筑物容积的最高限度和建筑物高度的最高限度。选址适当化规划记载了遗迹地管理区域及其管理方针的，市町村要根据遗迹地管理方针，向遗迹所有人及其他权利人提供必要信息、指导、建议及其他帮助。市町村、城市再生推进法人等为适当管理选址适当化规划所在的遗迹管理区域内遗迹，可以与该遗迹所有人等缔结协定，对该遗迹进行管理。城市再生推进法人拟缔结协定时，必须预先申请市町村长予以认可。

六、城市再生推进法人

城市再生推进法人（以下称推进法人）是符合内阁政令要求的，经市町村长认定的，《特定非营利活动促进法》上的特定非营利活动法人、一般社团法人或一般财团法人、为推进城镇建设而工作的公司。推进法人主要业务有，为实施基于城市再生基本方针的城市开发项目、实施居住引导区域内城市开发项目中住宅建设项目、实施选址适当化规划所载引导设施建设项目和遗迹管理项目的民间企业派遣专家、提供信息及其他帮助；帮助特定非营利活动法人实施上述项目；实施或者参加上述项目等。市町村长认为为保障推进法人正当切实地开展业务而有必要时，可以让其报告业务情况，当认为其没有正当而切实地开展业务时，可以命令其为改善业务状况而采取必要措施。推进法人违反上述命令的，市町村长可以撤销对其的认定。国家和相关地方政府要为推进法人提供必要信息、指导和建议。

《广州市城市更新办法》要求按照“政府主导、市场运作、多方参与、互利共赢”的原则，创新融资渠道和方式，注重发挥市场机制的作用，充分调动企业和居民的积极性，动员社会力量广泛参与城市更新改造；按照政府和社会资本合作项目建设模式（PPP）管理规定，鼓励企业参与城市更新改造和安置房建设，积极引入民间资本，通过直接投资、间接投资、委托代建等多种方式参与更新改造，吸引有实力、信誉好的房地产开发企业和社会力量参与。日本对民间企业参与城市再生工作持欢迎态度。因为我国让国有企业多承担社会责任的传统，所以城市更新工作主要是国有企业参与。为更高实现城市更新目标，在现有形势下还是要鼓励民间企业和民间资本参与，做好私人参与城市更新这篇文章，这也是社会主义市场经济所要求的。

七、东京的城市再生

东京都内有东京都心/临海地域、品川站/田町站周边地域、新宿站周边地域、涩谷站周边地域、池袋站周边地域、秋叶原/神田地域、大崎站周边地域等被认定为城市再生紧急建设地域，其中前五个地域还被认定为城市再生特别紧急建设地域。另外，东京还和神奈川县的川崎市共同拥有羽田机场南/川崎殿町/大师河原地域这一城市再生特别紧急建设地域。东京是地域认定数最多的都道府县。

东京城市再生一个重要目标是增强国际竞争力。推进城市基础设施建设，鼓励各方主体积极参与，激发国际大都市的活力与魅力。扩建羽田机场，提高国际交通水平；推进首都高速公路中央环线建设，缓解交通拥堵，形成更广域的交通和物流网络；推进东京站周边更新，打造历史文化空间；推进丸之内街道风景建设，形成功能多样、与人和谐的活力据点；提高中心城区居住功能，打造功能多样的复合型街区。2002 年东京制定实施了《关于东京都城市再生特别地区的运用》，大力运用城市再生特别地区制度来推动城市再生。运用时的基本方针有，一是强调开发商提案的基础作用，同时强化其说明责任；二是快速处理，即都政府内设立城市再生特别地区审查会和讨论会，快速展开审查、协调等工作，六个月内完成城市规划手续；三是一案一策式审查，即没有像以前城市开发那样的统一标准，审查会进行个别性审查，对基于开发商提案的城市规划案的必要性和妥当性进行综合判断。审查的角度有，一是与地域建设方针、城市规划区域的总体规划是否统一；二是是否考虑了环境；三是是否与城市基础设施相协调；四是对城市再生的贡献；五是容积率限制等的设定；六是用途的处理；七是城市规划决定事项以外的处理；八是与东京都国家战略住宅建设项目（《国家战略特备区域法》第十六条）的并用。

涩谷站一带历来是东京最热闹的地方。涩谷站周边地区作为城市再生特别紧急建设地域，城市再生的目标是升级城市基础设施，增强富有魅力的商业、商务、文化、交流功能等，形成面向世界的下一代先进生活文化信息的策源地。具体有：一是强化交通枢纽功能，如通过区划整理项目改造东西站前广场、通过东急东横线地下化及其与东京地铁副都心线的相互直通来提高换乘的便利性、通过改造银座线和山手线月台等来形成友好而舒适的车站空间、基于下车和地上地下移动路线来优化车站与周边的步行网路；二是升级有利于增强国际竞争力的城市功能，如打造地域特色产业、提高商务、住宿、直通羽田机场巴士枢纽等能力；三是提高防灾抗灾能力和环境性能，如建设自立分散型高效率能源体系、设置储备仓库、建设雨水贮留层。

在我国，以上海为例，近年来也开始重视城市更新工作。2015 年上海出台了《上海市城市更新实施办法》和《上海市城市更新规划土地实施细则（试行）》，并完成《上海市城市更新规划管理操作规程》《上海市城市更新区域评估报告成果规范》等配套文件。2017 年修订了《上海市城市更新规划土地实施细则（试行）》。2002 年至今，上海先后出台《户外招牌设置技术规范》《历史文化风貌区和优秀历史建筑保护条例》《老城厢历史文化风貌区保护规划》《上海市户外广告设施管理办法》等，2018 年出台《关于深化城市有机更新促进历史风貌保护工作的若干意见》《关于坚持留改拆并举，深化城市有机更新，进一步改善市民群众居住条件的若干意见》等，逐步完善城市更新的规范体系。2020 年 1 月上海市人代会上的《市政府工作报告》指出，2019 年完成 55.3 万平方米、2.9 万户中心城区成片二级旧里以下房屋改造，完成 1 184 万平方米旧住房综合改造、104 万平方米里弄房屋修缮保护，新增供应各类保障房 6.3 万套，推动 1.28 万户农民相对集中居住，完成涉及 7 万户的村庄改造和 9 万户的农村生活污水处理设施改造；加快建设社区嵌入式养老设施，实现综合为老服务中心街镇全覆盖，新增老年人日间服务中心 83 家和助餐场所 217 个，改造农村薄弱养老机构 89 家；完成 120.5 公里架空线入地及合杆整治；新建林地 11.3 万亩、绿地 1 321 公顷、城市绿道 210.1 公里、立体绿化 40.6 万平方米；自贸区新片区新设企业 4 025 家，签约重点项目 168 个、总投资821.9亿元；持牌金融机构新增54家，上海港集装箱吞吐量达到4 330.3万标准箱、连续10年世界第一，超强超短激光、转化医学设施等大科学设施建成运营，“五个中心”（国际金融中心、国际贸易中心、国际航运中心、国际经济中心、科创中心）功能全面提升。今后，上海要立足中国，放眼世界，进一步推进城市更新等工作，打造卓越的全球城市。

八、《推进城市再生的基本想法》(2018)

2018年4月，城市再生本部制定出台了《推进城市再生的基本想法——支撑强大地方经济的世界最先进的城市再生》，这是日本城市再生的最新政策指南。

(一) 推进城市再生的视角

一是日本的经济形势与城市再生政策刚开始时的2001年相比，发生了剧烈的变化，人工智能、物联网、大数据、金融科技等给城市投资产生影响的革新技术不断发展。二是外国人观光增长迅速，东京一级化现象尚未改观，减轻灾害风险、通过具体政策推动地方创生仍是紧要任务。三是日本逐渐走出长期滞胀，进入为未来构筑发展基础的阶段，如何战略性地、高质量地投资于作为国民生活和经济基础的城市，由此强化未来的发展基础是内政上的重要课题。所以要从以下几个方面集中力量推进核心城市的再生，即从国家角度看城市再生、通过掌握未来技术来将城市竞争力提高到世界最高水平、通过扩大新需求等来提高居民收入、携手多样主体来创造可持续发展的城市。

(二) 推进城市再生的基本姿态

一是通过与规制改革联动和民间创意来推动高质量城市再生。虽然有财政上的约束，但为了构建强有力的未来发展基础，要一边与国家战略特区等的规制改革联动起来，一边呼吁民间创意和投资，推动具备高水平复合型城市功能的高质量城市再生；除在三大都市圈之外，还要在作为地方经济中心的核心城市形成高质量投资，让其再生为与世界直接相连的功能增长型城市，纠正东京一级化现象，防范大规模灾害。二是掌握未来技术来推动世界最高水平的城市再生。装备自动驾驶、人工智能、物联网、机器人等未来技术，应对气候变化，推进可持续发展的最高水平的城市再生；扩大磁悬浮中央新干线的溢出效应，提高各城市国际竞争力，同时推进城市的精致化，考虑周边自然再生。三是综合应对外国人观光等新需求和对日投资。从就业等多角度推进内含育儿支援等新需求的城市再生；通过与大学分校、地方核心企业等合作，创造出城市活力和人才，打造良好营商环境，开发出有意义的工作。四是通过国家地方NPO间的携手和金融科技等来解决地域课题。发挥地方政府的自主性，加强与NPO等的合作，国家早期参与，由此保障视角的多样性，促进空户房和空地使用；在资金筹措方面，通过符合地方实情的ESG投资和地方金融机构参与等促进地域内资金循环，同时应对金融科技发展等激变的金融环境，积极运用众筹、不动产证券化等方法，拓展城市再生领域投资家视野。

（三）新行动

一是设定和公布“后补地域”。为从早期就激发民间崭新思维和创意，推动高质量城市再生，要设定和公布城市再生紧急建设地域的“后补地域”。二是在“后补地域”阶段形成产学官金融合。为从多视角研讨城市再生的方针、内容等，要组织由“产学官金”构成的筹备协议会，让国家和相关行政机关在早期就参与其中。三是建构和运用“i-城市再生”。运用VR技术、大数据等，直观获得城市再生的空间性和数值性理解，构建、运用、普及可视化信息化“i-城市再生”，助力相关方的合意形成、投资家的理解，由此提高城市再生的生产性和投资质量。四是推进“城市再生特定重点项目”。运用未来投资战略和SIP（战略性创新项目）的成果，推进“未来技术社会应用”“超级都市圈”（如磁悬浮中央新干线带动的七千万人聚集效应）等项目，明确项目的支持责任人、构建横贯各部委的“社会应用场景体制”，推行跨多个地方机关的“一站式服务”。

第三节　空间利用制度

《国家新型城镇化规划（2014—2020年）》指出，要“合理控制城镇开发边界，优化城市内舱间结构，促进城市紧凑发展，提高国土空间利用效率”，向广袤空中、地下要效益，立体集约开发空中、地下空间成为城市深度发展的迫切要求。人们会问空中、地下空间能独立于土地地表而利用吗？如何看待空中空间的利用权利？在高度规划的城市街区，空中空间利用应该走怎样的法治之路？上述问题都需要城市规划法作出安排。外国，尤其是日本的成熟制度和实践或许能给予我们启发。日本《城市规划法》第11条第3款规定，为合理利用土地而有必要时，城市规划可以将道路、江河及其他城市设施所处的地下或空间规定为该公共设施建设的立体范围。第12条之11规定，为促进土地的合理利用，在道路的上空或者路面下建设建筑物等被认为适当时，地区建设规划可以将该道路区域内规定为作为建筑物地基而一并使用的区域；在此情形中，地区建设规则必须作为该建筑物建设边界，规定空间或地下的上下范围。《城市再生法》第36条之2和36条之3也有类似规定。这些规定为空中和地下空间利用提供了坚实的基础性保障。

一、空中空间

(一) 空中权

从法学角度思考空中空间利用问题时，首先要关注"空中权"概念。如果将空中理解为地表之上的一定空间，而将利用该一定空间的权利理解为空中权的话，空中权在法理上、制定法上的历史就久远了。罗马法谚语很早就说道，土地所有权上至天心，下至地心。土地所有权人可以支配土地的上下方空间，包括对空中的所有。习惯法国家也早就有与此相同意思的法律格言，并有一系列判例。1587年的伯里诉坡普案（Bury v. Pope）的判决说"土地所有人所有全部上空"，这是空中所有权第一次出现在英国普通法上。1870年的科贝诉希尔案（Corbett v. Hill）判决重申："土地所有人，与其土地一样，所有土地的上部空间。"该英国普通法原则后被美国所继受。1906年纽约高等法院作出了"土地的上部空间是与土地相同的不动产"的判决；在巴特勒诉前沿电话公司案（Butler v. Frontier Telephone Co.）中认为，土地与其上部空间不可分，土地所有人也是上部空间的所有人，具有作为土地之一部分而垄断支配上部空间的权利。①在上述所有权法理的基础上，许多国家和地区适应社会发展的需要，创设了区分地上权制度，即将土地水平切分成若干空间，分层式地为他人所使用，而他人使用处于地表上方的、独立于地表之空间的权利属于空中权范畴。1919年制定的德国《地上权条例》规定，地上权人具有在土地表面上或地表下拥有工作物的权利。日本民法第269条之2规定可以将地下或空中的上下一定范围设为地上权的标的。我国台湾地区的民法将地上权的设定范围规定为土地的上下空间。我国大陆地区2007年的《物权法》第136条也规定："建设用地使用权可以在土地的地表、地上或者地下分别设立。"在上述从远古走来的

① ［日］建设省空中权调查研究会：《空中权——理论与运用》，行政出版社1985年版，第30—31页。

法理和法律制度中，虽然没有出现“空中权”这一表述，但它们却已有了空中权制度的基础内容，①并促进了空中权制度在这些国家和地区的丰富、发展。

现在常使用的空中权概念源于英语“air right”，有时表述为“air space right”，即“空中空间权”，有时也简称为“空间权”，发端于十九世纪末二十世纪初的美国。从历史角度看，美国是个新兴国家。在殖民地时期和国家初创期，美国的大城市只发展了海洋贸易和通商功能。十九世纪二十年代后，美国新旧经济迅速发展，人口增加，城市膨胀。同时，美国的新文化价值和科学技术不断涌现，居民生活标准不断提高。所有这些都让以往的城市发展模式不断发生改变。到十九世纪末二十世纪初，城市在美国成为公共目的领域，城市土地逐步被区划和分类，②进而诞生了（现代）城市规划。③在城市规划的发展过程中，城市空间的立体开发也得到了发展。二十世纪初，美国铁路上空利用的首起案例出现在纽约中央火车站。为增强车站运力，纽约中央火车站铁路上空被租赁给开发商，建成具有两层候车室的大楼。据说空中权一词最早出现于此事例中。④此外，道路、学校、美术馆等的上空空间租赁给开发商的实例也不少。与开发实践相呼应，1927 年伊利诺伊州在美国最早出台了与铁路上空转让租赁相关的州法。1938 年新泽西州也进行了相同立法。1973 年俄克拉荷马州制定了《俄克拉荷马州空中空间法》（以下简称“俄州空间法”）。《俄州空间法》对空中空间的定义、空中空间的权利与权力、空中空间的区分、空中空间的共同开发利用规划等进行了规范。该法规定：空中空间是指自地表扩至上

---

① 关于空中权基础内容的民法学探讨，可参见陈祥建：《空间地上权研究》，法律出版社 2009 年版。

② 十九世纪八、九十年代，为防止火灾、减少污水恶臭、排挤华人，美国加利福尼亚州掀起了限制华人在商店住宅旁开设洗衣店的运动。为此，莫德斯托市、旧金山市等制定条例，要求洗衣店开在特定的偏僻角落。经营洗衣店的华人对此不服，向加利福尼亚州高等法院提起了诉讼。法院判道，加利福尼亚州宪法已经向市授予了将洗衣店安置于市域内之特定场所的权力。1926 年，美国联邦最高法院在欧几里得判决（Village of Euclid v. Ambler Realty Co.，272U. S.365，1926.）中明确土地区划制度合宪。这为土地区划提供了保障，促进了土地区划制度的发展。参见李泠烨：《城市规划法的产生及其机制研究》，上海交通大学 2011 年博士论文，第 70—72 页；［日］堀内亨一：《都市計画と用途地域制》，西田书店 1978 年版，第 5—7 页。

③ ［美］Jon A. Perterson，*The Birth of City Planning in the United States 1840—1917*，The Johns Hopkins University Press，2003，Preface.

④ ［日］建设省空中权调查研究会：《空中权——理论与运用》，行政出版社 1985 年版，第 32、47、129 页。

方的空间；空中空间是不动产，在被分离转让前，其是下方地表权人的财产；行政机关或私人为落实其权力、权利或义务，可以水平加垂直地，或者以一切几何形状区划空中空间；州及其行政机关、港湾与高速公路管理委员会等可以与私人等协商共同开发和综合利用空中空间。《纽约市区划条例》是美国最具代表性的城市规划法，它通过区划制度限制土地开发利用，规范空中权，通过容积率转移制度盘活空中权。日本《城市规划法》始于1919年，通过1961年和2000年的法律修改，确立了特定街区制度和特殊容积率适用地区制度，据此容积率在特殊地区得到特殊处理，空中空间得到更有效的利用，城市的公共空间也大为增加。随着法制借鉴和实践积累的丰富，空中空间利用制度在许多国家和地区的法律中得到了确立。

在城市规划实践和法制的发展过程中，英美等国产生了土地开发权（Land Development Right，简称“LDR”）概念。它是土地所有权人或土地使用权人改变土地现有用途或者提高土地利用程度的权利，是土地再发展的权利。①围绕该权利的归属，英美两国形成差异。英国通过1947年《城乡规划法》实行土地开发权国有化，要求任何土地开发必须符合规划许可，开发前必须缴纳土地开发税。与之不同，美国实行土地开发权私有制。为平衡土地用途管制等给土地私权造成的不利，美国发展出（国家）购买土地开发权（Purchased Development Right，简称“PDR”）制度、可转移土地开发权（Transferable Development Right，简称“TDR”）制度。②如前所述，美国很早就关注空中空间，所以在发展土地开发权时，也发展了空中空间开发权、可转移空中空间开发权。从发展沿革来看，空中空间开发权、可转移空中空间开发权是空中权、土地开发权的延伸，是土地开发权与空中权、城市规划相结合的产物。本书后述的容积率转移型空中空间利用形态在实践中被发展成为TDR的典型形式。另外，有学者指出，因为空中权在城市立体开发的背景下产生，所以它也可称为开发权。③这种说法有一定道理，但不准确。如前所述，本书采用较宽泛的空中权概念，即指利用地表之上一定空间的权利。

---

① 刘明明：《英美土地开发权制度比较研究及借鉴》，《河北法学》2009年第2期，第169页。

② 参见丁成日：《美国土地开发权转让制度及其对中国耕地保护的启示》，《中国土地科学》2008年第3期，第75页。

③ ［日］水本浩：《空中权的展开与课题》，《法律时报》第64卷第3号，第14页。

我国《物权法》第136条规定："建设用地使用权可以在土地的地表、地上或者地下分别设立"；"新设立的建设用地使用权不得损害已设立的用益物权"。该条中的"地上"可以理解为包括本书所讲的"空中"。这是我国空中权最基础性的法律依据。首先，空中权是一项独立的物权。①它可以独立于地表权利而存在。其次，在我国，空中权主要表现为空中空间使用权，可以将其称为"空中空间建设用地使用权"或"地上空间建设用地使用权"。再次，自然人、法人在获得空中权后，仅限在约定的物理范围内占有、使用、收益、处分该空中空间，且不得损害此前已经设立的用益物权。2011年，江苏省苏州市制定了政府规章《苏州市地下（地上）空间建设用地使用权利用与登记暂行办法》。该暂行办法第2条规定："建设用地使用权根据规划利用空间界限，除设立地表建设用地使用权外，可分层设立地下、地上空间建设用地使用权。"第6条规定："地下、地上空间建设用地使用权的取得应当符合城乡规划、土地利用总体规则，并且应当充分考虑相邻空间的发展需要和相互衔接，不得损害已经设立的不动产物权。"暂行办法依据《物权法》，又超越《物权法》，明确提出了"地上空间建设用地使用权"概念。并且，在规范空中空间建设使用权时，重视其与城市规划的关系，指出在地表、地下、地上分层设立建设用地使用权时的三者界限源自规划，要求空中空间建设用地使用权的取得等要符合城市规划。在全国各大城市大力开发地下空间，开展地下空间立法的背景下，②苏州市不但关注了地下空间，还关注了空中空间，进行了地上空间建设用地使用权方面的专门立法，具有重大的开创性意义。其确立的地上空间建设用地使用权利用与登记制度是空中空间利用时的基础性制度条件，为今后在城市规划法上构建具体、全面的空中空间利用制度提供了基础。

土地是一种稀缺资源，尤其是在城市。当城市发展成为公共目的后，城市土地就更具有了公共属性。这就使得许多国家和地区在私法上规定地上权（含空中权）的同时，还在城市规划法上规范空中权，设置空中空间利用制度。在我国，公有制是土地的基本性质，城市土地的公共属性极为明显，这要求城市

---

① 王利明：《空间权：一种新型的财产权利》，《法律科学》2007年第2期，第119—122页。

② 地下空间立法例有《上海市地下空间规划建设条例》（2013年）、《广州市地下空间开发利用管理办法》（2011年）、《天津市地下空间信息管理办法》（2011年）、《深圳市地下空间开发利用暂行办法》（2008年）等。

规划法对含空中权在内的土地权利进行规范。空中权与城市规划法的结合不是在否定空中权的私法属性，而更是在说城市是个场域，城市规划是项复杂的工程，对其进行规范的城市规划法是一个以公法要素为主、私法要素参与的法领域。空中权与城市规划法的结合是社会发展的需要，也是法制发展的必然趋势。

（二）形态

空中空间利用作为问题的研究核心在于地表的利用权人和该地表之上空空间的利用权人不是同一人的情形。从日本等国家已有的实例来看，①城市规划法上的空中空间利用主要呈现三大形态，一是人工地基型，二是容积率转移型，三是容积率奖励型。

1. 人工地基型

人工地基型是指在他人土地、建筑物的上方构筑一个人工地基后，在该人工地基之上再构筑建筑物。例如，在不妨碍铁路运营的前提下，非铁路所有权人在铁路的上方构筑一水泥地基，而后再在该水泥地基上构筑建筑物（该建筑物所有权人与铁路所有权人不是同一人）。人工地基型存在的问题是，人工地基怎么建造。从理论上说，至少有两种建法，一种是连接着原有建筑物而建，原有建筑物等就成为人工地基的承重物。此为“连接式”建法。另一种是与原有建筑物相分离，通过在地表设置承重墙（桩）来承担人工地基的重量，从断切面来看，呈桥梁形状，此为“分离式”建法。

连接式人工地基在该人工地基上构筑建筑物后，地表建筑物、人工地基与人工地基上的建筑物就连为了一体。它们可被看成一个建筑物。对一个建筑物的法律关系应该按传统的建筑物区分所有理论来处理。如此一来，空中空间利用的特性就不明显了。

分离式人工地基让地表建筑物与人工地基上的建筑物相分离，两个建筑物各自独立，互不影响，具有明显的空中空间利用特性。但分离式人工地基要解决承重墙（桩）的问题，承重墙（桩）构筑于地表，必须获得其所占土地的地上权（或所有权）。所以，拟采用分离式人工地基来利用空中空间时，不但要

① 参见［日］丸山英气：《空中权论》，《法律时报》第64卷第3号，第15—20页；［日］神正刚：《道路的立体利用》，《法律时报》第64卷第3号，第27—31页；［日］高田寿史：《空中权解说与文献资料集成》，日本项目产业协议会1983年版；［日］早川和男：《空间价值论》，劲草书房1973年版。

获得空中权，还要获得少量的地表地上权（或所有权），权属关系就显得更为复杂。从理论上讲，只要合乎容积率等方面的要求，当事人之间协商一致，一块土地上可以设置多重分离式人工地基，多个权利人分享该地块不同高度和厚度的空中空间。但实践中几乎没有出现这种情况。我们认为应该从制度层面限制这种情况，因为这种情况不但让权属关系、相邻关系等变得极为复杂，还有建筑安全方面的隐忧，不应提倡。

人工地基型空中空间利用比较形象，容易被人们所理解，实践中也比较常见。例如，开发商在道路上空建商务楼、在铁路上空建停车场或菜园等。从创造更多城市空间、高效利用城市土地资源的目的出发，城市规划法对人工地基型空中空间利用形态一般持积极的态度。

2. 容积率转移型

空中空间利用的另一种形态是容积率转移型。容积率是指建筑物地面以上各层建筑面积的总和与建筑基地面积的比值。设定容积率是现代城市规划的重要手段，据此可以控制城市某地块、某区域之建筑物的高度或整体开发强度，进而塑造城市整体形象。一般而言，城市规划者在编制城市规划时，会对不同的区域设定不同的容积率。土地开发者和建设者必须在规定的容积率范围内开发建设，尤其是不得有超过容积率上限的行为。容积率转移，顾名思义就是某地块的部分容积率转移给另一地块，使另一地块的容积率得到增加。这样，接收容积率的地块在结果上就会突破原有容积率的限制，建造更高的建筑物，进而经济价值得到提升。出让容积率的地块在结果上就只能建造或维持较低的建筑物，经济价值便降低。

容积率转移可以以有偿方式进行。日本东京火车站大楼建于 1914 年，高三层（最高处 33 米），长 330 米，红砖墙体（故该大楼俗称“红砖驿舍”）。1945 年火车站因美军空袭而毁损，1947 年修复，2003 年被认定为日本重要文化财产，受到特殊保护。为了让大楼发挥更大的经济和社会效益，焕发时代活力，2007 年至 2012 年大楼内外进行了大规模修缮。在此过程中，日本东铁路公司将大楼上方的空中空间以容积率的形式卖给了周边六栋大楼，筹得了 500 亿日元的修缮费用。①这样，东京火车站大楼作为受保护建筑得以维持历史原

① ［日］日本经济新闻社：《空中权，东京火车站获 500 亿日元》，《日本经济新闻》2013 年 6 月 6 日。

貌，供广大民众更好地参观和使用，同时火车站周围树立起更多更高的大厦，展现出东京都丸之内地区活力四射的新形象。实践中，容积率转移有时发生在同一权利人的不同地块间。此情形中因权利人是同一人，故不存在有偿无偿的问题。

容积率制度是现代城市规划的重要手段，开发商必须在规定的容积率范围内开发土地。接收来自他处的容积率在客观结果上会突破原有容积率的限制，为了让该突破合法，需要城市规划法设置特殊地区以允许该地区容积率在一定条件和方式下可以发生变化。这是容积率转移型成立的最基础性前提。从容积率转让方角度来说，转让容积率需要具备一些条件。首先，容积率转移需具有直接的公共目的，如保护历史建筑、维护特殊景观、增加开放式地面空间或防灾避难场所、为公共工程筹措资金等。容积率转移是对一般限制的突破，形成特别情形，在结果上会让事情变得更为复杂。制度设计者需要为这种突破和特别情形设置有力的理由，这个理由就是直接的公共目的。其次，转让容积率的地块与接收容积率的地块相邻，或者这两块地的所有权人或地上权人为同一人。容积率转移制度是不断发展的，这些条件也趋于松缓，如有的国家不要求相邻，相近即可。有的国家甚至允许相距甚远的两块土地之间也可以转移容积率，即使它们的所有权人或地上权人不是同一人。可见，容积率转移在各国法制与实践中也是不尽相同。

3. 容积率奖励型

土地开发者在开发土地时，如果能为公众提供便利而让出部分开发利益，比如将房屋底层架空后将其作为小区居民公共活动空间、将大楼的部分空间作为公共交通通道或公众休憩广场等，政府将会作为奖励，提高该土地的容积率上限。这样一来，奖励前的容积率上限之上的空中空间就得到了利用。以我国为例，上海市政府规章《上海市城市规划管理技术规定（土地使用、建筑管理）》第 20 条规定，中心城区的地块为社会公众提供开放空间的，可以增加建筑面积，并规定了增加面积的方法。①这是为了给公众创造出更多的开放空间，而对土地权利人实施建筑面积方面的奖励。虽然奖励的是建筑面积，但因

① 核定建筑容积率小于 2 的，每提供 1 平方米有效面积的开放空间，就允许增加 1 平方米的建筑面积，核定建筑容积率大于等于 2，小于 4 的，每提供 1 平方米有效面积的开放空间，就允许增加 1.5 平方米的建筑面积；但增加的建筑面积总计不得超过核定建筑面积的 20%。

建筑面积与容积率可以相互转换，所以在结果上也可以看作是容积率奖励。

上述三种空中空间利用形态都在实务中实施。相对而言，人工地基型和容积率奖励型的法律关系更为简单，适用的前提条件较少，有关的法律规范也比较少。容积率转移型的法律关系较为复杂，适用时要满足很多条件，有关的法律规范也较多。在城市规划法上的容积率制度方面，容积率转移型是一种特例，故在制度安排上需要更加细致周全。正因为如此，本书也需要对容积率转移型作更多考察。

（三）制度化

实践刺激和丰富着法制，法制又保障和促进实践，空中空间利用与城市规划法亦是如此。空中空间利用不断发展的一项重要表征就是其在城市规划法上被逐步制度化。在此过程中，相关法律和判例成为重要要素，而法律中的具体内容也逐步丰富和完善。

1. 法律框架和判例

城市规划法有广义狭义之分，狭义者仅指以“城市规划法”或“区划条例”为名的法律，广义者则还包括建筑标准法、城市再开发法、土地法、历史文物保护法、景观法等。在美国等判例法国家，像城市规划这样的公共领域往往既有制定法，又有判例。空中空间利用在法律和判例中逐步得到制度化。

在日本，《城市规划法》和《建筑标准法》是两部对空中空间利用很重要的法律。1919年，日本为应对明治时代以后的城市化进程，满足近代交通需求，形成有较好基础设施的城市街区，制定了史上第一部《城市规划法》。第二次世界大战后，面对经济高速增长、产业结构调整、农村人口大量涌入城市、城市膨胀等问题，日本在1968年制定了新的《城市规划法》。该法历经几次修改，实施至今。日本《城市规划法》通过规定城市规划的内容、程序等，来促进城市的健康发展和国土的均衡发展，增进公共福祉。日本现行的《建筑标准法》制定于1950年，其通过规定建筑物的基地、构造、设备与用途的最低标准，来保护国民的生命、健康和财产，增进公共福祉。日本《建筑标准法》与《城市规划法》关系紧密，作为前者前身的《市街地建筑物法》与后者诞生于同一年（1919年）。《建筑标准法》因1968年新版《城市规划法》的颁布而于1970年进行了较大的修改。在内容和条文上，日本《建筑标准法》和日本《城市规划法》交叉重叠，相互援用地方很多。《建筑标准法》第三章的章名就是“城市规划区域内建筑物的基地、结构、建筑设备和用途”，该章占据该法四分之一的篇幅。《城市规划法》也有不少章节直接规制建筑，如第三章的第一节之二、第二节、第三节、第四节等。根据日本《城市规划法》的规定，城市规划可以在城市规划区域内规定各类地区或街区，比如居住地区、商业地区、工业地区、特别容积率适用地区、特定街区等。日本《建筑标准法》第 52 条是关于容积率的规定，对绝大多数地区或街区，规定了具体的容积率幅度，但特定街区除外，即对特定街区内的容积率有特殊政策。就特别容积率适用地区，上述两法明确规定可以灵活使用建筑物未使用的容积率。这样一来，特定街区和特别容积率适用地区成为日本容积率转移型空中空间利用的地区。此外，日本的城市再开发法、土地法、历史文物保护法等也直接或间接地规范着空中空间利用活动。依据这些法规，各级行政机关还会制定规范性文件，如东京都城市整备局的《东京都特定街区运用标准》《大手町、丸之内、有乐町地区特别容积率适用地区及指定标准》等。这些规范性文件往往就空中空间利用规定具体的标准和实施方案，促成相关规划的最终落成。

在美国，所有的州、很多的城市都制定了旨在保护地标（建筑）的法律。二十世纪六、七十年代，作为纽约地标的中央火车站大楼就经历了一次保护与开发的风波。从空中空间利用角度看，可以将其称为“纽约中央火车站大楼上空开发诉讼案”（以下简称“纽约火车站诉讼案”）。现在的纽约中央火车站大楼（以下简称“火车站大楼”）建成于 1913 年，是座呈现古典主义风格的布杂学院式（beaux arts）建筑。1967 年纽约市地标保护委员会（The Landmarks Preservation Commission）认定它为地标，规定未经本委员会允许，不得对它改建。1968 年，火车站大楼所有权人——宾夕法尼亚中央铁路公司（Penn Central Transportation Company，以下简称“宾州铁路公司”）与 UGP 公司（英国不动产公司的子公司）签订合同，将火车站大楼的上空空间五十年（可续期）的开发权出租给 UGP 公司。双方计划在该大楼的上方建造五十多层的大厦。为此，它们向纽约地标保护委员会提交了两种设计方案，另一种是不改变火车站大楼外形，在周围树起横跨大楼的支柱，在接近大楼屋檐处的上方建起五十五层大厦；一种是拆除火车大楼的部分外墙壁，建起五十三层的大厦。对这两种方案，纽约地标保护委员会都予以了否定，但同时决定火车站大楼上空空间的开发权可以转移至邻近火车站大楼的、宾州铁路公司所有的土地上。对此，宾州铁路公司认为，纽约地标保护委员会根据《地标保护法》（*Landmark Preservation Law*）所作的决定违反了第 5 和第 14 修正案，是无正当补偿就征用财产的行为，是不遵守正当法律程序而随意剥夺财产的行为，并向法院提起了诉讼。1978年联邦最高法院作出了判决，原告的主张没有得到支持。1913年建成的火车站大楼的原貌得以保存至今。从事情的经过来看，空中空间利用成为本案的起点，历史建筑保存与空中空间利用之间的协调成为本案的关键。联邦最高法院判决（Penn Central Transp. Co. v. New York City，98 S. Ct. 2646，1978）认为，依据地标保护法所作的历史建筑认定行为虽然对权利人的权利有所限制，但不是宪法上的征用行为，因为权利人可以通过容积率转移型空中空间利用获得经济价值。

美国实行联邦制，联邦和州分权而治。联邦政府的权限仅限于国家层面的经济、外交、军事等，城市规划等一般性内政事务属于州和各地方政府的权限，所以美国没有统一的城市规划法制。但十九世纪初美国面临各地相同的城市问题，联邦政府（商务部）先后出台了两个示范法（无法律效力），即《标准州区划授权法》（*Standard State Zoning Enabling Act*）（1924）① 和《标准市规划授权法》（*Standard City Planning Enabling Act*）（1928）②，目的是鼓励州和地方政府实现城市规划的法制化。受此影响，各州和地方政府形成了由规划法、区划法、建筑法、住宅法等构成的城市规划法制。事实上，在示范法之前，纽约就于1916年制定了美国第一部区划条例。根据该条例第12—10条的规定，历史建筑上空的剩余容积率可以转移至同一所有权人的邻接地块上。在1968年修改《纽约市区划条例》（第74—79条）后，尤其是在“纽约火车站诉讼案”发生后，容积率转移条件被进一步放松。此外，《旧金山市规划条例》《芝加哥市区划条例》等也规定了容积率转移制度。当然，最引人注目的还是1973年实施的《俄州空间法》。该法从空中空间的定义、空中空间系不动产、不动产的制定法与普通法在空中空间的相同适用、与空中空间相关的权源、空中空间的区分、课税、共同开发利用计划、无用空中空间的出售、土

---

① 根据该示范法，各州可以授权地方政府进行区划，控制建筑的高度、面积、体量、位置、用途等。地方政府可以将辖区内土地按用途分区。区不同，建筑标准就不同，同一区，建筑标准相同。

② 该示范法为各州授权地方政府进行总体规划提供了参考模式。包括六个方面：（1）规划委员会的结构和权力；（2）总体规划的内容，包括道路、公共用地、公共建筑、公用设施、区划；（3）要正式通过道路交通规划；（4）要正式批准所有公共投资项目；（5）要控制私人土地的再划分；（6）建立区界，实施区域规划，由区域内的地方政府自愿通过或采纳区域规划。

地征收权等多个方面对空中空间利用进行了规范。

我国城市规划立法起步晚，所以现行的《城乡规划法》没有规定空中空间利用，其他中央层面的法规也基本没有涉及。地方立法有所涉及。如前所述，《上海市城市规划管理技术规定（土地使用、建筑管理）》第 20 条规定了容积率奖励型空中空间利用。从公共目的性、客观上容积率会增加等要素看，该条内容与容积率转移型空中空间利用有相似之处，但两者还是不同。容积率转移的核心要素是容积率在两地块之间等量转移，而建筑面积奖励是新增面积，跟另外的地块没有关系。应该强调的是，法律关系较为简单的建筑面积奖励制度为法律关系较为复杂的容积率转移型空中空间利用制度今后进入城市规划法创造了法制氛围，很有意义。

从以上分析可知，除像《俄州空间法》这样数量极少的专门法外，空中空间利用主要规范在《城市规划法》（或称为“区划法”）和《建筑标准法》之中。在判例的法源地位越来越坚挺的时代潮流中，空中空间利用的判例不但指导相关裁判，引导相关行政实务，还促进相关制定法的完善。从我国的情况来看，在上海等地已经确立的容积率奖励制度可以上升到《城乡规划法》层面而予以肯定，并在此基础上，导入容积率转移制度。为此，我国现行的城乡规划法制在宏观结构上需要调整。这里有两种调整思路，第一种思路是扩充《城乡规划法》的同时，制定建筑标准法。《城乡规划法》采取了最狭义的规划法概念，内容单薄，完全不能满足现实需求，需要扩充含空中空间利用方面的内容。关于建筑标准法的制定，可以有两种方法，其一是单独制定《建筑标准法》，其二是在《建筑法》（1997 年制定）中充实建筑标准方面的内容。第二种思路是大范围扩充《城乡规划法》，将建筑标准方面的内容全部纳入其中。采取哪种思路更好？当下社会，建筑标准内容丰富。立法者如果有意让建筑规范尽量全面，那可以采取思路一，单独制定《建筑标准法》。如果不追求全面，只制定基本的或最重要的规范，那思路二更好。但不论哪种思路，都必须修改《城乡规划法》，以基础内容的形式确立空中空间利用制度。

2. 主要内容

（1）容积率特例

容积率转移型空中空间利用需要一项基础性前提——能接受外来容积率的容积率特例。现代城市规划都将城市土地区划、分类和定性。通过区划，形成各种区域，同一区域内土地类型和用途相同，如某区域是商业地区，或是工业地区，抑或是居住地区等。①再通过容积率、建筑密度、高度等指标来规范这些区域的开发强度。在日本，城市规划可以对城市规划区域内的土地进行区划，区划后的地区或土地一般都设置容积率范围（以下称“一般容积率”）。但也有特例，而特例的代表就是特别容积率适用地区和特定街区。根据日本《城市规划法》第 8 条，城市规划除可以将规划区域内的土地区划为居住地区、商业地区、工业地区等外，还可以指定为特别容积率适用地区和特定街区。可以在适当配置了一定规模之公共设施的第一和第二类中高层居住地区、第一和第二类居住地区、准居住地区、邻近商业地区、商业地区、准工业地区、工业地区内，指定特别容积率适用地区，通过灵活运用未使用的容积率来实现土地的高度利用（第 9 条）。根据《建筑标准法》第 57 条之 2，特别容积率适用地区内的两幅（以上）地块之间可以转移容积率。特定街区是为建设和改善街区而在容积率等方面显现特殊性的街区。《建筑标准法》第 60 条规定，特定街区内的建筑物不适用一般容积率，由与特定街区相关的城市规划来确定容积率。在特定街区内，地块之间可以转移容积率。城市规划由市町村、都道府县、国土交通大臣决定。城市规划主体呈现多元，且主要是地方政府。为了让城市规划与国家大政方针相适应，更加科学有序，国土交通省会颁布一些指导性文件，如《城市规划运用指针》等。规划主体在这些文件的指导下，根据本地区的实情，制定特别容积率适用地区规划、特定街区规划。1975 年 8 月，东京都日比谷公园南侧 2.1 公顷的街区被规划为“内幸町 2 丁目特定街区”，在此建起 31 层的日比谷国际大厦、28 层的富国生命本部大厦、11 层的新闻中心大厦。其中，新闻中心大厦未使用的容积率就被转移到了前两座大厦上。②在美国，有些地方政府的区划条例或规划条例直接规定容积率转移型空中空间利用，而容积率特例也是重要组成部分。根据《纽约市区划条例》，在协调开发与地标保护的目的下，可以将地标所在地块的容积率转移至邻接地块上，但它们要处于低层居住地区（R1、R2、R3、R4、R5）和低层商业地区（C1、C2）以外的地区（第 74—79 条）。《旧金山市规划条例》第 127 条规定，在 C—3—0 地区内，地块的最大容积率可以因接收第 124 条所认可的邻接地未使用之容

① 住房和城乡建设部制定公布的国家标准《建设用地分类与规划建设用地标准（GB50137-2011）》将城市建设用地分为居住用地、公共管理与公共服务用地、商业服务业设施用地、工业用地、物流仓储用地、交通设施用地、公用设施用地、绿地。

② ［日］大浜启吉：《公法的诸问题Ⅲ》，创文社 1990 年版，第 60—61 页。

积率而增加。

（2）条件

一般而言，转移容积率需要满足两方面的条件，一是公共目的性，二是地块相邻或相近。《大手町、丸之内、有乐町地区特别容积率适用地区及指定标准》（日本东京都城市整备局2002年制定，经过几次修改，实施至今）指出，将面积为116.7公顷的大手町、丸之内、有乐町地区指定为特别容积率适用地区，可以保存和复原历史建筑物，维护和提高文化环境，提高土地利用效率，聚集商业与文化功能，推进城市更新。该地区内任意地块之间可以转移容积率，不要求地块与地块必须相邻。东京火车站就处于该地区内，在前述东京火车站修缮工程中，火车站大楼的剩余容积率被有偿转让给了附近地块。《纽约市区划条例》将地标性建筑物保护确立为容积率转移制度的宗旨，地标性建筑物成为其核心范畴。该条例规定：地标性建筑物是指根据纽约市宪章8—A和纽约市行政法8—A，由纽约地标保护委员会指定为地标的所有建筑物（structure）。纽约市最初只允许在邻接地块间进行容积率转移，受"纽约火车站诉讼案"影响，后来将相邻地块扩展为相近地块。在以前，地块与地块必须紧挨着，后来街对面的地，或者同处一个十字路口，同时面对该路口的地块之间也可以。随着时代的发展，这两个方面的条件还将进一步松绑。另外，各国在具体制度和判例中有时出现不同的附加条件。例如，日本的特别容积率适用地区制度要求该地区已经适当配置了一定规模的公共设施。这是因为适用特别容积率后，该地区会增加人员流动，此时就需要配备轨道交通、道路等良好的公共设施来疏散人流等。"纽约火车站诉讼案"中，地标保护委员会要求容积率转移的两个地块的所有权人是同一人。

（3）限制

发生容积率转移的两个地块将受到限制。一般而言，接受容积率的地块会受到容积率上限的限制，即接收转移过来的容积率后，该地块的容积率总额不得超过一定数额。换言之，只能接收一定量的外来容积率。在个案中，作为转让者的A地块的剩余容积率很大的话，作为接收者的B地块有时并不能完全接收该剩余容积率，而未接收的A地块的其他剩余容积率还可以转移至其他地块。《纽约市区划条例》《大手町、丸之内、有乐町地区特别容积率适用地区及指定标准》等对容积率增加的上限进行了规定。另一方面，容积率转移出去后，地块的开发与建设也受到相应的限制。《纽约市区划条例》第74—792条规定，从地标所在地块上转移出去的容积率的量是该地块容积率减少的量；当不再认定为地标时，或者地标性建筑物被拆除时，或者地标性建筑物增建时，或者地标所在地块再开发时，只能在因转移而缩小后的容积率范围内开发该地块。

（4）程序

现代城市规划都有较正统的程序，容积率转移型空中空间利用因涉及城市规划的特例，就更需要规范程序，而且比一般程序更为繁复和严格。这里有两个层面的程序，一个是宏观层面的城市规划程序，一个是微观层面的具体项目程序。作为容积率特例之载体的特别容积率适用地区、特定街区等都由城市规划来决定。通过城市规划，可以区划土地，可以确定特别容积率适用地区、特定街区等的位置、面积、建筑密度、容积率等。根据日本《城市规划法》，城市规划由市町村、都道府县、国土交通大臣决定。①在此过程中，需要经过起草、协商调整、公开征求意见、城市规划审议会审议、首长认可、公布等步骤，花费较长时间，一步一步地落实。美国情况与此差不太多。近年来，城市规划听证、征求公众意见越来越受到重视，推动了城市规划的民主化和科学化。讨论容积率转移的程序时，主要还是看具体项目的程序。美日等国家在此都实施许可制，获得主管机关的许可成为重要步骤。根据《纽约市区划条例》的规定，地块的所有权人必须向市规划委员会申请获得旨在认可容积率转移的特别许可。提交申请时，需要提供在样式和内容上符合法律规定的容积率转移证书、地标之邻接地块的开发计划、地标保护计划、地标保护委员会的报告书等。市规划委员会在考虑以下几点后作出许可与否的决定，即接收容积率的地

---

① 日本《城市规划法》第 15 条规定："下列城市规划由都道府县决定，其他的城市规划由市町村决定。（1）与城市规划区域之改善方针、开发方针和保护方针相关的城市规划；（2）与区划相关的城市规划；（3）与城市再开发方针等相关的城市规划；（4）与第八条第一款第四项之二、第九项至第十三项、第十六项所列地域地区相关的城市规划；（5）与政令规定的、应从超越一市町村之广域角度来决定之地域地区相关的城市规划；与政令规定的、应从超越一市町村之广域角度来决定之城市设施或者根本性城市设施相关的城市规划；（6）与市街地开发项目（只限于土地区划整理项目、市街地再开发项目、住宅街区整备项目和防灾街区整备项目中，政令规定之大规模的、可能由国家机关或都道府县实施者）相关的城市规划；（7）与市街地开发项目预定区域（只限于第十二条之二第一款第四项至第六项所列预定区域中，政令规定的、应从超越一市町村之广域角度来决定的城市设施或者根本性城市设施的预定区域）相关的城市规划。"第 22 条规定："与横跨两个以上都府县之城市规划区域相关的城市规划应该由国土交通大臣和市町村决定。"

块的开发是否会给邻接土地造成难以接受的影响，若有影响，因地标保护给当地居民带来的利益必须强于给周边土地带来的不利影响；地标因维护管理工程而毫无疑问地受到保护；地标为公共所有时，步行和道路交通的改善必须与容积率转移同时进行。①双方当事人只有在获得规划委员会的许可后，才能按约定转移容积率，进行相关开发活动。

以上是容积率转移型空中空间利用制度的几项主要内容。在现实的迫切要求下，我国的城市规划法制也需要在这些方面做出反应。首先，《城乡规划法》要增加区划制度和容积率制度，并由此确定空中权的范围。现行的《城乡规划法》没有涉及容积率，也没有明确规范区划，这是明显的缺陷。没有区划，没有容积率，就没有城市规划。而且，容积率是确定空中权范围或《物权法》上地上空间建设用地使用权范围的主要方式，没有《城乡规划法》层面的容积率制度就不足以权威地解决空中权范围这一基础性问题。可以考虑在《城乡规划法》中增加一章，安排为第2章，主题为城乡规划的内容，即一篇规划里要写哪些东西。在这一章中要规定区划、区划后各地块的容积率要求等。住房和城乡建设部制定了《城市用地分类与规划建设用地标准（GB50137-2011）》，确立了城市土地区划的一些标准，但这并不够。区划制度和容积率制度应该在《城乡规划法》中得到确立和强调。当依据《城乡规划法》而确定了某一土地的容积率后，依据该容积率建设房屋的最高高度就是该土地空中权的上限，而下限则视情况而定。如果该土地已建有房屋，下限则为该房屋的高度，如果没有建筑，下限则为略超地表之高度。其次，完善建筑标准法制，并与《城乡规划法》的完善相配合，建构起空中空间利用制度。容积率最终表现为建筑物的体积，常被看作是建筑物高低的指数。空中空间利用制度也主要是说如何充分利用空中空间来扩大建筑物面积。所以，建筑标准法制的完善和《城乡规划法》的完善要同步进行，相互衔接。《城乡规划法》在规定区划时，可以规定一些容积率特例区域，而在这些区域如何特殊地运用容积率，则可由建筑标准法来规范。《城乡规划法》要在规划制定程序和具体项目程序这两个层面设计容积率转移的程序，要实行严格的许可制。要限制和规范容积率转出地的开发活动。再次，《城乡规划法》、建筑标准相关法律还要与历史建筑保护法等相衔

① 参见［日］保利真吾：《容积转移的效果与发展研究》（2008年东京大学硕士论文），第140页。

接，确保容积率转移是出于公共目的。历史建筑保护是实践中容积率转移型空中空间利用的主要目的和条件。在转移容积率时，会涉及历史建筑的认定、历史建筑保护方案的认可等具体问题，而它们都由历史建筑保护法来解决。总之，我们要完善《城乡规划法》及相关建筑标准法、历史建筑保护法等，使它们相互配合，从容积率特例、条件、限制、程序等方面构筑起我国的空中空间利用制度。在此过程中，我们要处理好宏观与微观的关系。从世界范围来看，不论是实行土地私有制，还是实行土地公有制，不论是实施土地开发权国有（如英国）、建筑不自由原则（如德国），还是坚持土地开发权私有（如美国）、建筑自由原则（如日本），都有城市规划、容积率、空中空间利用等法制。所以，在《城乡规划法》等法律中建构城市规划、容积率、空中空间利用制度的宏观架构是一个超越国境、超越土地所有制的问题，我们应该努力向成熟国家学习和借鉴。而在微观的技术手法、制度设计中要注意本国国情，要根据土地开发权归属、容积率转移之价值取向等来细致推进相关法制的发展。

总之，城镇化已经是一种必然趋势。面对这一新趋势，我们必须创新思路和制度。其中，很重要的内容就是改革和完善我国现有的城市规划制度，把城市空间的利用纳入规划之中，明确空间权。通过人工地基型空中空间利用形态，他人可以使用道路、铁路的上空空间，也可以在人工地基上盖房、建停车场、种菜，等等。通过容积率转移型空中空间利用形态，在原封不动地保存历史遗迹的同时，让历史遗迹所在地的土地权益得到实现。这就对城市建设规制提出了挑战，要求合理平衡公共利益与个人利益的关系、个人利益相互间的关系。这种规制不仅仅涉及城乡建设行政主管部门，还涉及文物保护行政主管部门。例如，2014 年上海就新增市级文物保护单位 85 处。这些承载文物的土地价值不能被遗忘。因此，政府及其各主管部门应该充分认识城市规划法上空中空间利用制度的优势，推进法制创新，协同规制。

二、共同沟

如前所述，日本《城市规划法》等法律法规有地下空间利用的相关规范。本书作者较早关注地下空间利用的法治化问题，出版了专著《城市地下空间利用法律制度研究》（知识产权出版社 2008 年版）。该书对日本城市地下空间利用的一般情况、基础性法律制度和问题进行过介绍和探讨。在此就不再赘述地下空间利用的一般性问题，而是选择共同沟这一颇有特色和现实意义的专门领域，展开介绍和讨论。

(一) 共同沟二法

日本于1963年制定了《共同沟建设特别措施法》（日文为“共同溝の整備等に関する特別措置法”，以下简称“共同沟法”），于1995年制定了《电线共同沟建设特别措施法》（日文为“電線共同溝の整備等に関する特別措置法”，以下简称“电线沟法”）。两法有一定的重合，《电线共同沟法》是在《共同沟法》出台后，面对电线的特殊性，面对电线地中化实践需求等，在《共同沟法》基础上，进行的更专门立法。所以《电线共同沟法》规定，道路管理者依据《电线共同沟法》而建设的电线共同沟不适用《共同沟法》的规定。

《共同沟法》上的共同沟更大，可安放通信电缆、电线、煤气管、自来水管、工业水管、下水管等（以下有时称一般共同沟）。电线共同沟，顾名思义仅安放电线，规模更小。《共同沟法》和《电线共同沟》的立法目的基本相同，即保护道路结构和道路交通顺畅。此外，《电线共同沟》还追求景观建设。两种共同沟都必须在指定的道路中建设，即道路指定是共同沟建设的前提。建设一般共同沟的道路由国土交通大臣认定，建设电线共同沟的道路由道路管理者认定，应该说后者更便于认定。在交通非常密集或者预测非常密集的道路，因频繁实施挖掘路面而有可能对道路结构和道路交通产生明显妨碍时，国土交通大臣、道路管理者可以将该道路指定为共同沟建设道路、电线共同沟建设道路。《电线共同沟法》还赋予市町村请求道路管理者将辖区内道路指定为电线共同沟建设道路。两法在共同沟的建设与管理、费用承担、规程、复议等方面差别不太大。建设共同沟时，占用预定者（管线单位）要承担部分建设费用，共同沟建好后，道路管理者向占用预定着给予占用许可，管线单位在占用期间要承担共同沟的管理费用。

上海市于1994年开始建设共同沟，已建成张扬路、安亭新镇、世博园区等三条共同沟，总长度约23.2公里。2014年4月《上海市地下空间规划建设条例》实施，2009年3月《天津市地下空间规划管理条例》实施。它们都规定要推进共同沟建设，但对共同沟都着笔不多。也就是说，共同沟法在我国还有很大的建设空间。

(二) 无电线杆化

日本是一个电线杆非常多的国家，据说有3500万根，差不多与作为日本象征的樱花树相同。①电线杆在自然灾害时会妨碍救灾活动，平时会妨碍行人通行，尤其是轮椅车的通行，也大大影响了城市景观。为此，日本的各级政府推行无电线杆化政策。在国家层面，1976 年起制定实施了三期《电线地中化规划》，之后又制定实施了《新电线地中化规划（1999—2003）》、《无电线杆化推进规划（2004—2008）》，之后是当前正在实施的《无电线杆化指南》。而且，1994 年制定了《电线共同沟》，2015 年修改《道路法》，禁止在紧急运输国道上新设电线杆，2016 年制定了《无电线杆化推进法》（日文为“無電柱化の推進に関する法律”，以下称“无电线杆法”）。地方政府层面，对应中央规划和指南，制定实施了自己的规划或实施计划，有的地方出台了地方性法规，如《东京都无电线杆化推进条例》（以下称“东京无电线杆条例”）、《茨城市无电线杆化条例》等。截止到 2017 年末，在 47 个都道府县中，东京、大阪、兵库等建设比较快，但即使是最快的东京，其道路的无电线杆化率也只接近 5%，从大城市（特别区、政令市）角度看，超过 5%的也只有东京 23 个区、大阪市和名古屋市。②无电线杆化工作取得了成绩，但进一步推进的空间还很大。

东京目前面临的一大威胁是首都直下型地震，故需要把东京建成抗震能力强的城市，为此需要将电线埋入地下，消除电线杆。东京都从 1986 年起，制定实施过 7 次无电线杆化推进规划。无电线杆化的最主要方法是电线地中化，即通过将电线杆埋入电线共同沟内来消除地面电线杆。截止到 2017 年末，东京都内无电线杆的都道总长 913 公里，地中化率为 39%，中心街区的地中化率达到 96%，与伦敦、巴黎等欧美主要城市相比，水平依然很低；截止到 2016 年末，东京都内的都道上有电线杆 5.7 万根，区市町村道上有 62.9 万根。③2018 年 3 月，东京都公布了新的《东京都无电线杆规划》，规划期为 2018 年至 2027 年的 10 年。根据该规划，无电线杆化的基本方式是电线共同沟；重点建设地区从中心街区扩大到七号环线以内区域；强化区市町村的工作

---

① ［日］东京都政府：《東京都無電柱化計画——電柱のない安全安心な東京へ》卷首，https://www.kensetsu.metro.tokyo.lg.jp/jigyo/road/kanri/gaiyo/chichuka/mudentyuuka-top.html，2020 年 4 月 29 日最后一次访问。

② 日本国土交通省网页，http://www.mlit.go.jp/road/road/traffic/chicyuka/chi_13_01.html，2020 年 4 月 29 日最后一次访问。

③ ［日］东京都政府：《東京都無電柱化計画——電柱のない安全安心な東京へ》，第 3—5 页，https://www.kensetsu.metro.tokyo.lg.jp/jigyo/road/kanri/gaiyo/chichuka/mudentyuuka-top.html，2020 年 4 月 29 日最后一次阅读。

及其援助，一般情况下 1 公里电线共同沟成本约 5.3 亿日元，就区市町村道的无电线杆化费用，国家补助 55%、都补助 22.5%，自己承担 22.5%；东京都全额补助区市町村无电线杆化规划的制作费用；用低成本方法施工的，都由国家承担全部工程费。通过这些措施，实现电线入地化率快速、明显的提高。

无电线杆化是日本全国上下推行一项城市规划领域的大政策，由国家层面的《电线共同沟法》《无电线杆法》，以及地方层面的条例，如《东京无电线杆条例》予以保障实施。正是有《电线共同沟法》《无电线杆法》等法律法规才有了最重要、最具体的抓手，才可能成为篇幅简洁的法。该法的目的是，就推进无电线杆化，规定基本理念、国家和地方政府的责任、无电线杆化推进规划编制及其他必要事项，由此综合、有计划、迅速地推进无电线杆化政策，助力防灾、交通安全且畅通、良好景观形成等，进而保障公共福祉、提高国民生活水平、促进国民经济健康发展。根据《无电线杆法》，设置和管理电线杆和电线的企业有责任尽量少在道路上设置电线杆和电线、尽量撤走电线杆和电线，要与国家和地方政府合作，开发无电线杆化技术；为综合、有计划、迅速地推进无电线杆化政策，国土交通大臣必须制定无电线杆化推进规划，各都道府县、市町村也要尽力制定各自的无电线杆化推进规划；为让国民广泛理解无电线杆化的重要性，11 月 10 日被确定为无电线杆化日；国家和地方政府认为特别有必要时，可以实施禁止或限制道路占用等措施；政府必须实施无电线杆化所必需的法制、财政、税制等方面的措施。

近年来，上海大力实施架空线入地及合杆整治工程，如前所述，2019 年完成 120.5 公里任务，成绩不小。从长远角度看，为让该工作长期持续，越做越好，需要从共同沟和电线地中化两个角度对其加以制度化和法治化。思考共同沟和电线地中化立法时，有以下几点需要注意：第一，恰当体现共同沟的公益性，首先可以在立法目的部分明确公益性；将保护道路结构、维持顺畅交通、维护管线安全等作为法律的宗旨。其可以通过建立许可制来体现公益性，管线单位进入共同沟时需要得到行政机关的许可，此许可行为与很多许可行为一样，与公益发生紧密关联；再次，可以通过建立政府投资为主、管线单位投资为辅的建设运营费用分担模式来体现公益性。第二，合理配置共同沟费用，首先可以在法规中将费用分担确立为一项原则，共同沟与道路不同，不具有纯粹的公益性，不应该只让政府承担全部费用，而应该由政府和各个管线单位共同分担费用；其次必须明确费用分担的方式和标准，共同沟费用可分两大块，即建设费用和管理费用，由于共同沟建好后，完全交由管线单位使用，管线单位由此产生收益，所以管理费用可以完全由管线单位承担。第三，促进共同沟高效利用，首先是明确管线单位将管线铺入共同沟的义务；其次是因地制宜地建设不同类型的共同沟，共同沟技术发展到现在，已经出现了不同的类型，既可以有“大而全”者，也可以有“小而精”者。第四，重视共同沟规划，首先是要确立规划在共同沟法制中的重要地位；其次是要科学民主地规划共同沟，即在制订共同沟规划过程中体现科学性、民主性；再次是丰富共同沟规划的内容，规范文本的结构、内容及其详细程度等应该在共同沟法制中得到规范。共同沟的法制化及其不断进步是法治国家的要求，是城市规划法治的要求，也是当下客观实践的要求，应该稳步推进共同沟立法。

第四节　开发利益公共还原制度

当城市规划地铁后，地铁周边的地价就开始上涨，当地铁建成时，地铁周边的地价往往是规划前的数倍。这种地价上涨现象不仅出现在地铁周边，城市但凡有较大的建设项目，都会引起项目周边不动产价格的上扬甚至暴涨。人们会问，地铁或者建设项目带来的利益难道不应该回流至地铁或者建设项目本身吗？日本、德国、美国法对此均有相关规定，尤其是日本法上的受益者负担金制度是治理该问题的政策选项之一。

一、法源

日本在1919年的旧《道路法》和旧《城市规划法》中，首次正式确立受益者负担金制度。当时的报纸《法律新闻》（1056号，1919年2月10日）对此积极评价道：以前“矿山业者、地主、房主等即使因自治体的道路新建改建而获得特别利益”，也不被课赋负担，受益者负担金制度的设立改变了这一不合理状况，“合乎时宜”。在东京市1911年度城市规划财源中，受益者负担金收入达8.8%，成为当时较重要的财源。①战后，日本先后于1952年和1968年制定了现行的《道路法》和《城市规划法》，受益者负担金制度仍延续于新法之中。《城市规划法》第75条规定：“存在因城市规划项目而明显受益者时，国家、都道府县或市町村可以让受益者在受益的限度内负担该项目所需费用的

① ［日］三木义一：《受益者負担制度の法的研究》，信山社1995年版，第3页。

一部分。”1983 年后，日本地价开始明显上涨，东京市中心的地价更是出现了暴涨情况。为此，日本于 1989 年制定了《土地基本法》，“受益者负担”成为该法的重要精神，这为受益者负担金制度提供了新的权威性法律依据。除此之外，日本还在河川法、港湾法、防沙法、共同沟法、企业合理化促进法等许多法律中规定了受益者负担金制度。在前述法律中，很多都授权内阁、部委、地方制定相应的政令或条例，如关于下水道建设中的受益者负担金，建设省就制定了条例，而后，市町村以建设省条例为模本制定了自己的条例。

德国在联邦法层面确立受益者负担金制度的是 1960 年的《联邦建设法》(*Bundesbaugesetz*)。该法是德国首部系统规定都市规划制度的法律，在立法权限一直不明确的地区设施建设领域，行使了第一次立法权。①其中，“地区设施建设”部分（第 6 部）设置了“地区设施负担金”（Erschliessungsbeitrag）的规定。如第 127 条规定：市镇村为了填补自己在地区设施建设中所支出的费用，原则上可以向周边土地所有人或地上权人征收地区设施负担金，但仅限于法律规定的地区设施。1976 年联邦建设法进行了一次修改。1987 年，德国将《联邦建设法》与《都市建设促进法》(*Stadtbauforderungsgesetz*) 统合成《建设法典》(*Baugesetzbuch*)，完善了地区设施范围、事前支付等方面的内容。建设法典还规定了“调整金”(Ausgleichsbetrag)，“被正式确定为再开发区域内的不动产所有人，必须交纳与因再开发而带来的不动产价格上升额相当的调整金”（第 154 条）。此外，在 1960 年《联邦建设法》之前，各州的地方税费法（Kommunalabgabengesetz)，如 1893 年普鲁士地方税费法，已存在负担金（Beitrag）的规定，有的仍然沿用至今。综上所述，德国的受益者负担金主要由建设法典上的负担金（地区设施负担金和调整金）和各州地方税费法上的负担金构成。

在美国，受益者负担金一般称为特别负担金（special assessment)。州宪法、州法律、自治体设置法、条例是特别负担金制度的法源。很多人认为美国的特别负担金制度起源于英国，但对此进行过历史研究的戴蒙德（Diamond）却认为，从作为都市基础设施建设的主要财源而为全国诸城市所广泛应用的角度来看，特别负担金制度是在美国诞生的制度。纽约州纽约市于 1807 年前已确定迈哈顿岛全域的道路规划，在这些道路的建设中，特别负担金制度被积极

---

① ［日］原田纯孝等:《现代の都市法》，东京大学出版会 1993 年版，第 121 页。

应用，且明显提高了道路的建设速度，纽约州率先实现了道路建设中受益者负担机制的法制化。①直至20世纪初，特别负担金制度在美国公共事业发展中一直发挥着重要作用，但随着经济恐慌期的到来和制度本身的滥用，它也逐渐衰退，而到20世纪90年代又出现了复苏的迹象。②

日本、德国、美国的受益者负担金制度都有着较长的历史，都有着正统的法源。在立法方式上，日本和德国形成了中央立法与地方立法相辅相成的状态，而美国没有联邦层面的立法，相关的法制和纠纷多停留于州法和州法院。在中央立法层面，日本将受益者负担金制度的具体规定分布于众多的特别法之中，而德国在一部统一的建设法典中对该制度进行较详细的规定。

二、主要内容

“受益者负担金”初看是个容易理解、不易产生歧义的概念，但事实上，其意义仍有不确定性，实践中也有一些争论。问题主要出在“益”字上，是“一般利益”还是“特别利益”，是“受益”还是“明显受益”，何谓“开发利益”，等等。前述日本《都市规划法》使用的是“明显受益”，也就是说，只有明显获得了利益，才要支付负担金，“明显受益”是负担金支付的要件。值得注意的是，日本不论是制定《土地基本法》，确立受益者负担之精神，还是在各个特别法上设立受益者负担金制度，都有着特定的指向，即要让“开发利益”还原于社会，不能让（民间）受益者“独享”，因此，受益者中的“益”就与“开发利益”发生了紧密的联系，有无开发利益、开发利益的多少甚至成为“受益”的判断标准。从广义上说，开发利益是指不投入资本或劳力而获得资产价值的增加。③主要包括以下四个方面：都市整体发展、都市活动活跃所带来的地价上升；都市规划的预期、决定、变更所带来的地价上升；干线性公共设施建设或成片开发所带来的地价上升；特定区域内特定公共设施建设所带来的地价上升。④在开发利益概念的基础上，为明确受益者的范围等，日本都

---

① ［日］开发利益社会还原问题研究会：《開発利益還元論》，日本住宅综合中心1993年版，第115—116页。

② ［日］开发利益社会还原问题研究会：《開発利益還元論》，日本住宅综合中心1993年版，第256页。

③ ［日］开发利益社会还原问题研究会：《開発利益還元論》，日本住宅综合中心1993年版，第11页。

④ ［日］原田纯孝等：《現代の都市法》，东京大学出版会1993年版，第118页。

市规划法、道路法、河川法等还授权中央机关、地方政府制定具体规定。如《都市规划法》第 75 条第 2 款规定："……由国家负责的，通过政令规定负担金的被征收人范围与征收方法，由都道府县或市町村负责的，通过都道府县或市町村的条例规定负担金的被征收人范围与征收方法。"德国没有使用"开发利益"一词，但重视"利益"概念。德国判例将"利益"含义从狭义的地价上涨，发展到土地在建筑上的利用可能性，甚至是所建设施的利用可能性，有些州还通过立法明确了该发展方向。①在此"利益"概念之下，德国区分"一般利益"和"特别利益"，一般利益通过税的方式返还于社会，而特别利益则通过负担金的方式返还于社会。也就说，受益者负担金中的"益"在德国是指特别利益。但是一般利益和特别利益的界限在哪？这是个难题。德国学界和司法界也无定论，虽然有过不少判例，但似乎没有看到观点统一的迹象，而且相关观念总是随着时代的发展而发展。但在受益者负担金制度已经法制化的德国，上述难题并没有给相关制度的具体实施造成太大的阻碍。在美国，明显受益也是受益者负担金制度的基础要求，受益与否及程度都由各地方的立法部门来判断。当公共项目带来的受益不明显，或曰滥用受益者负担金制度时，州法院会判决地方立法部门的判断违宪或违法。②综上可知，不论是日本、美国的明显受益，还是德国的特别利益，对受益者负担金制度中的"益"都有着程度上的要求，似乎都可概括为"明显"二字，日德美三国在此可谓殊途同归。

实施对象是受益者负担金制度的重要内容。此处的实施对象是指该制度所针对的公共项目或工程。如前所述，受益者负担金制度出现在日本都市规划法、道路法、河川法、港湾法、防沙法、共同沟法、企业合理化促进法等许多法律之中。所以，这些领域的公共项目或工程就是这些领域受益者负担金制度的实施对象，只要符合前述受益条件，就有可能出现征收受益者负担金的情况。当然，不是这些法律中的公共项目或工程就不是受益者负担金的实施对象。在德国，建设法典上的负担金（地区设施负担金、调整金）和各州地方税费法上的负担金（以下简称"州负担金"）在实施对象上各有所指，各具使命。建设法典上的地区设施负担金被限定在：(1) 可沿道建设的公共街道、道

① ［日］三木义一：《受益者負担制度の法的研究》，信山社 1995 年版，第 86 页。

② ［日］开发利益社会还原问题研究会：《開発利益還元論》，日本住宅综合中心 1993 年版，第 117 页。

路与广场；（2）建筑区内基于法或事实理由而无法让车通行的公共通行设施（如行人专用道路、住宅道路）；（3）建筑区内的集散道路，集散道路是指虽无法沿道建设、但为地区所必要的街道、道路、广场；（4）构成（1）到（3）之交通设施的一部分，或者根据都市规划基准，为地区所必要的除停车场和儿童游乐场所以外的绿地，等等。对这些设施征收地区设施负担金还有个条件，即必须是新建，而不是改造、修缮等，而且对这些新建的地区设施只能征收地区设施负担金，而不能征收其他的负担金；建设法典以外的设施（如下水道设施）即使是地区设施，也不是地区设施负担金的实施对象，而是州负担金的实施对象，同时，改造、修缮的地区设施（包括建设法典所列地区设施）也是州负担金的实施对象。①根据建设法典第 154 条的规定，调整金的实施对象仅限于被正式确定为再开发区域内的不动产。在美国，受益者负担金制度的实施对象由州法规定，也体现在法院判决中，一般是新建的公共设施，如新设的道路等。从法理角度看，日德美三国的受益者负担金的实施对象有着较宽的范围。其中，德国法规范得更紧凑、更具体、并有层次感。

计算方式或计算标准是受益者负担金制度中重要的现实问题。如前所述，日德美三国都主张明显受益，但这只解决了问题的第一步，如何让明显受益量化，进而算出对应的负担金数额，却是各国的难题。对此，有两种解决思路，思路一是受益程度等于负担金数额，算出受益程度即算出负担金数额，思路二是抛开受益，用其他更机械的方法计算负担金数额。在日本，由于大部分受益者负担金制度有着特殊使命——吸收开发利益，故在开发利益较明显的领域，如都市规划法、道路法等，多采用思路一，即首先算出地价上升数额，再让地价上升数额乘以一定比例后得出负担金数额。而在开发利益不明显的领域，多选择思路二，即以面积、远近等为重要因素，让这些因素乘以一定数额而得出负担金数额。在德国，建设法典上的地区设施负担金和州负担金都采用思路二，考量的因素有间距、面积、居住数、建筑物利用种类与规模等，而且经常复合使用这些因素。而建筑法典上的调整金则采用思路一，“再开发所致不动产价格上升，是指没有打算或实施再开发时的土地价格（开始价格）与再开发地区的法律上、事实上之新秩序所致土地价格（结果价格）的差额”（第 154 条 2 款）。美国采取单一模式，使用思路二。州法常常以距离等（如土地离道

① ［日］开发利益社会还原问题研究会：《開発利益還元論》，日本住宅综合中心 1993 年版，第 273—274 页。

路的距离）作为考量因素来划出统一的基准。①可见，在日德美三国中，美国在受益者负担金的计算方式上选择了“简约”，日德选择了“区别对待”。

三、实施

日德美的受益者负担金制度虽然都有着正统的法律身份，但在法律实践中却“书写”着不同的“命运”。如前所述，到20世纪经济大恐慌前，受益者负担金制度在美国一直很有“人气”，有统计数字表明，受益者负担金占到各大城市收入的12%，在迅速发展的西部城市甚至占到20%。②该制度在美国经历了一段时间的衰退后，到20世纪90年代又出现了复苏的迹象。德国的受益者负担金制度在实践中一直平稳运行，对公共事业的发展发挥了重要作用。

第二次世界大战前，日本的受益者负担金制度运行正常，为城市规划作出了一定的贡献。1935年度东京市的负担金收入占到都市规划财源的8.8%，各主要城市1935年度的负担金与税表如表5-1。③

表5-1　1935年日本主要城市负担金与税

	东　京	京　都	大　阪	神　户	名古屋
负担金（日元）	1 747 098	289 457	2 818 747	159 920	26 573
国　税（日元）	42 613 189	5 666 290	23 037 657	10 791 908	5 162 484
府县税（日元）	21 435 791	5 926 966	18 803 707	—	4 151 382
市　税（日元）	34 982 708	5 753 820	26 286 237	11 130 082	5 904 305
区　税（日元）	7 353 088	1 795 891	184 400	—	—
合　计（日元）	108 131 874	19 432 424	71 130 748	22 081 910	15 244 744

① ［日］开发利益社会还原问题研究会：《開発利益還元論》，日本住宅综合中心1993年版，第116页。

② ［日］开发利益社会还原问题研究会：《開発利益還元論》，日本住宅综合中心1993年版，第256页。

③ ［日］开发利益社会还原问题研究会：《開発利益還元論》，日本住宅综合中心1993年版，第3—4页。

战后，日本社会发生翻天覆地的变化。虽然新的法律仍然确立了受益者负担金制度，但由于种种原因，该制度并没有在实践中得到很好的实施。在前述众多领域中，只有下水道领域和企业合理化促进法上的受益者负担金制度在正常运行。如在下水道领域，排水区域内的土地所有者要对应土地面积交纳负担金，全国平均约为400日元/㎡，1980年至1987年共征收393亿日元，但负担金占工程费的比重很低，1990年还没有超过2.85%。1995年度新设受益者负担金制度的城市的平均金额为431日元/㎡。①受益者负担金制度在战后日本遇冷有很多原因。直接原因是制度不完整。虽然日本有许多法律确立该制度，但没有具体规定，而是将具体规定授权于下级立法主体，但很多下级立法主体都没有进行相关工作。如关于道路法第61条的受益者负担金，内阁和地方政府具有制定具体规则的义务，到1993年，内阁还是没有就此颁布政令，而在地方，也只有1县12市48町11村制定了负担金征收条例。②学者三木义一认为受益者负担金制度在战后没有很好发展的最大原因是，作为制度前提的“利益”与都市规划现实所生“利益”之间存在明显背离，导致众多纠纷，而法院为缓和纠纷所主张的“利益”的具体内容没有得到法制的保障，这样就失去了各个自治体安心征收负担金的基础。③宇贺克也教授分析了多方面的原因，如利益概念的不明确、负担金与税之关系的不明确、市民最低生活标准意识等。④而寺尾美子教授将问题的根本症结归结为日本受益者负担金制度的宗旨与日本人的建筑自由思想，即首先，与美国的受益者负担金旨在筹措建设资金，并实现负担公平不同，日本的受益者负担金旨在回收开发利益，并筹措建设资金，这样，美国的重点是用较好、较机械的方法分配负担，解决建设资金，而日本重点是确定开发利益的存在及大小，这是极为困难的；其次日本人有很大的建筑自由，这不论是从思想观念角度，还是从规划、建筑制度角度，都直接阻碍了土地所有人等对公共义务的承担意愿，直接阻碍了受益者

---

① ［日］日本国土交通省网页：http://www.mlit.go.jp/crd/city/sewerage/data/basic/juekisha_hutan.html，2020年3月16日最后一次访问。

② ［日］开发利益社会还原问题研究会：《開発利益還元論》，日本住宅综合中心1993年版，第36页。

③ ［日］三木义一：《受益者負担制度の法的研究》，信山社1995年版，第5页。

④ ［日］开发利益社会还原问题研究会：《開発利益還元論》，日本住宅综合中心1993年版，第37—39页。

负担金的征收。①看来，日本受益者负担金制度在实践中遇冷是由多层次、多方面原因造成的，只有从各方面采取一些针对性的措施，才能改变这种实际状态。

当下的中国，城镇化快速推进，城市地价高涨，同时，民众对公共服务的需求不断增加，公共工程开支越来越大，政府财政逐渐吃紧。这些情况曾出现在日德美等国家，尤其与二十世纪八、九十年代的日本很相似。在快速的城镇化进程中，开发利益是显而易见的，它主要源自公共财政的投入，而不是私人的投资和劳动。此开发利益不回流至公共工程，不返还于社会，而流入不劳而获的私人，是显失公平的。受益者负担金制度是克服上述问题的政策选项。而且，公共工程往往投资巨大，建成后有时也需要很高的运营成本，财源问题是公共工程的一个大问题。受益者负担金能够为公共工程补充资金，促进公共工程建设与运营。从日德美的经验来看，受益者负担金制度确实能够在上述方面发挥积极作用。如前所述，有统计数字表明受益者负担金曾一度占到美国各大城市收入的12%，在迅速发展的西部城市甚至占到20%；日本东京市的负担金收入也曾占到都市规划财源的8.8%。从世界范围看，地铁项目基本上是只亏不盈，但2002年的香港地铁出现了例外，而其中的破解之道是“捆绑开发”。“捆绑开发”的要旨之一即让开发利益直接返还于公共工程本身。受益者负担金具有这样的直接性，它虽不同于税，而与税一起成为公共项目的财源，它有助于解决地方政府在相关领域的资金困难。受益者负担金制度要构筑于权威法律之中。受益者负担金制度涉及土地、税费、民生等，在法制构建上要高要求。要形成宪法、法律、法规与规章，中央立法与地方立法相结合，能够无缝对接的法律架构。用宪法明确土地的公共属性，用法律明确受益者负担金制度，用中央的法规规章或地方立法来规范制度的具体运作。在法规规章层面，要注意区分中央立法与地方立法的任务与重点，前者主要规定宗旨、原则、范围、宏观标准等，后者主要规定操作程序、微观标准、计算方法等，要注意发挥后者的自主性和能动性。同时，受益者负担金的制度设计要秉持务实、易操作原则。筹措公共工程资金，实现公平负担是受益者负担金制度的务实性目

① ［日］开发利益社会还原问题研究会：《開発利益還元論》，日本住宅综合中心1993年版，第118—122页。

的。要在此目的指引下，设计出易操作的有关受益者负担金之实施对象、标准、程序等的规则。但易操作不等于简单，需要在公平原则的指导下分层次、视具体情况予以具体对待，在法律概念的内涵尽量清晰的前提，实现条文精细化与程序简约化的统一。务实、易操作原则贯彻好了，受益者负担金制度在实践中就更有活力，就更能优化社会发展秩序，促进社会公平。

第六章

日本城市规划法的司法实践

第二次世界大战后，日本逐渐形成判例文化。司法判决，尤其是最高法院的判决常常引起学者、法律实务人员的关注，成为其讨论的对象，或者著书立说的重要素材。城市规划领域作为经济高度增长期以来最活跃的领域之一，司法判例层出不穷。在行政行为性、原告适格、诉益、裁量审查、补偿、公共设施致害的国家赔偿等方面有很多判例值得介绍和探讨。

第一节　关于行政行为性

根据日本《行政诉讼法》第3条，抗告诉讼是指不服行政机关公权力行使的诉讼；抗告诉讼中的行政行为撤销之诉是指请求撤销行政机关的行政行为及其他公权力行使行为的诉讼。①根据这一精神，日本行政法学界使用“行政行为性”概念，来解释行政诉讼的对象，即某行为只有具有了行政行为性，才可能成为行政诉讼的对象，换言之，行政行为性是某行为成为行政诉讼对象的重要要件。

一、行政诉讼概说

城市规划一般由一连串行为组成，城市规划也有不同的类型，所以城市规划行为具有复杂性，进而城市规划是否具有行政行为性，能否成为行政诉讼的对象，也具有复杂性，不能一概而论。从大的方面讲，城市规划有两个类型，一是与城市设施或市街地开发项目相关的项目型城市规划，一是旨在规范引导土地利用的综合型城市规划。前者是指城市规划被决定后，根据各个单行法，认可、决定、公告项目计划，实施换地决定、征收裁决等；后者是指城市规划

① 最高法院在1964年大田区垃圾焚烧场设置事件判决（最判昭和39・10・29民集18・8・1809）中，将行政行为定义为“作为公权力主体的国家或者地方政府实施的直接形成或者确定国民权利义务或者其范围的行为”。日本学界将行政行为概括为四性，即权力性、法行为性、具体性和外部性。

决定建筑物用途、容积率、建蔽率等方面的规则；所以前者由被称为非完结型或动态型规划，后者被称为完结型或静态型规划。①在争论城市规划有无行政行为性的诉讼中，不论是项目型城市规划，还是综合型城市规划，判例都否定了城市规划决定本身的行政行为性，如与用途地域指定相关的“最判昭和57·4·22民集36·4·705”、与高度地区城市规划变更相关的“最判昭和57·4·22判时1043·43”、与第一类市街地再开发项目城市规划决定相关的“最判昭和59·7·16判自9·53”、与地区规划的城市规划决定相关的“最判平成6·4·22判时1499·63”，等等。②

但是，对项目型城市规划的中间阶段行为，如项目计划决定等，判例经历了变化。1966年最高法院在高元寺土地区划整理项目判决（最大判昭和41·2·23民集20·2·271，又称“蓝图判决”）中否定了项目计划的行政行为性。否定论由此长期支配日本实务界和学界。2004年日本行政诉讼法进行了重大修改，修正撤销诉讼中心主义，追求救济方法的多元化和多重化成为改革目标，而城市规划法领域则成为该改革的试金石。同时判例也朝着灵活解释行政行为性的方向发展。肯定行政行为性的代表性判例有，与工伤就学援护费不支付决定相关的“最判平成15·9·4判时1841·89”、与通知违反食品卫生法相关的“最判平成16·4·26民集58·4·989”、与劝告中止开设医院相关的“最判平成17·7·15民集59·6·1661”、与劝告减少病床数相关的“最判平成17·10·25判时1920·32”、与市立保育所废止条例相关的“最判平成21·11·26判时2063·3”。③2005年最高法院在小田急高架诉讼判决（最大判平成17·12·7民集59·10·2645）中肯定了城市规划项目认可行为的行政行为性。最引人关注的是，2008年最高法院终于在滨松土地区划整理项目判决（最大判平成20·9·10民集62·8·2029）中认为，市町村实施的土地区划整理项目中的项目计划决定符合抗告诉讼对象所要求的行政行为性。否

---

① ［日］城市规划城镇建设判例研究会：《都市計画まちづくり紛争事例解説》，行政出版社2010年版，第2页（饭岛淳子撰写）。

② ［日］大久保规子：《処分性の拡大論と計画争訟の行方——浜松土地区画整理事業計画大法廷判決を契機として》，《ジュリスト》2009年第1373号，第58页；［日］藤卷秀夫：《土地区画整理事業計画の決定と抗告訴訟の対象》，《札幌法学》第20卷第1、2号，第124—125页。

③ ［日］城市规划城镇建设判例研究会：《都市計画まちづくり紛争事例解説》，行政出版社2010年版，第3页（饭岛淳子撰写）。

定论的统治局面终于宣告终结，城市规划诉讼历史开启崭新一页。

二、蓝图判决

1948 年 3 月 20 日东京都知事发出公告，决定将高元寺车站附近地区作为东京都战灾复兴计划中的土地区划整理地区予以建设。1950 年 6 月 26 日，该土地区划整理项目的设计获得建设大臣认可，并开工建设。随后项目设计发生变更（第一次变更），1954 年 5 月 12 日变更获得建设大臣认可后，继续建设。但项目仍然毫无进展，不得不再次变更项目计划。设计变更（第二次变更）于 1950 年 3 月 31 日获得建设大臣认可后，东京都知事予以了公告。项目区域内土地或者建筑物所有人或者租赁人对此不服，向东京地方法院提起诉讼，请求废止项目设计。但法院在判决“东京地判昭和 35・3・10 民集 20・2・291”中驳回了原告的请求。一审原告随后向东京高等法院提起上诉，请求法院确认第二次变更后的项目计划无效。但法院在判决“东京高判昭和 36・10・31 行集 12・10・2161”中以没有“直接导致具体变动”的效果为由，驳回了上诉。随后二审原告向最高法院提起了上诉。

最高法院作出了最终的判决，驳回了上诉。判决理由如下：（1）土地区划整理项目计划（包括计划变更）是土地区划整理项目的一连串程序中的一环，只是确定项目地区，并根据土地区划整理法及其施行规则的规定，从长远角度，以建设完善的市街地为目的，依据高度行政性、技术性裁量，一般性地、抽象地决定项目地区内宅地的土地面积、预留地的预定面积、公共设施的设置场所、项目实施前后的宅地总计面积比、项目的基础事项。所以，项目计划虽然有计划书，计划书中的设计图纸虽然记载了各宅地的地址、形状等，但与针对特定个人的具体行政行为明显不同，项目计划的实施会给利害关系人的权利产生怎样的变动，无法具体确定，即只不过具有该土地区划整理项目蓝图的性质。项目计划的这种性质不会因为公告行为发生变化。但被公告后，项目区域内宅地、建筑物的所有人在土地形质变更、建筑物的新建改建增建等方面受到一定限制。但这些限制只不过是为排除障碍，顺利推进该项目计划，法律特别赋予公告的随附性效果，不能作为项目计划决定或者公告本身效果而生成的权利限制。所以，在项目计划被公告阶段，项目计划不是直接针对特定个人的具体行政行为，也不是具体变动宅地、建筑物所有人、租赁人权利的行政行为。（2）项目计划是一连串土地区划整理项目程序的基本，随着后续程序的展开，会作出临时换地决定、命令转移拆除建筑等具体行政行为。这些具体行政行为可以导致具体的权利侵害。但项目计划本身具有蓝图的性质，另外，随着项目的推进，很快就会产生具体行政行为，而且在计划决定或者公告之前，项目计划会搁置相当时间。这样就很难说：在项目计划决定或者公告阶段，不允许提起撤销项目计划或者确认项目计划无效之诉，那在利害关系人权利保护方面就有缺失。在以抗告诉讼为中心的日本行政诉讼制度中，这样的诉讼缺失争讼的成熟性或者具体事件性。（3）在哪个阶段可以提起诉讼，是个立法政策的问题，不能说，不认可在所有阶段都可提起诉讼，就是剥夺了受审判的权利。不允许在项目计划决定或者公告阶段提起诉讼，并不是对土地区划整理项目导致的权利侵害关闭一切救济手段。为排除妨碍土地区划整理项目的障碍，行政机关向土地所有人等发出命令，要求恢复原状，或者转移拆除建筑物，对此可以提起撤销或者无效确认之诉。行政机关指定临时换地或者作出换地决定的，可以撤销该具体行政行为或者确认其无效。通过这些救济手段，可以充分达到对具体权利侵害给予救济的目的。

上述判决出来后，引起了学界的热议，批判之声不绝于耳：（1）关于附随性效果。本判决认为因为是附随性效果，所以不是个别而具体的行政行为。但是，效果是附随的，还是本质的，这与效果是否是个别具体的没有关系。更为重要的是，在项目计划公告变更了项目区域内土地形质的情形中，像需要都道府县知事许可这样的限制是否是个别具体的效果？本判决对此没有正面回应。（2）关于后续行为论。本判决认为不在项目计划决定或者公告阶段，而在指定临时换地或者转移拆除建筑物阶段提起诉讼，就可以解决问题。但是，原告因项目计划毫无进展，权利长期受到了限制，对此后续行为论无法解决。即使原告等待后续行为发生，造成既成事实后，提起诉讼并获得行政诉讼法第 31 条的情势判决，那也很难说达到了充分救济的目的。①

蓝图判决作为最高法院的判决，发挥着先例的作用。在此后四十多年的时间里，城市规划行政诉讼的行政行为性问题，多数都参照蓝图判决的精神加以解决。例如，与住宅地区改良法上的项目计划认可相关的“最判昭和 50・11・28 讼月 24・2・317”、与城市规划变更决定相关的“最判昭和 62・9・22

① ［日］小早川光郎等：《行政判例百選Ⅱ》，有斐阁 2006 年版，第 329 页（山下龙一撰写）。

判时 1285·25”、与土地区划整理的项目计划决定相关的“最判平成 4·10·6 判时 1439·116”。与铁建公司申请计划认可相关的“最判 53·12·8 民集 32·9·1617”。①也有判决从计划的性质、纠纷的状况等角度，故意拉开与蓝图判决的距离，肯定行政行为性。例如，福冈高等法院 1977 年 7 月 18 日裁定指出，第一类市街地在开发项目计划的公告本身不产生具体的权利变动，但将来权利变动是确定的，公告之后短期内按计划实施的可能性极大，在变更权利的行为发生之前对此仍必须袖手旁观的话，构成对诉权的不必要限制，本案与蓝图判决的案情不同，损害与混乱会随着项目的推进而增大，权利人和实施者都希望尽早确定项目计划是否违法，所以认可了项目计划的行政行为性。大分地方法院 1979 年 3 月 5 日判决认为，很大程度地预想到一连串复合性行政过程会给当地居民的生命、身体等带来紧迫而重大的恶劣影响，而且事后救济还很困难，面对这样的特殊情况，可以认可行政行为性。②

三、滨松土地区划整理项目判决

蓝图判决的先例引领作用终结于 2008 年的滨松土地区划整理项目判决。为建设和完善上岛站高架及其周边公共设施，滨松市作为连接新滨松站与西鹿岛站的远州铁道西鹿岛线的立交桥项目的一环，规划了西远广域城市规划项目上岛站周边土地区划整理项目，并根据《土地区划整理法》第 52 条第 1 款的规定，于 2003 年 11 月 17 日获得了静冈县知事对本土地区划整理项目之项目计划中设计概要的认可，并于 11 月 25 日作出了项目计划决定并予以了公告。对此，项目区域内土地所有人认为本项目缺失完善公共设施和增进宅地利用这一法律所规定的项目目的，向法院提起诉讼，请求撤销本项目计划决定。一审、二审驳回了原告的诉讼请求后，原告向最高法院提起了诉讼。③

2008 年 9 月 10 日最高法院作出了判决，主要内容如下：（1）市町村拟实施土地区划整理项目时，必须制定施行规程和项目计划。项目计划决定后，市町村长必须及时公告实施者的名称、项目实施期间、实施地区等。在本公告至

---

①［日］见上崇洋：《行政計画の法的統制》，信山社 1996 年版，第 354 页；［日］小早川光郎等：《行政判例百選Ⅱ》，有斐阁 2006 年版，第 329 页（山下龙一撰写）。

②［日］见上崇洋：《行政計画の法的統制》，信山社 1996 年版，第 354 页。

③［日］宇贺克也等：《行政判例百選Ⅱ》，有斐阁 2012 年版，第 330 页（山下龙一撰写）。

换地公告之日期间，拟在项目区域内实施有可能妨碍项目实施的土地形质变更、建筑物新建改建增建、不易移动物件设置堆积者，必须获得都道府县知事的许可。违反者，都道府县知事可以命令恢复土地原状。违反此命令者将被科以刑罚。土地区划整理项目的项目计划一般规定实施地区、设计概要、项目实施期间、资金计划等基本事项。项目计划中规定的设计概要包含设计说明书和设计图纸。其中，设计说明书记载项目实施后项目区域内宅地面积总和与实施前宅地面积总和之比，设计图纸记载项目实施后项目区域内公共设施的位置与形状，对照表示新设或者变更部分与既有或者未变更部分。所以，项目计划一旦决定，该土地区划整理项目的实施会给项目区域内宅地所有人的权利产生如何影响，可在一定限度内具体预测到。项目计划一旦决定，只要没有特别情况出现，具体项目就会按照计划推进，宅地的换地决定作为后续程序，当然会进行。为了防止妨碍项目的情况出现，对建筑行为的限制被赋予了法强制力，而且在换地决定公告之日前，该限制持续影响项目区域内宅地所有人。这样一来就可以说，项目区域内宅地所有人被迫处于接受换地决定的地位，在此意义上，其法律地位受到了直接影响，项目计划决定的法效果不能说是一般性的、抽象的。（2）接受换地决定、临时换地指定的宅地所有人可以以换地为对象提起撤销诉讼，但在换地决定阶段，工程已经进行，换地计划也已经具体决定，此时以项目计划违法为由撤销换地决定的话，难免给整个项目带来很大混乱。所以，在换地决定的撤销之诉中，项目计划违法这一宅地所有人主张即使被认可，也很有可能以换地决定被撤销不符合公共利益为由而作出《行政诉讼法》第 31 条第 1 款的情势判决。这样，在换地决定阶段即使可以提起诉讼，也很难说对宅地所有人所受的权利侵害给予了充分救济。所以，争论项目计划是否合法时，为了增强权利救济的实效性，还是在项目计划决定阶段，提起撤销之诉更具有合理性。（3）市町村实施的土地区划整理项目的项目计划决定改变了项目区域内宅地所有人的法律地位，具有抗告诉讼对象所要求的法效果，从增强法律救济的实效性来说，以项目计划决定为对象提起抗告诉讼也是合理的。所以本案项目计划决定符合《行政诉讼法》第 3 条第 2 款规定的“行政机关的行政行为及其他公权力行使行为”。（4）应该变更与上述内容相左的蓝图判决中的内容。驳回原告诉讼请求的原审判决明显违反法令，应当发回重审。

本判决推翻了蓝图判决，扩大了行政行为性的范围，增强了权利救济的实效性，具有划时代的重大意义，受到各界欢迎。事实上，在本判决之前，最高法院已经呈现对行政行为性呈现扩大解释的氛围，有的判例像解释原告适格那样，从相关法令的宗旨目的、受损利益的内容、性质、样态、程度等来解释行政行为性。①在这样的氛围下，推翻蓝图判决就水到渠成。各界对本判决多予以赞扬，主要赞扬其在结果上增强了权利救济的实效性。但也有学者从学理角度出发，对判决进行了理性的批判。有学者指出，本判决认可行政行为性的两大根据都是蓝图判决中原告代理人在上诉理由中明确表达过的理由，若要变更蓝图判决，就应该像涌井纪夫法官在其补充意见中略有提及的那样，从以下两个方面出发来限定蓝图判决的射程：一是从项目计划决定、公告所伴随的建筑限制效果本身出发，寻找肯定行政行为性的根据，二是蓝图判决中案情的实质是土地区划整理项目计划的“失效确认诉讼”，并不预设换地决定导致权利变动，两个案情不同，所以本判决论证不足。②涌井法官认为对建筑行为等的限制效果才是项目计划决定行政行为性的根据。他认为，建筑限制等效果虽然具有附随效果的性质，但一旦发生，项目区域内土地就不得自由建设建筑物，即使想出售，难以像一般交易那样找到买家，这一影响极为现实而深刻，充分具备了通过抗告诉讼方法获取救济的实质。涌井法官的这一意见与蓝图判决中奥野健一法官、入江俊郎法官的反对意见有相通之处。在本判决，藤田宙靖法官虽然也认为项目计划决定的行政行为性的根据在于建筑行为限制的法律效果上，但不同意涌井法官“有这个论据就足矣”的主张，理由是：(1) 虽然变更了蓝图判决，但是否要肯定完结型的土地利用规划的行政行为性，那是将来的课题；(2) 与其他土地利用规划不同，认可土地区划整理项目计划决定之行政行为性的固有理由是，鉴于以换地制度这一权利交换机制为骨干的制度性质，为保障私人救济的实效性，不得不在项目计划阶段就认可诉讼；(3) 在完结型土地利用规划中，即使在个别的开发行为、建筑确认等阶段，争论不许可行为，不太可能给整个系统造成显著混乱。藤田法官的意思是土地区划整理项目计划决定在行政行为性上有确定的根据，故对建筑限制效果是否是行政行为性的根据持保留意见，也不影响案件的处理。

认可了项目计划决定的行政行为性，就是认可了中间行为的行政行为性，

---

① ［日］大久保规子：《処分性の拡大論と計画争訟の行方——浜松土地区画整理事業計画大法廷判決を契機として》，《ジュリスト》2009 年第 1373 号，第 62 页。

② ［日］藤卷秀夫：《土地区画整理事業計画の決定と抗告訴訟の対象》，《札幌法学》第 20 卷第 1、2 号，第 128 页。

由此会带来一些问题，如违法性继承问题、诉讼时效问题、撤销判决效力问题等。[①]（1）关于违法性继承问题，近藤崇晴法官在判决中表达了自己的意见："像本判决这样，肯定项目计划决定的行政行为性后，作为先行行为的项目计划决定具有了公定力，故即使它违法，只要其公定力没有通过撤销诉讼被排除，其违法性就不会被作为后续行为的预换地指定、换地决定所继承，已经不能将作为先行行为的项目计划的违法作为后续行政行为被撤销的理由；这样一来，肯定项目计划决定行政行为性的结果就是，主张违法者不在此阶段提起撤销之诉的话，就不能在后续的预换地、换地阶段争论项目计划本身是否合法了；但是，像土地区划整理项目那样，根据项目计划的规定，对具体项目分阶段按部就班推进的程序，如下做法更具有合理性，即在早期阶段就让项目计划是否合法之争得到了结，而不允许在后面阶段后又回头争论一番。"近藤法官也讲到，一直以来，例外性地认可违法性继承的一般标准是"先行行政行为与后续行政行为构成持续的一连串程序，旨在产生一定的法律效果"，土地区划整理项目计划决定与换地决定不符合这一标准。违法继承性得到认可的典型例子是土地征收中的项目认定与征收裁决的关系。但是，这两者的关系是否能说成构成持续的一连串程序，旨在产生一定效果，也是有疑问的，无论如何，在只是从权利救济的实效性角度出发来肯定项目计划决定的行政行为性的本判决事例中，以公定力为前提来判断有无违法性继承的做法，也让人产生重大怀疑。另外，对城市规划决定这样的对区域内多数相关人产生影响的行政决定，没有明确的立法关照，通过解释论来认定项目计划决定具有行政行为性，故所有的相关人都应该对项目计划决定提起撤销之诉，而遗漏的相关人在后续行为中主张项目计划决定的违法性，不得不说这是强词夺理。[②]（2）关于诉讼时效问题，近藤法官认为，本判决之前决定的项目计划已经超过六个月，或者迫近六个月的，可以解释说具备《行政诉讼法》第 14 条第 1 款[③]但书所说的"正

① ［日］大久保规子：《処分性の拡大論と計画争訟の行方——浜松土地区画整理事業計画大法廷判決を契機として》，《ジュリスト》2009 年第 1373 号，第 64 页；［日］藤卷秀夫：《土地区画整理事業計画の決定と抗告訴訟の対象》，《札幌法学》第 20 卷第 1、2 号，第 138—142 页。

② ［日］藤卷秀夫：《土地区画整理事業計画の決定と抗告訴訟の対象》，《札幌法学》第 20 卷第 1、2 号，第 140 页。

③ 日本《行政诉讼法》第 14 条第 1 款规定："知道行政行为或者复议决定之日起经过 6 个月后，不得提起撤销诉讼。但有正当理由的，不受此限。"

当理由”而给予救济，本判决之后决定的项目计划一般不会出现诉讼时效问题。项目计划决定公告中，有告知可以提起抗告诉讼的还好，若没有，就要求利害关系人必须在项目计划阶段就主张违法的话，就与本判决多数意见所说的“权利救济实效性”宗旨背道而驰。(3) 关于撤销判决效力问题，也就是，诉讼中，法院认可项目计划决定的行政行为性，并作出撤销该项目计划决定的判决后，该判决对原告以外的第三人是否有效的问题。对此，有相对效力说和绝对效力说这两种对立的观点。①近藤法官认为，“行政上的法律关系一般要求规范统一，区别处理原告与原告以外者会引起行政上不必要的混乱，所以绝对效力说是妥当的”；“非诉讼当事人，却主张项目计划决定合法有效者，会因项目计划决定撤销判决的第三人效力而遭受不利，所以有必要保障利害关系人为自己申辩和举证的权利”；为了从程序上保障第三人，可以运用《行政诉讼法》第 22 条②的诉讼参加制度、第 34 条③的第三人再审之诉等。如何看待以不特定多数人为对象之行为的撤销判决的第三人效力，是一个与撤销诉讼目的相关的问题。即看成保护原告私人的权利利益呢，还是也重视纠正行政活动的违法性。从现行行政诉讼法的机制来看，相对效力说是妥当的，但从完善立法的角度说，还是希望在充实第三人保护程序的基础上，设置对第三人也予以约束的机制。④土地区划整理项目计划被撤销后，从相对效力角度说，原告所有的土地就被排除在项目区域外，这样行政机关会变更项目计划，或者依职权撤销预留的项目计划；而从绝对效力角度说，整个项目计划就溯及既往地失效，这样只要不与原告之撤销判决的既判力相抵触，行政机关就可以再次制定项目计划；这样一来，不管采用哪种说法，实际上并不会产生很大差异。⑤

本判决在没有改变行政行为概念情况，在没有完全否定附随效果论的情况

① ［日］南博芳、高桥滋：《条解行政事件訴訟法》，弘文堂 2009 年版，第 558—568 页（东亚由美撰写）。

② 《行政诉讼法》第 22 条规定：“诉讼结果会侵害第三人权利的，法院可以根据第三人申请或者根据职权，决定让该第三人参加诉讼。”

③ 《行政诉讼法》第 34 条规定：“因行政行为或者复议决定撤销判决而遭受权利侵害的第三人，因不可归责于己的理由而不能参加诉讼，无法提出影响判决的攻击或者防御方法时，可以以此为由，对已生效的最终判决提起再审之诉。”

④ ［日］藤卷秀夫：《土地区画整理事業計画の決定と抗告訴訟の対象》，《札幌法学》第 20 卷第 1、2 号，第 144 页。

⑤ ［日］山本隆司：《判例から探求する行政法》，有斐阁 2012 年版，第 409—410 页。

下，变更了蓝图判决。行政行为概念在撤销诉讼中发挥着解释权利救济时间的功能。但一直以来，该功能在持续影响市民权利的阶段性行政活动中发挥不理想。本判决秉持权利救济实效性理念，开启了解决这一问题的新境界。日本已进入老龄少子化社会，各类城市都在发生变化。通过制定实施城镇建设规划，城市呈现顺应时代发展的新形象。在此背景下，旨在从整体上调整错综复杂利害关系的规划行政变得非常重要，应该更加从正面强调规划行政在一般行政法中的重要地位，考虑针对城市规划的特殊性，设计相应的复议诉讼制度。

四、"同意"的行政行为性

(一)"最判平成 7・3・23 民集 49・3・1006"

X（一审原告、二审上诉人、三审被上诉人）根据《城市规划法》第 29 条①，拟在盛冈市的市街化调整区域内实施开发行为，在根据第 32 条②，请求既有道路、下水道等管理者的盛冈市长（一审被告、二审被上诉人、三审上诉人）予以同意，并协商因开发工程而新建道路、下水道等事宜时，盛冈市长以不符合县的方针和规划为由，作出了不同意的答复。于是，X 以盛冈市长为被告，向法院提起了诉讼，请求确认不同意行为违法、履行同意义务和协商义务。1991 年 3 月的一审判决认为，《城市规划法》第 32 条规定的同意和协商不是行政诉讼的对象。X 对此不服，提起上诉，1993 年 9 月的二审判决认为没有盛冈市长的同意，就不能申请开发许可，故认可其行政行为性。盛冈市长对此不服，向最高法院提起上诉，1995 年 3 月最高法院作出判决"最判平成 7・3・23 民集 49・3・1006"，否定了行政行为性，撤销了二审判决。③

"最判平成 7・3・23 民集 49・3・1006"认为：(1)"当事人向管理公共设施的行政机关申请作《城市规划法》第 32 条的同意后，行政机关答复不同意，该拒绝行为是作出了如下公法上的判断，即从公共设施的合理管理角度看该开发行为不适当。"(2) 没有获得该同意，给公共设施造成影响的开发行为不能合法实施，这只是法律要求"只有满足要件（《城市规划法》

---

① 第 29 条规定："拟在城市规划区域或准城市规划区域内实施开发行为者，必须预先根据国土交通省令，获得都道府县知事的许可。"

② 第 32 条规定："拟申请开发许可者必须预先与开发行为相关公共设施的管理者协商，并得到其同意。"

③ ［日］宇贺克也等：《行政判例百選Ⅱ（第 6 版）》，有斐阁 2012 年版，第 338 页（北村喜宣撰写）。

第 33 条第 1 款①和申请程序要求）后才能实施开发行为”的结果，拒绝行为本身并不具有禁止或限制开发行为的效果。（3）“拟实施开发行为者没有获得上述同意，不能实施开发行为，不能说其权利或法律地位受到了侵害，所以不能说上述拒绝行为直接影响了国民权利或法律地位”。（4）“但在立法政策上，给予一些人请求作上述公法上判断的权利，进而让相关行为成为行政诉讼对象是可能的，应该为此进行相应的法制完善；但在现行法令中，不仅没有关于第 32 条同意的程序、标准或要件、通知等规定，就是《城市规划法》规定各类行为纠纷解决方法的第 50 条、51 条②，就前述拒绝行为或同意行为也没有任何规定”。（5）所以，作为公共设施管理者的行政机关根据第 32 条作出的拒绝行为或同意行为不是行政行为，不是行政诉讼的对象。这是最高法院第一次对《城市规划法》第 32 条中的“同意”的性质作出判断。

（二）讨论

就《城市规划法》第 32 条的同意或者拒绝行为的行政行为性，理论和实务界有否定说和肯定说这两种结论。本案最高法院、一审法院判决持否定说，本案二审判决持肯定说，持否定说的判决还有“东京地判昭和 63・1・28 行集 39・1＝2・4”“水户地判平成 6・9・27 判自 141・34”等。1988 年的“东京地判昭和 63・1・28 行集 39・1＝2・4”是最早持否定态度的判决，其否定理由是同意这一表述很难读出公权力性、同意的要件没有被法定化、没有让人读出其是行政行为的规定、私人道路中同意不具有公权力性、同不同意是自由的。宇贺克也也以语言表述和缺乏法律程序为由持否定说。③上述“东京地判

① 第 33 条第 1 款规定：“开发许可申请提交后，该申请中的开发行为符合下列标准，且申请程序不违反本法或基于本法的命令的，都道府县知事必须给予开发许可……”

② 第 50 条规定：“对基于第二十九条第一款或第二款、第三十五条之二第一款、第四十一条第二款但书、第四十二条第一款但书或第四十三条第一款规定而作出的行政行为、不作为，或者对违反这些规定而基于第八十一条第一款而作出的监督处理不服的，可以向开发审查会请求审查。开发审查会受理前款规定的审查请求后，必须在受理之日起两个月内作出裁决。开发审查会实施前款的裁决时，必须预先要求审查请求人、行政机关及其他关系人或者他们的代理人到场，进行公开的口头审理。”第 51 条规定：“对第二十九条第一款或第二款、第三十五条之二第一款、第四十二条第一款但书、第四十三条第一款规定的行政行为不服的，其不服理由涉及与矿业、采石业、挖沙业的协调时，可以向公害协调委员会申请裁定。此情形下，不得依据《行政不服审查法》提起行政复议。”

③ ［日］宇贺克也等：《行政判例百選Ⅱ（第 6 版）》，有斐阁 2012 年版，第 339 页（北村喜宣撰写）。

昭和63・1・28行集39・1=2・4”所说的理由对此后的司法判决产生了影响，但学界对其批评之声不少。阿部泰隆认为，语言表述不是决定性因素；私人道路不是法上的公共设施；公共设施管理者没有像权原者那样的同意自由；不仅看有无程序性规定，而要对法律的整体旨趣进行综合性解释；同意是具有行政法性制约的综合性、概括性、预备性许可；拒绝行为是行政行为。①北村喜宣认为，财产权虽不绝对，要服从于公共利益，但因法律没有设置相关程序规定所带来的负面成本，作为立法政策问题由国民来承担是有问题的；肯定说和否定说的差异在于是将财产权置于宪法高度，还是置于制定法高度；有观点认为可依据《民法》第414条第2款但书提起请求同意之诉，而胜诉后的胜诉判决书能发挥作用，但这并不确定可行且有成本。本案最高法院判决出来后，就公共设施管理者不同意而争议的诉讼不见了，从近来最高法院从法律整体结构角度来判断行政机关行为之法性质这一倾向来看，对不同意行为提起行政诉讼后，法院不遵循“最判平成7・3・23民集49・3・1006”这一先例的可能性增大了。②

第二节　关于原告适格

城市规划涉及面广，影响人多，而且，城市规划行为往往由一连串行为构成，这使得城市规划行政诉讼有时显得很复杂。除行政行为性问题很复杂外，原告适格问题也是复杂问题之一，即有时难以确定谁有资格提起城市规划行政诉讼，城市规划利害关系人是否原告适格。日本现行《行政诉讼法》第9条规定，只有就行政行为或者复议决定之撤销有法律上之利益者，才能提起行政行为撤销之诉和复议决定撤销之诉；法院在判断前款行政行为或者复议决定之相对人以外者是否具有法律上之利益时，不能只依据作为该行政行为或者复议决定之根据的法令的文字表述，还应当考虑该法令的旨趣与目的、该行政行为中应被考虑之利益的内容与性质，在考虑该法令的旨趣与目的时，还应当斟酌与该法令有着共通目的之相关法令的旨趣与目的，在考虑利益的内容与性质时，还应当参照该行政行为或者复议决定违反根据性法令后被侵害利益的内容与性

① ［日］阿部泰隆：《行政法解釈学Ⅱ》，有斐阁2009年版，第105—107页。

② ［日］宇贺克也等：《行政判例百選Ⅱ（第6版）》，有斐阁2012年版，第339页（北村喜宣撰写）。

质、被侵害的样态和程度。该条成为城市规划行政诉讼原告资格认定的基础性根据。

一、原告适格范围逐步扩大

《行政诉讼法》第 9 条共有两款，其中第 2 款是在 2004 年《行政诉讼法》修改时增加的内容。这表明原告适格范围在逐步扩大，并体现了理论界和实务界对原告适格问题不断深入探究的成果。2004 年以前，对第 1 款，即“只有就行政行为或者复议决定之撤销有法律上之利益者，才能提起行政行为撤销之诉或者复议决定撤销之诉”，如何理解，没有统一的看法，尤其是第三人的原告适格问题。各界对此的理解也是不断发展。起初是运用第二次世界大战前延续而来的反射利益说，或曰事实利益说来否定原告适格，即行政行为中第三人所获得的利益是法律保护公益过程中客观地反射给一般人的利益，只是一种事实结果，虽然间接地给私人带来利益，但私人不具有以该利益受侵害为由而向法院起诉的请求权。1957 年公共浴室诉讼①一审判决“京都地判昭和 32・6・29 民集 16・1・65”主张反射利益说，否定了当事人的原告资格。二审判决“大阪高判昭和 33・4・26 民集 16・1・72”支持了一审判决。1978 年最高法院在果汁标识不当诉讼②判决“最判昭和 53・3・14 民集 32・2・211”中认为，法律保护利益是指以行政法规范保护私人等权利主体之个人利益为目的，通过制约行政权行使而得以保障的利益，要与以行政法规范实现公益为目的，

① 《京都府公共浴场法实施条例》第 1 条就公共浴场法所规定的营业许可标准，规定“公共浴场的设置标准是各个公共浴场之间的最短距离是 250 米。但从土地状况、人口密度和入场次数等来看，知事认为设置适当的，不受此限”。本案原告系京都市内经营公共浴场的两位经营者，京都府知事向 Z 颁发了公共浴场营业许可，Z 的公共浴场与一位原告的公共浴场相距低于 208 米，与另一原告的公共浴场相距虽然超过 250 米，但三个公共浴场总受众低于 2 000 人，两原告认为京都府知事向 Z 颁发的营业许可违反了《京都府公共浴场实施条例》规定的设置标准，故向法院提起诉讼。参见［日］宇贺克也等:《行政判例百選Ⅰ》，有斐阁 2012 年版，第 40 页（山岸敬子撰写）。

② 1971 年 3 月 5 日，公正交易委员会基于社团法人日本果汁协会的申请，对与果汁饮料标识相关的公正竞争规约给予了认定。对此，主妇联合会认为该认定不符合《不当赠品与不当标识防止法》第 10 条第 2 款第 1 项和第 3 项的要件，构成违法，故根据《不当赠品与不当标识防止法》第 10 条第 6 款，向公正交易委员会申请复议。1973 年 3 月 14 日，公正交易委员会以复议申请人不适格为由，驳回了申请。主妇联合会随后向法院提起了诉讼。参见［日］宇贺克也等:《行政判例百選Ⅱ》，有斐阁 2012 年版，第 294 页（冈村周一撰写）。

制约行政权行使后，在结果上有时让一定的人获得的反射利益相区别。一般消费者根据《不当赠品与不当标识防止法》而获得的利益是国民全体通过公正交易委员会实施该法保护公益来共通具有的抽象的、平均的、一般的利益，换言之，其是作为公益保护之结果而产生的反射利益或者事实利益，不是法律保护利益。但随着权利观念的进步，人们逐渐不使用反射利益说了。

1962年最高法院在公共浴室诉讼判决“最判昭和37·1·19民集16·1·57”中认为，公共浴场法主要出于“国民健康与环境卫生”这一公共利益，设置了许可制，但防止滥设立公共浴场，防止无序竞争导致经营不善，也是公共利益所必需，所以，保护被许可人免受滥设立所致的经营不善这一旨趣不得否定，通过许可制适当实施而被保护的经营者的营业利益不只是单一的事实上的反射利益，而是公共浴场法所保护的法利益。上诉人的原告资格得到了最高法院认可。

1982年最高法院在保安林诉讼①判决“最判昭和57·9·9民集36·9·1679”中认为，解除保安林认定的根据法《森林法》将相关居民的意见陈述机会作为程序上的利益加以保护；森林存续给不特定多数人带来的生活利益之中，存在一定范围的与公益并列保护的个人的个别利益，这些利益的归属者与保安林认定有“直接的利害关系”，应该在法律上被给予声张自己利益的地位。

1989年最高法院在新潟机场诉讼②判决“最判平成元·2·17民集43·2·56”中认为，“就行政行为或者复议决定之撤销有法律上之利益者”是指自己的权利或者受法律保护的利益因行政行为而遭受侵害或者必然遭受侵害者，

① 1969年7月7日，为建设航空自卫队第三高射群设施等，农林水产大臣解除了北海道夕张郡长沼町保安林的认定。该町居民认为，自卫队设施建设不符合森林法第26条第2款规定的“公益上的理由”，解除认定行为违法，故向法院提起诉讼，请求撤销该违法行为。参见［日］宇贺克也等：《行政判例百選Ⅱ》，有斐阁2012年版，第376页（折登美纪撰写）。

② 新潟机场是国家设置管理的第二类机场，是配备2 000米跑道的一般地方机场。1979年运输大臣向日本航空颁发新潟至小松至首尔间的定期航空运输执照后，机场周边居民认为航班飞行噪音侵害其健康上或者生活上的利益，故向法院提起诉讼，请求撤销该执照。一审判决“新潟地判昭和56·8·10行集32·8·1435”和二审判决“东京高判昭和56·12·21判时1030·26”认为，航空法第101条的执照颁发标准不以保护机场周边居民利益为目的，故不认可原告适格，驳回了起诉。后来的最高法院判决“最判平成元·2·17民集43·2·56”虽然在结果上驳回了起诉，但却认可原告适格。参见［日］宇贺克也等：《行政判例百選Ⅱ》，有斐阁2012年版，第352页（古城诚撰写）。

而当规定该行政行为的行政法规范不仅仅是专门将不特定多数人的具体利益吸收消解到一般公益之中，也将其作为每个人的个人利益加以保护时，该利益也是受法律保护的利益；对此作判断时应该看，在该行政法规范以及目的相通的相关法令所组成的法体系中，行政行为的根据性规范是否旨在通过该行政行为来保护每个个人的个别利益。本判决提出要求参照有共通目的之相关法令的旨趣与目的。

1992 年最高法院在文殊核反应堆诉讼①判决“最判平成 4・9・22 民集 46・6・571”中认为，在判断行政法规范是否意指也将不特定多数人的具体利益作为每个人的个人利益加以保护时，应当考虑该行政法规范的旨趣与目的、该行政法规范拟通过该行政行为来加以保护之利益的内容和性质。

1999 年六号环线道路诉讼最高法院判决“最判平成 11・11・25 判时 1698・66”否定了项目周边居民的原告资格（后详述）。2004 年，在吸收法学界新近理论和司法判决重要经验后，《行政诉讼法》进行了大修，一大亮点是在第 9 条增加第 2 款，旨在扩大权利救济的范围和有效性。修改后的第二年，最高法院就在小田急高架项目诉讼判决“最大判平成 17・12・7 民集 59・10・2645”中，适用和阐释该新条款，肯定了项目周边居民的原告资格。小田急高架项目诉讼最高法院判决是解释运用第 9 条的典型判例，在认定第三人原告适格方面具有重要意义。

二、六号环线道路诉讼最高法院判决

东京都知事为在既有六号环线道路地下新建高速道路，提出了拓宽六号环线道路地上部分的城市规划。1991 年 3 月 8 日，建设大臣向东京都知事认可了该城市规划，3 月 11 日还向首都高速道路公团认可了地下高速道路建设项

① 核燃料开发项目团计划在福井县敦贺市建设运转高速反应堆“文殊”，并从内阁总理大臣获得了反应堆设置许可。周边居民认为自己因“文殊”的设置运转而遭受了生命健康方面的重大损害，故以内阁总理大臣为被告，提起了设置许可无效确认诉讼。一审判决“福井地判昭和 62・12・25 行集 38・12・1829”否定了无效确认诉讼的诉益。二审判决“名古屋高金泽支判平成元・7・18 行集 40・7・938”虽然认可了诉益，但只对反应堆半径 20 公里范围内的居民认可了原告资格。对二审判决不服的部分原告向最高法院提起了诉讼。最高法院判决“最判平成 4・9・22 民集 46・6・571”判决撤销原审判决，发回福井地方法院重审。参见［日］宇贺克也等：《行政判例百選Ⅱ》，有斐阁 2012 年版，第 354 页（大西有二撰写）。

目。对此，项目区域内不动产的权利人、周边居民、上班上学者认为，该项目没有实施环境影响评价，违反了东京都的条例；这些道路产生严重公害，违反了城市规划法的环境考量义务；这些道路有违土地之合理利用，没有公共性；自己的财产权、追求幸福的权利、人格权受到侵害，故请求撤销认可决定。建设大臣对此反驳说，六号环线道路拓宽项目是已经决定了的城市规划，故没有必要符合公害防止计划；环境影响评价条例制定时，项目已经动工，故不需要环境影响评价；即使环境影响评价有缺陷，也与是否认可城市规划项目没有关系。①一审判决"东京地判平成6·4·14行集45·4·977"、二审判决"东京高判平成7·9·28行集46·8·790"都认为，不动产权利人以外的起诉人是原告不适格，本案的认可决定都合法。当事人对此不服，上诉至最高法院。

1999年最高法院判决"最判平成11·11·25判时1698·66"的要旨如下：（1）城市规划项目认可被公告后，产生如下效果，项目地内有可能妨碍项目实施的土地形质的变更、建筑物及其他工作物的建设受到限制；有偿转让项目地内土地建筑物等时，项目实施者有权优先购买；可以征收征用土地，所以，项目地内不动产的权利人在撤销认可方面原告适格。（2）对只是居住、上班、上学于项目地周边地区者而言，没有根据说认可行为侵害或者必然侵害他们的权利或者法律保护利益。不能说城市规划法包含了保护周边居民个人利益的旨趣。虽然该法13条第1款规定说城市规划应当符合公害防止计划，但这只是意指城市规划应当将保障健康而有文化的城市生活作为基本理念，是纯粹的公益之意。该法虽然要求召开公共意见听取会等，让居民意见反映到城市规划案中，但这也是旨在提高规划实效性的公益目的，不能说旨在保护居民的个别利益，所以只是居住、上班、上学于项目地周边地区者是原告不适格。

三、小田急高架项目诉讼最高法院判决

小田急高架项目诉讼是铁路项目区域周边居民请求撤销1994年建设大臣作出的小田急线铁路项目认可和附属街道项目认可的诉讼。1964年12月16日建设大臣决定了高速铁路9号线建设的城市规划。1993年2月1日，东京都为增强运输能力、减少铁路道口引发的交通拥堵、保护城市环境，发布公告

---

① 参见［日］宇贺克也等：《行政判例百選Ⅱ》，有斐阁2012年版，第118页（礒野弥生撰写）。

说，将 9 号线建设规划内的小田急小田原线喜多见火车站附近至梅丘火车站附近区间（东京都世田谷区内）变更为多线化、立体交叉化、高架化项目，并实施沿铁路附属街道建设项目。建设大臣将上述项目作为城市规划项目，向东京都给予了认可，并于 1994 年 6 月 3 日向社会公示。与本铁路项目和附属街道项目有关的侧路土地所有权人和沿线居民认为，本铁路项目产生的噪音和振动会损害《城市规划法》第 59 条和第 61 条第 1 款、东京都环境影响评价条例所保护的居民健康、安定、舒适而有文化的生活环境，并以建设大臣为被告，向法院提起行政诉讼，请求撤销项目认可。①一审判决“东京地判平成 13・10・3 判时 1764・3”对附属街道项目地内土地权利人 9 人给予了肯定，认为他们可以请求撤销铁路项目认可和所有的附属街道项目，同时，否定了对项目区域内土地不具有权利的 31 人的原告资格，理由是城市规划法目的是保护项目区域内土地权利人，没有保护周边居民个别利益之意。二审判决“东京高判平成 15・12・18 讼月 50・8・2332”认为，只有铁路项目区域内土地权利人才有资格请求撤销铁路项目认可，本案中就此没有适格者，故撤销一审在此方面的判决，同时认为附属街道项目区域内土地权利人 5 人具有原告资格（但驳回其诉讼请求），不具有权利的 35 人不具有原告资格。②

最高法院第一小法庭受理上诉后，将原告适格问题提请大法庭审理。2005 年 12 月 7 日大法庭作出了判决。该判决就铁路项目认可，肯定了东京都环境影响评价条例中的环境影响评价相关区域居民的原告资格；就附属街道项目，肯定了对项目区域内土地具有权利者的原告资格，否定了不具有权利者的原告资格，判决要旨如下：(1)《行政诉讼法》第 9 条对撤销诉讼的原告适格进行了规定，其第 1 款规定的对行政行为的撤销“有法律上利益者”是指自己的权利或者法律上被保护之利益因行政行为而受到侵害或者必然受到侵害者，所以，规范该行政行为的行政法规范不仅仅是专门将不特定多数人的具体利益吸收消化到一般公益之中，也作为各自的个别利益加以保护，这样的利益也就是法律上被保护的利益，其被行政行为侵害或者必然侵害时，遭受该侵害者在撤销诉讼中具有原告资格。(2) 在判断行政行为相对人以外者有无上述法律上被

① ［日］宇贺克也等:《行政判例百選Ⅱ》，有斐阁 2012 年版，第 366 页（横山信二撰写）。

② ［日］石崎诚也:《小田急高架事業認可取消訴訟最高裁大法廷平成 17 年 12 月 7 日判決》，《法政理論》第 39 卷第 4 号，第 689 页。

保护利益时，不能只依据作为该行政行为之根据的法令的文字表述，还应当考虑该法令的旨趣与目的、该行政行为中应被考虑之利益的内容与性质，在考虑该法令的旨趣与目的时，还应当斟酌与该法令有着共通目的之相关法令的旨趣与目的，在考虑利益的内容与性质时，还应当参照该行政行为或者复议决定违反根据性法令后被侵害利益的内容与性质、被侵害的样态和程度。（3）根据《城市规划法》第 4 条第 15 款，获得同法第 59 条规定的认可而实施的城市规划设施建设项目是城市规划项目；根据第 61 条第 1 款，项目内容符合城市规划是认可的标准之一。与公害防止计划相关的公害对策基本法的旨趣和目的是，对有可能因大范围噪音、振动等而给健康或者生活环境造成损害的地区，为防止损害发生而采取综合性对策。《城市规划法》第 13 条第 1 款规定城市规划必须符合公害防止计划，所以在决定或者变更城市规划时，必须依据与上述公害防止计划相关的公害对策基本法的旨趣与目的。东京都环境影响评价条例规定，在东京都实施对环境有可能产生显著影响的项目时应当在事前调查、预测和评价环境影响，并公布结果，由此期待项目建设时在公害防止方面给予适当考虑，保障东京居民健康而舒适地生活。这些规定的旨趣和目的也包括决定或者变更城市规划时，通过环境影响评价等程序，给予公害防止以适当考虑。以违反城市规划法及其相关法的城市规划决定或者变更为基础，作出城市规划项目认可后，直接遭受这些项目中噪音、振动等所致损害者仅限于项目地周边一定范围区域内的居民，其损害程度随居住地离项目地越近而增大。而且，与这些项目相关的周边地区居民因长久持续居住于此而反复持续遭受上述损害时，损害就成为侵害居民健康和社会环境的显著损害。与城市规划项目认可相关的法律规定的旨趣与目的是保护居民的如下具体利益，即免受违法项目中噪音、振动等所致健康或者生活环境方面的显著损害，而从上述损害的内容、性质、程度等来看，该具体利益难以被吸收消解到一般公益之中。考虑与城市规划项目认可相关的城市规划法规定的旨趣与目的、这些规定通过城市规划项目认可制度保护的利益的内容与性质后，可以知道城市规划法的旨趣是，通过这些规定，从促进城市健康有序发展等公益角度，规范城市规划设施建设项目，同时，将不让居民直接遭受噪音、振动等导致的健康或者生活环境方面的显著损害作为个别性利益加以保护。所以，城市规划项目区域周边居民中，因项目中噪音、振动等而有可能直接遭受健康或者生活环境方面显著损害者对项目认可的撤销，具有法律上的利益，有资格提起撤销之诉。最高法院六号环线道路诉讼判决“最判平成11·11·25民集195·387”与上述内容相抵触的部分，应当予以变更。(4) 考虑到目录1和目录3中上诉人的住所与本案铁路项目区域的距离，考虑到被上诉人将《东京都环境影响评价条例》第2条第5项的相关地区作为项目实施地区和项目实施给环境带来显著影响地区，认为上述上诉人是因本案铁路项目实施中噪音、振动等而有可能直接遭受健康、生活环境方面显著损害者，具有请求撤销本案铁路项目认可的资格。目录4中的上诉人居住在本案铁路项目相关区域以外，从上述事实关系来看，不能说会直接遭受因本案铁路项目中噪音、振动等而导致健康或者生活环境方面的显著损害，所以不具有请求撤销铁路项目认可的原告资格。(5) 建设附属街道项目中的附属街道，目的是减轻本案铁路项目对沿线日照的影响，提高沿线区域交通处理和急救车辆通行便利，附属街道项目虽与本案铁路项目紧密相连，但明显是各自独立的城市规划项目，所以，上诉人是否有资格请求撤销附属街道项目认可，需要针对各自情况具体分析。除目录2和目录3中的上诉人主张对项目区域内的不动产具有权利之外，上诉人没有具体主张附属街道项目认可侵害或者必然侵害自己的什么权利或者法律上的被保护利益。附属街道旨在减轻小田急小田原线连续立体交叉化对日照的影响，而且从这些附属街道的规模等来看，不能认为对附属街道项目区域内不动产不具有权利的上诉人会直接遭受健康或者生活环境方面的显著损害。所以，目录2中的上诉人对项目认可目录6中的认可，目录3中的上诉人对项目认可目录7中的认可有资格请求撤销，其他上诉人没有资格请求撤销附属街道项目认可。

本判决是行政诉讼法2004年修改后最高法院作出的首个肯定第三人原告资格的判决。其最大的意义在于变更了此前的六号环线道路诉讼最高法院判决，肯定了项目区域外居民在请求撤销城市规划项目认可之诉中原告适格。其重要特征是在判断行政行为的根据性法规的旨趣与目的时，将《东京都环境影响评价条例》视为相关法令，并对基于该条例而对铁路项目计划实施的环境影响评价中相关地区的居民，肯定原告资格。①本判决非常鲜明地表达了新行政诉讼法的宗旨，意义很大。从以往否定原告适格的判例法理来看，本案比较容易认可原告适格，即容易变更的案件，虽对最高法院而言是恰逢其时，但人们

① ［日］石崎诚也：《小田急高架事業認可取消訴訟最高裁大法廷平成17年12月7日判決》，《法政理論》第39卷第4号，第698页。

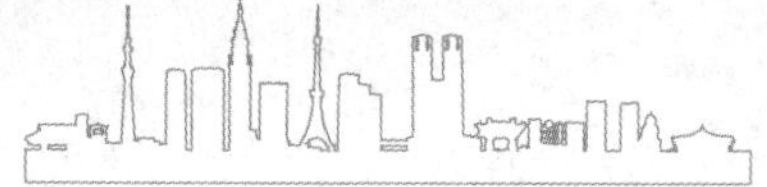

很难从本判决中看出原告适格范围今后将向何处扩大。

第三节　关 于 诉 益

诉益，即诉的利益，日文为“訴えの利益”。诉益是行政诉讼的构成要件，显现人们使用行政诉讼的必要性和正当性。如前所述，在开发许可纠纷中发生了诉益问题（参见第四章第三节“八”）。事实上，不但是开发许可，建筑确认、公共设施设置等城市规划领域也都有诉益之争。

一、狭义的诉益

诉益是让民事诉讼、行政诉讼制度之使用正当化的利益、必要性；是作判决的必备诉讼要件之一，缺少诉益的诉因不合法而被驳回。①日本《行政诉讼法》第9条规定“行政行为的撤销之诉以及复议决定的撤销之诉只限因请求撤销行政行为或复议决定而有法律上利益者（包括即使行政行为或复议决定的效果因期间已过及其他理由而消失，也有恢复之法律利益者）提起”。诉益在广义上是行政行为性、原告适格、狭义诉益的总称；原告适格是主观性诉益，狭义诉益是客观性诉益；狭义诉益是指撤销行政行为的实际必要性。②使用撤销之诉，原告请求得到认可时，其具体权益必须是客观上能够得以恢复，这就是诉益问题，也称狭义的诉益、诉的客观利益；诉益之所以成为问题，在于诉虽然满足了行政行为性、原告适格等要件，但行政行为作出后的情况变化导致原告不能通过撤销之诉来具体而客观地回复利益的事例很多。③盐野宏从司法案例出发，将狭义的诉益问题归纳出以下几种情况，一是行政行为效果结束后诉益消失；二是经过一定时间后行政行为效果结束，但附带效果还存在，有没有为排除该附带效果而撤销行政行为的利益；三是行政行为因撤回而丧失效力后，撤销之诉的诉益消灭；四是通过撤销之诉无法恢复原状时，没有诉益；五是原告死亡后因诉讼继承没被认可，故诉益消失；六是为请求纠正许可行为的附带效果而请求撤销许可时的诉益。④

---

① ［日］法令用语研究会编：《法律用語辞典（第3版）》，有斐阁2006年版，第60页。

② ［日］宇贺克也：《行政法概説Ⅱ》，有斐阁2006年版，第179页。

③ ［日］樱井敬子、桥本博之：《行政法（第2版）》，弘文堂2009年版，第294—295页。

④ ［日］盐野宏：《行政法Ⅱ（第5版）》，有斐阁2010年版，第143—148页。

《行政诉讼法》第 9 条括号中的规定，即“包括即使行政行为或复议决定的效果因期间已过及其他理由而消失，也有恢复之法律利益者”，特别指出了行政行为效果即使消失后也有诉益的情形。肯定性判例体现在经济利益恢复、资格限制等方面。①关于经济利益的恢复，最高法院在被免职公务员作为候选人参加选举的判决“最判昭和 40・4・28 民集 19・3・721”中认为，即使免职处分被撤销，当事人也无法恢复原来的地位，但还是有为恢复免职后参选前这一时间段的工资请求权而提起撤销之诉的利益。关于资格限制，“最判昭和 58・4・5 判时 1077・50”认为，根据日本律师联合会会长选举规程，受处分者在自处分不得复议之日起三年内不具有被选举权，所以即使在律师暂停执业期间届满后，会长选举中的被选举权也被剥夺了，而就这一期间，请求撤销暂停执业之处分的利益并没有消失。事实上，第 9 条括号内内容的适用范围不大。②也就是说，判例认可“即使行政行为或复议决定的效果因期间已过及其他理由而消失，也有恢复之法律利益者”的情况不多。

无特别说明的话，以下所称诉益均指狭义的诉益。

二、建筑确认与诉益

Y（仙台市建筑主事、一审二审三审被告）根据《建筑标准法》第 6 条第 1 款，于 1979 年 5 月 25 日向申请人作出了建筑确认。对此，邻地上的居民 X（原告、上诉人）认为邻接本案土地的道路并不是《建筑标准法》第 42 条第 2 款规定的道路，但却被认定为是，构成违法，而且，基于本建筑确认而建的建筑物引发周边环境卫生恶化、火灾隐患等，故于 1979 年 7 月 24 日向仙台市建筑审查会申请复议，请求撤销该建筑确认。审查会于 1980 年 2 月 8 日作出驳回申请的复议决定。随后 X 于 1980 年 3 月 12 日提起了诉讼，请求撤销建筑确认。在这期间，建筑物竣工验收，并交付使用。一审判决“仙台地判昭和 57・4・19 民集 38・10・1181”认为建筑物竣工后，请求撤销建筑确认的诉益消灭，故驳回诉讼请求。二审判决“仙台高判昭和 58・1・18 民集 38・10・1190”支持了一审判决。X 认为建筑确认的效力也达至建筑物竣工后，建筑确认因实

① ［日］宇贺克也：《行政法概説Ⅱ》，有斐阁 2006 年版，第 185—187 页。

② ［日］樱井敬子、桥本博之：《行政法（第 2 版）》，弘文堂 2009 年版，第 296—297 页。

体违法而被判撤销的话，就意味着公权力确定其为实体违法的建筑物，主管机关有义务作出纠正命令，自己有请求撤销建筑确认的诉益，故向最高法院提出上诉。

最高法院作出判决“最判昭和 59・10・26 判时 1136・53”，认为：“建筑确认是《建筑标准法》第 6 条第 1 款的建筑物工程开工前，看该建筑物规划是否建筑相关规定的公权力判断行为，具有不经建筑确认则无法开工的法效果，目的是防止出现违反建筑相关规定的建筑物。工程竣工后建筑主事的检查以该建筑物及其地基是否符合建筑相关规定为标准，同样，主管机关的纠正命令也是以该建筑物及其地基是否符合《建筑标准法》和相关法规为标准，都不以该建筑物及其地基是否依照建筑确认中的规划为标准，而且，是否做出纠正命令属于主管机关的裁量，所以，建筑确认的存在不是拒绝交付检查合格证或作出纠正命令的法律障碍，即使判决建筑确认因违法而被撤销，也不具有拒绝交付检查合格证或应作纠正命令的法拘束力。所以，建筑确认只具有经建筑确认后才能开工的法效果，工程竣工后，请求撤销建筑确认的诉益消失。”本判决在学界虽略有不同声音，但可以说是普遍认可。①

在最高法院对本案作出否定诉益的判决前，不少地方法院在建筑确认纠纷中作出了否定诉益的判决，如“东京地判昭和 53・9・28 行集 29・9・1792”“神户地判昭和 55・4・15 判时 984・55”“广岛地判昭和 55・4・24 判时 989・28”“东京高判昭和 56・9・16 行集 32・9・1566”“东京高判昭和 57・5・18 行集 33・5・1000”“东京高判昭和 57・11・8 行集 33・11・2225”“横滨地判昭和 59・1・30 行集 35・1・45”等。②本案最高法院判决沿用上述下级法院判决的法律解释和论理结构，树立起建筑确认与诉益关系的权威性判例。

三、开发许可与诉益

（一）“最判平成 5・9・10 民集 47・7・4955”与“最判平成 11・10・26 判时 1695・63”

“最判平成 5・9・10 民集 47・7・4955”的案情是，本案土地位于宅地建

① ［日］宇贺克也等：《行政判例百選Ⅱ（第 6 版）》，有斐阁 2012 年版，第 379 页（寺洋平撰写）。

② ［日］小早川光郎等：《行政判例百選Ⅱ（第 5 版）》，有斐阁 2006 年版，第 372—373 页（寺洋平撰写）。

设工程限制区域内，且案发时正在被认定为急倾斜地灾害法所规定的急倾斜地坍塌危险区域的过程中；虽然是如此高度危险的土地，但开发该土地行为还是获得了许可。居住在开发区域旁边的居民认为开发许可决定违法，向千叶地方法院提起诉讼，请求撤销开发许可决定。一审口头辩论结束时，该开发行为完成，并获得了检查合格证，建筑工程也结束，并获得检查合格证。1991 年一审法院作出判决“千叶地判平成 2・3・26 行集 1・3・771”，以工程完成后诉益消灭为由，驳回诉讼请求。原告不服，上诉到东京高等法院。1991 年二审法院作出判决“东京高判平成 2・11・28 行集 41・11・1906”，维持了原判。之后，原告上诉至最高法院。1993 年最高法院作出判决“最判平成 5・9・10 民集 47・7・4955”，驳回了上诉。

最高法院在判决中认为：“根据《城市规划法》第 29 条、31 条、33 条规定，同法第 29 条规定的开发许可是运用公权来判断所申请的开发行为是否同法第 33 条所规定的要件，具有不接受该判断就不得合法实施开发行为的法效果，与许可中开发行为相关的工程完工后，开发许可的上述法效果就消灭了。所以在这种情形下，讨论请求撤销开发许可是否有法律上利益时，同法第 81 条第 1 款第 1 项规定，建设大臣或都道府县知事可以命令违反者（违反本法、基于本法所作命令的规定、基于这些规定的行政行为）为纠正违法而采取必要措施（以下称‘纠正命令’），但鉴于同法第 29 条、31 条、33 条对开发行为的规制旨趣、目的，在符合 33 条所定要件的情况下，同法容许开发行为，而错看了不符合第 33 条所定要件的开发行为，给予了许可，并实施了工程后，该工程的实施者就是同法第 81 条第 1 款第 1 项所规定的‘违反者’。因为建设大臣或都道府县知事可以向违反者发出纠正命令，所以开发许可的存在不构成对纠正命令的障碍，开发许可即使违法，被撤销，也不产生应发布纠正命令的法拘束力。这样，与开发行为相关的工程完工，并交付检查合格证后，开发许可所具有的前述效果就已消灭，也没有让撤销具有法律上利益的基础性理由，所以撤销开发许可之诉是欠缺利益的。”

在“最判平成 5・9・10”中，藤岛昭法官补充了如下五方面的意见：(1) 关于对开发行为的规制。实施一定规模以上开发的开发者原则上应该依据《城市规划法》第 33 条第 1 款各项所列的标准，提交记载规定事项的申请书和附属材料，获得都道府县知事的许可。知事对符合标准的开发行为，必须给予开发许可。开发者必须在与开发行为相关的工程完工后，报告知事。知事接到报告后要进行检查，认为工程符合开发许可内容的，向开发者交付检查合格证，并公布工程竣工。竣工消息公布前，除知事认可的情形外，不得在开发许可内的土地上建设建筑物等。建设大臣或都道府县知事可以命令违反者为改建、移走、消除建筑物等而采取必要措施。（2）关于开发许可与检查合格证的关系。交付检查合格证这一行政行为是在检查与开发行为相关的工程是否符合开发许可这一行政行为内容的基础上实施的，所以这两个行政行为有着不可分的关联。在这一点上，《建筑标准法》上的建筑确认的出发点是看建筑物的建筑计划是否符合建筑相关规定，工程完工后，建筑主事不是检查该工程是否符合建筑确认的内容，而是再次检查该建筑物和土地是否符合建筑相关规定，符合的，交付检查合格证，所以这两部法律所规定的程序还是有明显差异。根据《建筑标准法》，建筑确认与交付检查合格证是两个可以分离的独立行政行为，建筑确认的存在不会成为拒绝交付检查合格证的法障碍。但根据《城市规划法》，开发许可的存在有可能成为检查合格证交付的法障碍。例如，开发者错认为自己拟实施的开发行为符合许可标准而提交了开发许可申请书，知事等由于过失而错误地认为该申请符合许可标准，并作出了开发许可，在此情形中，开发许可的内容在客观上违反了许可标准，但只要与开发行为相关的工程符合许可内容，那就不得拒绝交付检查合格证。只从第 36 条第 2 款的文义来看，这样解释是可能的。但是，第 36 条的开发许可是以符合许可标准为前提的，法律并未预设知事等因过失而让开发许可违反许可标准等情形。所以，为防止出现违反许可标准的开发行为，促进城市健康有序发展，应该进行合目的性解释。这样，即使工程符合开发许可内容，而开发许可内容客观上违反许可标准时，知事等可以拒绝交付检查合格证。这样思考的话，开发许可的存在就不成为拒绝交付检查合格证的法障碍。（3）关于开发许可、检查合格证交付与纠正命令的关系。在上述例子中，知事等可以拒绝交付检查合格证。而且，该开发行为因客观上违反许可标准，故开发者是第 81 条第 1 款第 1 项中的违法者。对违法者可以发出纠正命令。所以，即使因过失而交付了检查合格证，也可以发出纠正命令。开发许可的存在或检查合格证交付不成为发出纠正命令的法障碍。另外，在前述例子情形下，开发者因被拒绝交付检查合格证，或者被发出纠正命令而遭受损失时，是否可以以知事等的过失为由请求国家赔偿？这可以作为另外一个问题加以讨论。（4）本案情况是开发许可作出后，因工程完工而交付了检查合格证，如前所述，对违法者不但可以撤销开发许可或者检查合格证，还可以发出纠正命令，故难以赞成如下说法，即为消除作纠正命令的法障碍而有必要撤销开发开发许可或者检查合格证。所以，本案撤销开发许可和检查合格证的诉讼缺失其利益。（5）另外，违反开发许可，在许可区域外实施与开发行为相关的工程时，或者违反许可附带条件，实施与开发许可相关的工程时，或者通过欺诈等不正当手段获得许可，实施与开发行为相关的工程时，不得交付检查合格证，可以撤销开发许可，当然也可以发出纠正命令。

“最判平成 11・10・26 判时 1695・63”的案情是，开发区域内的周边居民（原告、二审三审上诉人）认为开发行为违反了《城市规划法》第 33 条第 1 款第 2 项、第 9 项、第 10 项和市宅地开发指导纲要等，市长（被告、一审二审被上诉人）作出的开发许可决定违法，故向法院请求撤销开发许可。一审二审都遵从前述“最判平成 5・9・10”，认为诉益已经消灭，故驳回了原告、上诉人的诉讼请求。上诉人不服，向最高法院提起诉讼。1999 年 10 月，最高法院作出判决“最判平成 11・10・26 判时 1695・63”，驳回了上诉。判决说“对本许可的开发区域内建设的建筑物，即使尚未实施《建筑标准法》第 6 条的确认，也应该说撤销本许可的诉益已经丧失”。

最高法院在上述两个判决中沿袭了“最判昭和 59・10・26”的思路，对此，学界异议之声强烈。不少有影响力的学者从《城市规划法》与《建筑标准法》不同出发，展开了不同于最高法院的解释，主张工程完成，检查证交付后，撤销开发许可仍有诉益。①不少批评指出，“最判平成 11・10・26”“最判平成 5・9・10”忽视了建筑确认与开发许可的区别，简单地将与建筑确认相关的“最判 59・10・26”的逻辑运用于开发许可撤销诉讼。②

另外，事实上“最判平成 11・10・26”与“最判平成 5・9・10”的案情也有区别。在“最判平成 5・9・10”的案情中，开发工程已经竣工，开发区域内的建筑物已经获得建筑确认，建筑工程已经竣工，并且交付了检查合格证。而在本案中，开发工程已经竣工，但建筑确认申请尚未提交。上诉人注意到这一区别，并在二审中主张说“开发许可被撤销的话，申请建筑确认时所需的合格证明书就不会生成，也就不会得到建筑确认，这为撤销许可具有法律上

---

① ［日］宇贺克也等：《行政判例百選Ⅱ（第 6 版）》，有斐阁 2012 年版，第 379 页（寺洋平撰写）。

② ［日］宇贺克也：《市街化調整区域における開発許可の取消しを求める利益》，《国際文化研修》第 94 卷（2017 年），第 39 页。

利益提供了基础性理由”。但二审对此不予认可，就“为撤销许可具有法律上利益提供了基础性理由”，认为“‘最判平成5·9·10’只考虑了是否发布纠正命令，若它要在与建筑工程的关系中认可诉益的话，就应该论及建筑确认、建筑工程竣工等，正是因为没有论及，所以只能从开发工程竣工和检查证书交付来看撤销许可是否有诉益，所以本案属于‘最判平成5·9·10’的射程内”。最高法院认可了二审法院的判断，驳回了上诉。对此，金子正史展开了评述，认为开发许可与旨在建设建筑物的土地区划形质变更相关，即使是同一土地的区划形质变更，若不是为了建设建筑物，就无需开发许可，开发行为的目的是在获得建筑确认后建设建筑物；合格证制度是一项担保制度，即担保开发行为符合《城市规划法》第29条，在符合开发许可内容的开发工程竣工的开发区域内建设建筑物；部委规章要求建筑确认申请书中必须由合格证，合格证是建筑确认申请的受理要件；在撤销之诉中开发许可因违法而被撤销后，合格证就不能交付，建筑确认申请就因缺材料而不被受理，即使受理也是违法的；开发许可被撤销的话，就不能申请建筑确认，建筑就会被阻止，所以存在诉益。①

（二）“最判平成27·12·14民集69·8·2404”

镰仓市市长根据《城市规划法》第29条第1款，向A颁发了市街化调整区域内的开发许可，附近居民对此有意见，向开发审查会提出了审查请求，之后向法院提起了诉讼，请求撤销该开发许可。市长辩称本许可中的开发工程已经完工，并向A交付了检查合格证。2014年9月横滨地方法院作出一审判决“横滨地判平成26·9·10民集69·8·2414”认为本案属于前述“最判平成5·9·10”“最判平成11·10·26”的射程范围内，检查合格证交付后，请求撤销开发许可的法益就不存在了，并驳回了原告的请求。但2015年2月作出的二审判决“东京高判平成27·2·25民集69·8·2423”撤销一审判决，并指出根据《城市规划法》第43条第1款，没有都道府县知事的许可，原则上禁止在市街化调整区域内建设建筑物，但开发许可作出、检查合格证交付后是可能建设建筑物的，所以在获得开发许可的市街化调整区域内的开发区域，前述第43条第1款的建筑限制被解除，可以建设开发许可中的建筑物，这就是开发许可的法效果；在检查合格证交付后还有可建设建筑物这一法效果，故诉

① ［日］金子正史：《まちづくり行政訴訟》，第一法规2008年版，第16—19页。

益并没有丧失。二审败诉的镰仓市长向最高法院提起了上诉。最高法院于2015年12月作出了判决“最判平成27・12・14民集69・8・2404”，指出“最判平成5・9・10”“最判平成11・10・26”的射程不能达到市街化调整区域内的许可开发中的事项；“最判平成5・9・10”“最判平成11・10・26”关涉的是市街化区域，在市街化区域，开发许可即使被撤销，但只要服从土地上的建筑限制，就可以自由建设建筑物，而市街化调整区域内的法效果是根据开发许可来建设建筑物。最高法院最终支持了二审判决，驳回了镰仓市长的上诉。

本判决虽然不是对“最判平成5・9・10”“最判平成11・10・26”的变更，但明确指出否定诉益的上述两个判决不能适用于市街化调整区域内的开发许可，并在结果上肯定了附近居民的诉益和诉求，有很大的理论和实践意义。①

第四节　关于裁量审查

一、“最判平成18・11・2民集60・9・3249”

1964年建设大臣根据旧城市规划法，作出“9号线城市规划”②决定。1993年东京都知事根据《城市规划法》第18条、第21条，③作出变更“9号线城市规划”的决定（以下称“93决定”），旨在让喜多见站至梅丘站区间实现高架化和多线化。1994年建设大臣根据《城市规划法》第59条第2款，④以变更后的“9号线城市规划”为基础，对本案铁道工程项目给予了认可。沿线居民认为工程项目尽管存在更有利于周边环境和工程成本的方案，但却没有采用，其行为违法，故以关东地方建设局局长（建设大臣事务的继承者）为被告，向法院提起了诉讼，请求撤销该工程项目认可。2001年10月东京地方法院作出判决“东京地判平成13・10・3判时1764・3”，认可了居民的请求。建设局长不服，上诉至东京高等法院。2003年12月东京高等法院作出判决“东京高判平成15・12・18讼月50・8・2332”，撤销了一审判决。居民不服，

① ［日］宇贺克也：《市街化調整区域における開発許可の取消しを求める利益》，《国際文化研修》第94卷（2017年），第39页。

② 以世田谷区喜多见町（喜多见站附近）为起点，以葛饰区上千叶町（绫濑站附近）为终点的东京城市规划高度铁路第9号线。

③ 第18条规定，都道府县要在听取相关市町村的意见，且经都道府县城市规划审议会审议后决定城市规划。根据第21条，调查结果表明很需要变更城市规划时，都道府县必须毫无延迟地变更；城市规划的变更参照适用第17、18条。

④ 根据第59条第2款，都道府县知事经建设大臣认可后可以实施城市规划工程项目。

上诉至最高法院。2006年11月最高法院作出判决“最判平成18·11·2民集60·9·3249”，驳回了居民的上诉。①

“最判平成18·11·2”认为《城市规划法》将工程内容符合城市规划作为城市规划工程项目认可的条件之一，而城市规划工程项目认可要合法的话，作为其前提的城市规划必须合法；并对“93决定”进行了论述。第一，关于“93决定”中的裁量权，认为“要在综合考量该城市设施的各种情况后，从政策、技术角度作出判断”，“应该说这样的判断属于作决定的行政机关的广泛裁量”。第二，关于司法审查标准，认为“只有在因误认基础性重要事实而缺失重要事实基础的情况下，或者在因事实评价明显不合理、判断过程中没考虑应考虑事项等而使其内容从一般社会观念看被认为明显不当的情况下，才是超越或者滥用裁量权，构成违法”。第三，关于考虑要素和判断方法，认为“在作‘93决定’时就在谋求防止损害，不让工程的噪音、震动等明显损害工程周边居民的健康和生活环境；在让本工程规划符合东京公害防止规划的同时，充分顾虑本案评价书中的内容，适当顾虑环境保护；具体而言，公害调整委员会判定‘93决定’以前的噪音损害超过小田急线部分沿线居民的忍受限度，所以要求‘93决定’在确定本案工程区间的结构时，要充分考虑铁路噪音”。“‘93决定’充分考虑了本案评价书的内容，适当考虑了环境保护，也符合公害防止规划，所以不能说违反了城市规划法的要求、对铁路噪音欠考虑”。就与城市设施相关的城市规划决定的违法性，最高法院通过本判决第一次展示了判断公式，其实施的是“判断过程的控制”，即通过审查行政机关作判断的过程来审查行政裁量权行使。②

二、规划裁量及其司法审查

20世纪70年代后，行政裁量的控制作为现代主题在日本学界被广泛讨论起来。③对本判决所展示的判断公式，学界有两种理解，一种认为判决说的是与行政行为裁量有本质差异的规划裁量，并认为最高法院的做法看似是“判断

---

① ［日］山本隆司：《判例から探求する行政法》，有斐阁2012年版，第244—246页。

② ［日］宇贺克也等：《行政判例百選Ⅰ（第6版）》，有斐阁2012年版，第160页（日野辰哉撰写）。

③ ［日］赤间聡：《効果裁量、計画裁量及び裁量瑕疵に関する基礎的考察》，《高知論叢（社会科学）》第111号（2015年10月），第71页。

过程的控制”，但实质是“判断结果的控制”。①一种认为规划裁量与行政行为裁量的差异是相对的（非本质的）。②多数判例评析持后一种看法，认为最高法院进行了“判断过程的控制”，其审查密度高于二审判决。③

日本学界关于规划裁量、行政裁量的讨论受到德国法影响。在德国，规划裁量的先例性判决是 1969 年 12 月 12 日联邦行政法院所作的一个判决。该判决就联邦建设法上的建筑详细规划（Bebauungsplan）认可了规划裁量（Planungsermessen）概念，就规划裁量的司法审查方法，认为不是法基准的解释适用，而是利益的比较衡量，故应审查规划主体是否进行了适当的利益比较衡量，该审查也受到限制。该判决阐释了规划裁量的特色，一是规划权限在本质上包含也必须包含很大范围的“形成自由”（Gestaltungsfreiheit）；二是该规划的形成自由不是基于某种特定的精神作用，而是基于复杂多样的要素，如认识、评定、评价、意愿；三是规划与形成自由结合后，法院对规划的控制就不可避免地受到限制，即只能在具体情形中审查形成自由的法律界限是否被超越，或者形成自由是否通过有违授权宗旨的方法得到行使；四是其他行政各种形式的参与是对既有形成自由的参与，上级行政机关为联邦建设法第 11 条的认可要件而作的参与是在尽法律控制的权限和义务。本判决后规划裁量及其司法审查开始引起德国理论和实务界广泛关注。有人认为规划的决定过程有特色，即要以相当程度的价值判断、比较衡量、评价和预测为内容，具有法律外的政策评价性要素，呈现事物内在性法则下的创造性和技术性特性，用一般性评价原则对其进行审查的话，会缩小自律性行政的形成余地，故司法审查仅限于瑕疵很明显时。较早研究规划裁量的霍培（W. Hoppe）阐释了审查规划裁量的 11 项标准，一是事物不适当性，即规划有法律外事物的法则性，其被一般认可，如对机场的航空器噪音考虑不充分；二是目的不适当性，即客观上违反适当性要求，如桥梁设计荷重大大少于实际使用荷重；三是目的判断过失，

---

① ［日］高木光：《計画裁量（2）》，《自治実務セミナー》第 49 卷（2010 年）第 12 号，第 8 页；［日］高木光：《行政処分における考慮事項》，《法曹時報》第 62 卷（2010 年）第 8 号，第 2076 页。

② ［日］西谷刚：《実定行政計画法》，有斐阁 2003 年版，第 51 页。

③ ［日］村上裕章：《都知事が行った都市高速鉄道に係る都市計画の変更が鉄道の構造として高架式を採用した点において裁量権の範囲を逸脱し又はこれを濫用したものとして違法であるとはいえないとされた事例——小田急線連続立体交差事業認可取消訴訟上告審判決》，《判例時報》第 1974 号（2007 年），第 4 页。

即不应通过规划来解决问题；四是目的事后消失；五是比较衡量，这是裁量审查中最重要的，贯穿于调查、评价、决断的连续过程中，必须适当比较衡量公共利害、私人利益；六是调查缺陷，即充分分析现在、将来所有的私人利害、公共利害；七是比较衡量中评价有过失，即法规定的评价、优先性赋予、一般利害评价等有瑕疵；八是最适当利益满足，即在可能的范围内采取最适合所有人的条件；九是最小侵害；十是比较衡量的偏颇，如轻视健康利益；十一是评价缺陷，如在具体情形中应考虑的利益没有被考虑等。①

前述先例性判决是从联邦建设法的具体规定出发要求比较衡量，联邦行政法院 1972 年 10 月 20 日的一个判决对此予以扩大，从一般法治国家出发来要求比较衡量，指出“应该审查是否适当衡量了当时的重要利害？是否有从当时法和事实出发应纳入衡量之中，但却没被纳入的利害？从当时的价值标准看私人利害是否被误解？从各种利害的客观重要性看，当时各种利害之间的调整是否失衡？”该判决进行了作为过程的比较衡量（Plan als Vorgang）和作为结果比较衡量（Plan als Produkt dieses Vorganges），将固有的规划决定程序之外的事前决定等纳入视野，审查了整个规划过程的正常性，令人瞩目。规划法的特色是综合各种行政方法，创造出整体性行政功能和行政过程，进而实现目的。比如在固有的行政规划决定之前，有时会出现各种非正式的约定、协定、契约等，它们个别地、形式地看是合法的，但整体看有时是违法的。②德国的规划裁量控制有着联邦建设法典第 214 条、行政程序法第 75 条第 1 款③等立法方面的特别措施，只限于违法的过程瑕疵影响到结果时；判例显示，规划作为其内在含义，包含了形成性行为，具有广泛的形成自由和裁量，所以司法审查时可适用行政法院法第 114 条，④该条是限制性司

① ［日］远藤博也：《計画行政法》，学阳书房 1976 年版，第 89、93、97、98 页。

② ［日］远藤博也：《計画行政法》，学阳书房 1976 年版，第 99—100 页。

③ 第 75 条第 1 款规定：“考虑到所有与规划相关的公共利益，规划的确定，将确立规划的合理性以及与其他设施有关的不可缺少的后续措施；在规划确定之外，无需其他行政机关的裁决，尤其公法许可、授权、同意、批准、付署及规划确定。通过规划确定，所有在规划承担者与规划相对人之间的公法关系都以创设权利方式得到规范。”参见应松年：《外国行政程序法汇编》，中国法制出版社 1999 年版，第 195 页。

④ 第 114 条是“对裁量决定的审查”，规定：“对行政机关有权依其裁量作出的行为，行政法院也有权对行政行为、拒绝作出行政行为或对行政行为的不作为是否违法进行审查，审查行政机关是否逾越法定裁量界限，是否以不符合裁量授权目的的方式使用裁量。行政机关在行政诉讼阶段，也可依其裁量判断对被审理的行政行为作出补充。”参见［德］平特纳：《德国普通行政法》，朱林译，中国政法大学出版社 1999 年，第 294 页。

法审查规定。①

“最判平成18·11·2”与上述德国联邦行政法院1972年10月20日判决有一定的相似性，通过“判断过程的控制”，对城市规划进行了司法审查。“判断过程的控制”有两种类型，一是聚焦裁量标准，一是聚焦考虑要素。考虑要素类型又分两种情形：一是应考虑的要素没被考虑、不应考虑的要素被考虑；一是考虑不周，而当法院同时考虑这两种情形时，其审查密度就很高。本判决聚焦于考虑要素，一是考虑工程项目对环境的影响，二是考虑规划条件、地形条件和工程条件。②关于裁量，山本隆司主张“论证过程的控制”（判断过程的控制）是一般方法，“显著性控制”（一般社会观念审查）应作为包含在“论证过程的控制”之中的特殊形态来看待。③有学者认为裁量的司法审查程度分三种程度，一是最大程度审查，即代替判断型审查，即法院代替行政机关判断；二审最小程度审查，即审查行政机关的判断是否缺乏事实、事实评价是否明显不合理、作为结果的行政决定从一般社会观念看是否明显不当；三是中等程度审查，即判断过程型审查，审查行政机关在决定过程中是否考虑了应考虑事项或者不应考虑事项。④“最判平成18·11·2”为日本规划裁量的司法审查提供了一般模式，意义重大。但在邻近居民环境利益侵害等方面还是有一些质疑之声，主张一定法益侵害的法评价不应该交由法官的主观评价，而需要依据根据性规范及其相关规定的解释，在赋予该法益地位的基础上进行法评价。⑤

第五节　关于长期限制的补偿

城市规划涉及面非常广，所以由城市规划产生的补偿问题也比较丰富，前面也有所涉及，此处主要对规划的长期限制的补偿问题加以介绍和分析。

---

①［日］赤间聪：《効果裁量、計画裁量及び裁量瑕疵に関する基礎的考察》，《高知論叢（社会科学）》第111号（2015年10月），第82、89页。

②［日］宇贺克也等：《行政判例百選Ⅰ（第6版）》，有斐阁2012年版，第160页（日野辰哉撰写）。

③［日］山本隆司：《日本における裁量論の変容》，《判例時報》第1933号（2006年），第15—16页。

④［日］小早川光郎等：《行政法新構想Ⅲ（行政救済法）》，有斐阁2008年版，第110页（三浦大介撰写）。

⑤［日］宇贺克也等：《行政判例百選Ⅰ（第6版）》，有斐阁2012年版，第161页（日野辰哉撰写）。

一、"最判平成 17·11·1 判时 1928·25"

1938 年 3 月，内务大臣根据当时的城市规划法，就盛冈广域城市规划道路作出了城市规划决定。X（一审原告、二审三审上诉人）所有的土地因内务大臣的城市规划决定而被划入盛冈广域城市规划道路区域内，后来因《市街地建筑物法》《建筑标准法》以及 1969 年以后《城市规划法》第 53 条，而受到了建筑限制。1970 年至 1980 年间，规划路线中的部分路线得到了建设（总共只建成 580 米），但 X 土地所在区间仍没有具体的建设计划。在这期间，X 曾规划建设公寓、医院，但都因上述建筑限制而不得不放弃。X 认为本案区间工程已搁置 60 余年，违反《城市规划法》第 3 条①，故以规划决定主体——盛冈市（一审被告、二审三审被上诉人）为被告向法院提起诉讼，请求撤销上述城市规划决定、基于《国家赔偿法》第 1 条②给付抚慰金、基于宪法第 29 条第 3 款③获得补偿。对此，盛冈市反驳说，城市规划项目在性质上具有长期性，本案规划的必要性和合理性并未丧失，故本案规划决定合法，另外，本案规划所附带产生的建筑限制是财产权的内在限制，不需要补偿。一审和二审法院都驳回了 X 的请求，X 不服，向最高法院提起诉讼。④

2005 年 11 月 1 日，最高法院作出判决"最判平成 17·11·1 判时 1928·25"，驳回了 X 的上诉。该判决说："从原审合法确定的事实关系来看，X 所受的建筑限制方面的损失很难说是超越了一般应该当然忍受范围的特别牺牲，故 X 不能直接依据宪法第 29 条第 3 款而请求补偿上述损失。"同时，藤田宙靖法官补充说："以公共利益为由说这样的限制没有损失补偿时，有如下前提，即该限制对保障城市规划落实不可或缺，且让权利人无补偿地忍受限制具有合理理由。欠缺这个前提时，不得以城市规划限制为由拒绝补偿。而在考虑这个意义下的限制的忍受限度时，必须考虑限制的内容，还有考虑限制的时间，……当限制长达 60 多年时，无视这么长的期间，只是单一地说建设限制的程度如何如何的思维大有问题。"但是，本案土地是第一类居住用地，今后

---

① 该条规定："国家和地方公共团体必须致力于城市的建设、开发及其他城市规划的落实。"

② 该条规定："行使国家或公共团体之公权力的公务员，就行使其职务，因故意或过失而违法地给他人造成损害的，国家或公共团体承担赔偿责任。"

③ 该条该款规定"在正当补偿后可以为公共目的使用私有财产"。

④ ［日］城市规划与城镇建设判例研究会：《都市計画·まちづくり紛争事例解説—法律学と都市工学の双方から》，行政出版社 2010 年版，第 103 页。

也不能进行高度的开发利用，另外，与从前建筑同程度规模和结构的再建许可容易从知事处获得，所以藤田法官指出："即使对本案建筑限制的长时间予以考虑，也不能说因不能在本案土地上建设超出该限制之建筑物而遭受的损失是特别牺牲；并不需要根据宪法第29条第3款进行补偿。"这样，法庭在没有谈及限制时长的情况下否定了补偿，而藤田法官的补充意见则提出了规划限制时长是否决定补偿时的判断要素。这是最高法院在对超长时间的城市规划限制是否补偿问题方面作出的首例判决，很有意义。

二、讨论

普遍认为损失补偿的要件是遭受了特别牺牲。什么是特别牺牲，日本学界有一些主张。今村成和主张实质标准，即看财产权遭受的本质侵害的强度。他说，对像剥夺财产权或妨碍财产权本来作用之发挥这样的侵害，只要权利人一方没有应予以忍受的理由，就当然需要补偿。①田中二郎主张要综合实质标准和形式标准来判断。他说："是不是特别牺牲，其界限必须在客观、合理判断以下两个要素后决定，一是侵害行为的对象是不是一般性的，换言之，是以广大的一般人为对象呢，还是以特定人或属于特定范畴内的人为对象——被害人在整体中是怎样一个比例（形式标准）；二是侵害行为的强度是否达到了侵害财产权本质内容的程度，换言之，从社会普遍观念来看，该侵害是否达到了其作为'财产权的内在社会制约'而必须忍受的程度（实质标准）。""为'维持公共安全与秩序、保障安全的社会共同生活等'消极目的而在最小限度内作必要的、比较一般的财产权限制（若剥夺财产权的本质，即使是为了消极目的，也必须补偿）的，不是这里所说的特别牺牲，原则上不需要损失补偿；与此相对，为产业、交通及其他公益事业的发展、国土综合利用与城市开发发展等积极目的而对特定的财产权作必要的征收及其他限制（或许有'对轻微的财产权限制，不需要补偿'的情形）的，是这里的特别牺牲，需要损失补偿。"②田中二郎是在综合考虑侵害行为的特殊性（形式标准）、侵害行为的强度、侵害行为的目的这三者，而侵害行为的特殊性在其中的比重较低。③

---

① ［日］今村成和：《行政法入門》，有斐阁1995年版，第179页。

② ［日］田中二郎：《新版行政法（上）》，弘文堂1974年版，第214—215页。

③ ［日］宇贺克也：《国家补偿法》，肖军译，中国政法大学出版社2014年版，第366页。

就田中和今村的两种学说，盐野宏认为它们并不对立，田中说的关键还是在实质，不是形式，而今村说则比田中说更具体化。在具体情形中应考虑如下要素，第一，财产权限制程度绝对弱、公共利益保障强时，不认可补偿；第二，财产权一方有接受限制的原因时不需要补偿；第三，虽是财产，但其价值已经消失后，剥夺该财产时不需要补偿；第四，着眼于该物所具有的危险性来判断是否需要补偿；第五，从限制目的角度来判断，看是警察限制（公共安全、秩序维护等消极目的下的限制），还是公用限制（增进公共福祉这一积极目的下的限制），前者不需要补偿，后者需要补偿；第六，该财产的本来效用是什么，这是重要因素。①冈田正则认为，盐野说虽没有否定形式标准，但实质标准是主要判断标准，即看限制的强弱、受限制方是否有原因、是否存在财产价值、财产自身对否有危险、是警察限制还是公用限制、是固定还是侵害此前的使用；这是当下的通说②。

如前所述，“最判平成 17・11・1”否定了“特别牺牲”，认为当事人受到的建筑限制没有超出一般应该当然忍受的范围。这是从实质标准作出的判断。这也是以往司法实践和行政实践中常见态度，有地方法院和高等法院在一些判决中将限制时间的长短排除在判断要素之外，而行政实务界主张不需要补偿的理由是其一直以来作为住宅用地的使用未受到实质上的限制，即使发生更高强度使用受限的情况，但其也享受了因规划而可更高强度使用的可能，而且工程实施需要很长时间是法律本来就预设的。③藤田法官在“最判平成 17・11・1”的补充意见中展现出细致思维，首先提出否定补偿的前提条件，其中重点是有无补偿地忍受限制的理由；其次，在考虑忍受限度时时间长短是考虑要素，六十年的时长应该受到重视；最后，因为当事人的土地性质决定其不能高强度开发，故本案城市规划在结果上对该土地使用影响不大，所以不能说因该规划而遭受的建筑限制是特别牺牲。藤田法官总体上采取的是限制强弱加对以往使用的影响的思路。关于规划限制时间长是否影响补偿问题，远藤博也持肯定意见，认为建筑限制超出法律预想的长时间时，应该采取一些救济措施，除万不

---

① ［日］盐野宏：《行政法Ⅱ》（第 5 版），有斐阁 2010 年版，第 361—365 页。

② ［日］宇贺克也等：《行政判例百選Ⅱ（第 6 版）》，有斐阁 2012 年版，第 535 页（冈田正则撰写）。

③ ［日］宇贺克也等：《行政判例百選Ⅱ（第 6 版）》，有斐阁 2012 年版，第 535 页（冈田正则撰写）。

得已情形外，应该给予损失补偿，这是宪法所要求的。①

第六节　关于公共设施致害的国家赔偿

道路、江河等公共设施致害的赔偿问题是一个重要的法律问题。早在六十多年前日本《国家赔偿法》对此就给予了明确回答。该法第 2 条规定："因道路、江河或者其他公共设施的设置、管理有瑕疵，致使他人受到损害时，国家或公共团体对此应负赔偿责任。"公共设施致害的国家赔偿制度成为日本《国家赔偿法》的特色制度，为城市规划法上城市设施相关诉讼纠纷的解决提供了支撑。

一、法源

"二战"败降后，日本在美国的领导下制定了新宪法（1946 年 11 月制定，1947 年 5 月实施），称为《日本国宪法》。新宪法第 17 条明确规定了公务员不法行为的国家赔偿责任。紧随新宪法，日本很快在 1947 年 10 月制定并实施《国家赔偿法》。如上所述，该法确立了公共设施致害的国家赔偿责任。在旧宪法（"明治宪法"）之下，法律没有规定国家的赔偿责任，只在有限的民事案件中，适用民事不法行为法让国家承担责任，像公共设施这样的非权力性行政致害的赔偿责任有时无法追究，有时适用民法追究。但国家赔偿法主要起草人、著名行政法学家田中二郎（1906—1982）说："我们的正义观念要求对国家的不合法行为、合法行为所致的损害实施某种救济；这是一个用国民整体利益来弥补个人特别牺牲，还是为了国民整体利益而让个人甘受特别牺牲的问题，是一个利益衡量问题，此时起支配作用的是公平正义原则；而用公权力作用来否定其国家赔偿义务的论理与公平正义不符；不论是损害赔偿，还是损失补偿都能用，且有必要用公平负担原则。"②

在新宪法确立国家赔偿责任后，人们毫无疑问地将大量现实中常见的权力性行政致害的责任纳入随后制定的国家赔偿法中。但像公共设施这样的非权力性行政致害的赔偿责任是否是国家赔偿责任？在通过日本民法第 709 条（不法行为所致损害赔偿）、717 条（土地上工作物等的占有者与所有者的责任）也

---

① ［日］远藤博也：《計画行政法》，学阳书房 1976 年版，第 227 页。

② ［日］今村成和：《田中先生の国家補償論》，《ジュリスト》第 767 号，第 62 页。

能追究到国家的责任的情况下，还有没有另立条文的必要？对此，田中二郎说："就公共设施设置、管理瑕疵所致损害，判例曾经否认民法上的赔偿责任，但在1916年后，出现肯定赔偿责任的倾向。但后来又出现否定的案例，缺少判例上的一贯性。所以为了明确这一点，制定了国家赔偿法第2条。"①可见立法者是要让这种情形中的国家赔偿责任得到明确。这与田中二郎所秉持的民主主义理念，所主张的管理关系理论分不开。他认为民主主义原理是现代行政法的第一大原理；保障行政的民主性是内阁的责任；实施行政的公务员应该是国民选举出来的、为国民服务的公仆。②田中二郎将行政上的法律关系分为支配关系、管理关系和私经济关系；国家是统治权的主体，对国民具有优越的支配权，两者通过法律形成支配服从关系，该关系不同于个人间关系，必须由特别的法律——（传统）公法——来规范；但公法不仅限于支配关系，还有管理关系，该关系从原本的性质上讲与私人间关系无异，只是国家为了公共利益而经营事业、管理财产，具有公共性，用有别于纯粹规范私经济的法律——（舶来）公法——进行规范更为妥当。③在国赔法实施过程中，最高法院所有的相关判例几乎都采用田中二郎的学说。国赔法第2条让国家赔偿责任得到了明确，而第3条则在此再向前推进了一步："在根据前两条的规定，国家或地方公共团体要承担损害赔偿责任的情形中，公务员的选任或监督、公共设施的设置或管理者，与公务员工资或其他费用、公共设施设置或管理费用的负担者不同时，费用负担者也要承担损害赔偿责任。"国赔法对国家赔偿责任的明确让该法对公共设施致害中的公民权利保护优于民法，彰显了人权保障理念，推动了战后日本的政治民主化进程。

二、道路致害赔偿

在日本《国家赔偿法》有关公共设施致害赔偿的第2条中有一点特别引人注目，即特别列举出道路和江河，明确其致害的国家赔偿责任。可见，日本对道路与江河致害问题极为重视。而将道路列在首位，则表明其是公共设施致害国家赔偿最常发生的领域，值得格外关注。

---

① ［日］田中二郎：《新版行政法（上）》，弘文堂1974年版，第209页。

② ［日］田中二郎：《行政法総論》，有斐阁1957年版，第188、189页。

③ ［日］原田尚彦：《田中先生の公法私法論》，《ジュリスト》第767号，第42、43页。

在道路致害的国家赔偿中，存在道路使用人受害情形和道路使用人以外的第三人受害情形。但前者在实践中居多数，故作为此处讨论的重点。在这种情形中，赔偿责任的处理涉及使用人情况、道路情况、自然条件等。其中，最基本的规则是道路只要供于使用，人们就期待道路的设置管理者能保证一定的安全性，而另一方面该安全性也有赖于使用人的恰当使用，对只要使用人给予一般注意就能够避免的事故，道路的设置管理者并不应该负全责；划定道路设置管理者与道路使用人的适当防守范围，在判断道路设置或管理瑕疵时，显得特别重要。①在日本，这个防守范围并非由理论来清晰显现，人们寄希望于判例。当道路有落差或障碍物时，对行人而言可能没有危险，但对机动车而言就不同了。在水泥路自然下沉致害案中，仙台地方法院（仙台地判 35.9.6 下民 11.9.1837）认为路下沉影响了高速行驶汽车的运输安全。即使同为机动车，四轮、三轮与两轮也有区别。东京地方法院（东京地判 43.10.8 判夕227.201）判道：对四轮、三轮汽车也好，对低速的自行车也好，都不会有危险，但必须预想到时速 40 公里行驶的两轮车也会出现在该路上，危险就出现了。行人虽然速度低，但同样会因道路而遭受损害。最常见的有车道与人行道并用后的行人交通事故、行人掉入洞井或地沟等。值得特别关注的是特定区域，如小学生上学路段、盲人上学路段等。名古屋地方法院（名古屋地判昭 56.11.20 道路法 13.7329.947.21）判道：当预想到在教育委员会所指定的上学路上有很多儿童行走时，该道路所要求的安全性则变为儿童通常行走场所的安全性。关于使用人的注意义务，判例中显现出来的倾向是常走该路的司机重于少走该路的司机、当地居民重于外地人、出租车和公共汽车等职业司机重于一般司机。

现实的道路各种各样，千差万别。在国家赔偿的实践中，从交通流量、限速、障碍物等角度来区别对待道路是有意义的。同等条件下，交通流量大的道路，对其的安全性要求就严，在流量小的道路，比如山间道路，坑坑洼洼有时不看作瑕疵。一般而言，速度越快就越容易引发事故，且事故损害就越大。所以对可高速行驶的公路的安全性要求就高于一般速度行驶的公路。东京地方法院（东京地判 58.10.25 判时 1096.78）在名神高速公路路面冰冻而致事故的判决中表达了这一精神。另外，如前述“仙台地判昭 35.9.6”所主张的那样，即

① ［日］宇贺克也：《国家補償法》，有斐阁 1997 年版，第 269 页。

使是一般公路，也必须考察有无通过限速来保证交通安全。“实践中不少人不遵守限速，超速者撞击障碍物造成事故时，多数处理结果是因果关系被否定，即使道路管理瑕疵被认可，也被视为过失相抵。”①关于障碍物，常见的有故障车、坡体落石、洒落物等。1965 年 10 月 17 日 Y1 将故障车置于 7.5 米宽的道路上长达 87 小时，而管理本道路的 Y3 没有配备巡逻车，没有定时巡逻，进而不知道有故障车放置于自己管辖道路上。同月 26 日一青年骑摩托车与该车相撞死亡。随后死者父母提起了国家赔偿诉讼。②对此，最高法院（最判昭 50.7.25 民集 29.6.1136）判道：汽车在道路放置 87 小时，明显影响道路的安全性，尽管如此，道路管理者因没有巡逻机制而不知晓，完全没有采取设置防护栏、实行单向通行等措施，这是道路管理上的瑕疵。有意思的是在该判决一个月前的最高法院判决（最判昭 50.6.26 民集 29.6.851）中，针对防护栏、红灯柱已被事故前的其他车辆撞倒的情况，最高法院认为道路管理者没有应对的时间，从而没有管理瑕疵。可见，有无采取安全措施的时间也是瑕疵判断的重要因素。国道 56 号线某一部分常常有斜坡落石，道路管理者在此树起“注意落石”的警示牌，树立红布竹竿，经常巡逻。但 1963 年 6 月 13 日中午，持续降雨导致 20 多个岩石落在路上，其中之一砸到一货车副驾驶席的青年，致该青年死亡。随后死者父母提起国家赔偿诉讼，被告主张这是受制于预算、天灾、不可抗力的事故。③对此，最高法院（最判昭 45.8.20 民集 24.9.1268）完全认可了原审法院的四点主张，即针对本案落石的危险性，道路管理者没有采取设置防护栏、向山体铺网、禁止通行等措施，有管理上的瑕疵；判断本案道路管理有无瑕疵时不仅限于事故发生地，还要考虑道路整体的危险状况、管理状况等；虽然可以推想设置防护栏对管理者而言有预算上的困难，但不能因此而免除因管理瑕疵而生的损害赔偿责任；本案并非不可抗力，也不是无避免可能性的情形。洒落物与故障车、坡体落石一样，都是道路上的障碍物，事故状态及其处理基本相同，但因洒落物产生于动态的临时车辆，道路管理者在实施防护栏设置、清除等措施的时间上有时会有别于（相对）静态的故障车与斜坡

① ［日］宇贺克也：《国家補償法》，有斐阁 1997 年版，第 272 页。

② ［日］藤原淳一郎：《道路管理の瑕疵（2）——故障車の放置》，《ジュリスト》182 号，第 482 页。

③ ［日］藤原淳一郎：《道路管理の瑕疵（2）——故障車の放置》，《ジュリスト》182 号，第 480 页。

落石。

雾天、雪天、夜间等自然条件影响道路交通安全，道路管理者在保障交通安全时不能不考虑这些因素。雾天时，道路管理者要考虑限速，关闭高速公路，对已经入高速公路的车辆进行引导。雪天时，道路管理者要考虑防滑措施，如除雪、撒防滑剂等；要考虑限速、禁止通行等措施；必要时还要考虑让汽车车轮使用防滑链等。道路管理者针对道路上的一些情况，务必考虑夜间道路安全，比如道路维修、坑坑洼洼等，一定要让司机夜间能很容易看清楚道路维修标记与护栏、坑坑洼洼的情况等。大阪高等法院（大阪高判昭 50.10.23 讼月 21.12.2441）在判例中写道："道路只要用于一般交通，其安全性就必须得到保障，此时道路的安全性不能抛开常发生的自然现象来考虑。所以，为防止自然现象引发交通事故而采取措施可以看作是道路管理权的内容之一。"在此有所懈怠的话，可能会构成国家赔偿法上的设置或管理瑕疵，要承担相应的赔偿责任。

三、江河致害赔偿

日本是一个山川岛国，山脉与河流遍及各地，水资源非常丰富。日本国民在享受该自然条件带来的恩惠的同时，也充分领略了其残酷的一面。如何抗击洪水成为日本不得不面对的一个问题。在技术方面，从江户时代的水害防护林法到荷兰技术的低水工法，再到奥地利技术的高水工法；在法制方面，从明治江河法到新江河法，日本政府及其国民对治水可谓费尽心思。但是江河致害仍然时常发生，赔偿诉讼也就接连不断，出现了加治川水害诉讼（1967 年发生水害，1985 年最高法院作出判决）、大东水害诉讼（1972 年发生水害，1984 年最高法院作出判决）与多摩川水害诉讼（1974 年发生水害，1990 年最高法院作出判决）这"三大水害诉讼"。昭和 50 年代（1975—1985 年）被人们称为国家赔偿法历史上的"江河时代"。

加治川水害诉讼是日本最早的有关水害的集体诉讼。1967 年 8 月 28 日，加治川因大雨而连续决堤，造成向中条、西名柄和下高关三个地区农民的房屋倒塌，农作物流失，受灾农民中的 18 人将国家和新潟县作为被告，以江河管理瑕疵为由提起诉讼，要求追究国家赔偿责任。该诉讼提出了一个问题：江河与道路在致害责任上是否存在不同。一审判决（新潟地判昭和 50.7.12 判时 783.3）对此持肯定态度。江河是自然公共设施，总是存在着危险，国家担负着对其进行管理、实施改良工程，以提高其安全性的政治责任；在这一点上，与因设置管理原因而存在危险的道路形成鲜明对照，道路可以废止、临时封闭，是有可能避免事故的，而江河不存在这些方法和可能性。从人力角度说，防止水害，一般只能建设高长河堤等工程，这需要巨大的人力、物力和时间，一朝一夕无法完成；无视该差异而对江河课赋一样的绝对安全保障义务是不适当的。即道路与江河在安全保障的要求度上存在差异，在《国家赔偿法》第2条的适用上也应存在差异。就道路而言，其存在“瑕疵”即被推定为“设置或管理的瑕疵”，只有在举出违法性阻却事由来否定“设置或管理瑕疵”后，才能免除国家赔偿责任。对江河来说，只有当治水设施没有达到设计能力，并被低于设计能力的水害破坏，造成灾害时才承担责任。法院之所以作出如此判决，是基于了一种观念，即道路是人工公共设施，而江河是自然公共设施，两者性质不同。该判决一经作出便引来了不少的批评。有人认为道路等于人工公共设施、江河等于自然公共设施虽然在分类上有用，但在设置或管理形态中，将两者不同对待是不妥当的；如果把江河只理解为水流和水面，那确实是自然公共设施，但江河与道路一样，是与增进公益，防止公害的江河管理设施连为一体的；日本的治水历史是江河人工公共设施色彩不断增强的历史，日本已经不存在严格意义上的原始江河了，否认、抛弃江河的人工性是不现实的；在公共设施的责任认定上，是人工公共设施，还是自然公共设施不是本质要求。①学者的批评、学者与学者之间的争论、学者与判决之间的对立让水害诉讼变得有些扑朔迷离。

还没来得及等到最高法院对加治川水害诉讼的看法，日本又发生了大东水害诉讼。大阪府大东市1973年7月集中降雨，导致低湿地带发生了地面浸水，受害人认为本水害是因流经大东市的一级江河谷田川和三条排水道的溢水所致，故以作为谷田川管理者的国家、作为谷田川管理费用负担者的大阪府和作为排水道管理者的大东市为被告提起国家赔偿诉讼。在本次水害诉讼中，最高法院首次清晰地表明了对江河致害赔偿的立场和江河管理瑕疵的判断标准。最高法院1984年1月26日的判决写道，江河是自然公共设施，与道路不同，原本就包含了洪水等自然原因导致灾害的危险，江河所应具备的安全保障是在管

① ［日］植木哲：《災害と法——営造物責任の研究》，一粒社1991年版，第101、102页。

理开始后，通过治水事业的实施而实现的，而治水事业的实施又受到财政、技术、社会的制约，另外，在江河管理中无法使用道路管理中的简易、机动的危险回避方法，所以，未改造江河或改造不充分的江河的安全性，只要具备过渡性安全性就足矣；江河管理有无瑕疵的判断标准是是否具备如下安全性，即在综合考虑过去水害规模、发生频率、发生原因、损害性质、降雨状况、流域地形等自然条件，土地使用状况等社会条件，有无修缮急迫性及程度等各种情形后，按照同类、同规模江河管理的一般水平和社会观念而认可的安全性。虽然该判决还是过分强调江河管理中的各种制约因素，明显限制管理责任的成立，并从结果上否定了受害人的主张（撤销受害人完全胜诉的原审判决，发回重审），但第一次表明了瑕疵的判断标准，意义很大，对以后的审判产生了重大影响。前述加治川水害诉讼的二审判决就是通过引用上述最高法院的瑕疵判断标准，对水害中受灾的三个地区作出了不同的赔偿认定。关于大东水害诉讼判决的射程，学界也是众说纷纭。加藤一郎认为它仅限于溢水型水害，不涉及决堤型水害；古崎庆长主张它只限于改造中的都市江河；近藤昭三则认为该判断标准可以适用于含改造中江河在内的所有江河管理。①对此，1990 年 12 月 13 日最高法院在多摩川水害诉讼中所作的判决给予了一定的回答。多摩川水害诉讼最高法院判决（以下简称“多摩川判决”）沿袭了大东水害诉讼最高法院判决（以下简称“大东判决”）的框架，同时增加了改造完毕之江河的瑕疵判断标准和江河中工作物（如取水堰）瑕疵的考量事由；其着重指出：改造中的江河与改造完毕的江河在安全性的具体判断上有差异。也就是说，大东判决指出当改造规划不被认为特别不合理时，只要没有必须尽早实施改造等特别情形，就不能因某部分没有改造而认为江河管理有瑕疵，而多摩川判决认为大东判决中的瑕疵判断标准适用于未改造完的江河，改造完的江河所必须具备的安全性是足以防止“用工程规划所规定的高水量规模洪水的一般作用而可预测到”的灾害。②可见，最高法院在未改造完的江河与改造完的江河的瑕疵判断标准上有所不同，对后者进行判断时，“规划中高水量洪水的一般作用”成为重要考量因素。不论是从形式看，还是从内容上看，多摩川判决都是对大东判决的补

---

① ［日］桥本博之:《河川管理の瑕疵（1）——大東水害訴訟》，《ジュリスト》第 182 号，第 485 页。

② ［日］宇贺克也:《国家補償法》，有斐阁 1997 年版，第 292 页。

充，两者结合，先例式地引领了日本江河致害赔偿的司法实践。

日本道路江河等公共设施致害的国家赔偿走过了很长的历史，留下了很多的判例和理论资源。不论是道路致害的国家赔偿，还是江河致害的国家赔偿，还是其他公共设施致害的国家赔偿，都必须注意案件中的具体情形，要用严密的逻辑，要用宪法价值观念和前瞻性思维推导出具体个案的结论。

结语

城市规划基本法的中日比较

本部分以“中日城市规划基本法之比较”为题，展开探讨，由此作为全书的结语。在现代社会中，城市规划是最为活跃的领域，城市规划法也成为重要的法律部门。当下的中国，城镇建设方兴未艾，新型城镇化战略、多规合一政策等更加有力地推动着城市规划的发展。这与20世纪七八十年代的日本有着相似之处。日本现行的《城市规划法》形成于这个时期，一路走来，逐渐成熟。他山之石，可以攻玉。比较考察中日城市规划法是有意义的。为讨论方便，此处将日本的《城市规划法》和中国的《城乡规划法》视作两国城市规划的基本法，并以其为对象，就基本问题作一比较考察。

一、结构与沿革

一看日本《城市规划法》和中国《城乡规划法》，就会发现两法的条文数和长度有数倍之差。《城市规划法》有法条150条，而且各条都很长，是一部厚重的法律文本。而《城乡规划法》仅有70条，而且每条都较短，整部法律显得很薄。《城市规划法》分总则、城市规划、城市规划限制等、城市规划项目、社会资本整备审议会之调查审议与都道府县规划审议会等、杂则、罚则和附则这八个部分。《城乡规划法》由七章构成，分别是总则、城乡规划的制定、城乡规划的实施、城乡规划的修改、监督检查、法律责任和附则。两法都有总则、罚则（法律责任）、附则，但在核心内容方面，结构框架迥然。《城乡规划法》从城乡规划的制定、实施、修改，再到监督检查，从纵向流程来编排内容。而《城市规划法》关注并列而立的几大中心内容，如城市规划的本体、限制、项目、组织，横向安排章节。城市规划法是涉事广泛、紧贴现实的法律，如像《城乡规划法》那样，只关注“城乡规划”本体的话，在内容上难免会失之偏颇。从宏观的结构来说，《城市规划法》内容丰富而具体，是部成熟的基本法，而《城乡规划法》是部简洁的基本法。

一般认为，日本城市规划法发端于1888年的《东京市改正条例》（内阁颁布的敕令）。1919 年，议会制定了面向全国的、名称为《城市规划法》的法律。该法建立了简单的土地区划制度，显现出法律的近代化。在历经 1923 年、1946 年两次“特别城市规划法”之后，全新的《城市规划法》于 1968 年诞生。新法在经过 1992 年、2000 年两次较大修改后，发展成现行的《城市规划法》。也就是说，现行的日本《城市规划法》制定于 1968 年，具有 50 余年的历史。而日本整个城市规划法制经过了 130 年的发展，积累了丰富的经验。这条漫漫发展之路成就了《城市规划法》的厚重和成熟。中国的城市规划法始于 1984 年国务院公布的《城市规划条例》。五年后的 1989 年，该条例被全国人大制定的《城市规划法》所取代。为统筹发展城市和乡村，2007 年全国人大废止了《城市规划法》，制定了新的《城乡规划法》。这样，中国的城市规划法在经历两次废旧立新之后，形成现在的《城乡规划法》，历史总长也就 30 余年。不长的历史或许也是《城乡规划法》之所以简洁的原因之一。

1949 年中华人民共和国成立。在 1976 年以前的时代，政府通过党的政策和行政机关的通知来管理社会。在之后的时代，法逐渐被重视。后来于 1999 年，“法治国家”被明确写进了宪法。现在，党中央以十八届四中全会为契机，决心全面推进法治国家建设。但中国法制的成熟往往容易被中国共产党或国家对法的态度所左右。法治意识在党内和国内虽然有所增强，但仍有很大进步空间。表现之一就是，国务院部门起草法律草案，掌握立法主导权的部门立法现象突出，人大掌握立法主导权的人大立法、专家起草法律草案并充分尊重专家意见的专家立法尚未成为主流。《城乡规划法》与以前的《城市规划条例》《城市规划法》一样，都是国务院的相关部门起草，经过国务院审议通过后提交全国人大，在经过人大代表的审议通过后生效。部门立法有两个特征。一是重视权力的分配。有什么权限，权限程度如何，以怎样的形式向哪级政府和哪个行政机关分配，成为部门立法时考虑的首要问题。其中，许可权最受重视。在社会管理中，许可权和处罚权极为重要。基于居高临下之权力意识而形成的行政法，被学界称为管理法，即行政机关身居高位，通过权力管理和控制社会和国民。在中国，尤其是在行政法领域，有管理法传统。《城乡规划法》沿袭了这一传统，其最大目的是通过在政府、行政机关之间较好地分配权力，由此妥善管理控制该领域的事项、社会和公民。第二个特征是内容简洁。条文少而短，容易阅读。这也便于一线执法人员执法。但是，因为简洁，就形成了很多的法律空白。但行政机关可以通过自我解释来填补法律空白，在此具有主导权，所以对行政机关并没有太大的不利。简单说，部门立法是使《城乡规划法》成为简洁型管理法的重要原因。

近代以来，日本法学习大陆法系，二战后又受到美国法的强烈影响，博采实体法和程序法之长，均衡发展，因其呈现均衡规范之像，故可称之为规范法，即经验丰富的、不左不右的成熟法，不偏不倚、细致入微地让事物得以规范化。在《城市规划法》中，既有开发许可制，又有建筑确认制、建筑协定等；既有都道府县决定的城市规划，又有市町村决定的城市规划；行政机关作决定的同时，又充分尊重居民和专家的意见（如在第 21 条之 2 中，有与城市规划决定或变更相关的权利人的提案权）；传统行政机关发挥作用的同时，城市规划审议会这样的组织也发挥重要作用。此外，在完善这样的制定法的同时，也逐步形成城市规划法判例。大陆法系与英美法系已处于相互融合的趋势之中，而日本法就是此融合的一大表现。总之，从宏观角度说，日本《城市规划法》是成熟型规范法。

当下中国发生着巨变。因为经济表现最为活跃，所以至今频繁修改的是与经济紧密关联的法。城市规划具有不逊于经济的活跃性，且与经济关系紧密，所以应该与经济同步共进。《城乡规划法》应该对城市规划的活跃性迅速做出反应，朝着具有较强实效性方向不断完善。在全面推进依法治国、推进新型城镇化的背景下，《城乡规划法》肩负着更加重要的责任和期待，需要顺应实践需求，进行大胆而明确地进行修改。首先是从宏观视角出发，改变管理法这一性质。为此可以做以下三点：一是弱化权力视角，增强市场视角、国民视角。市场可以解决的问题，权力不介入。大量削减许可事项，更多地引入指导、契约等，实现治理手段多样，并更具柔性。城市规划必须以人为本。为此，应该大大重视公民参与。这几年，中国人的公民意识显著提高，为社会做贡献、承担社会责任的自觉性大大增强。城市规划是公民意识、公民参与的最佳领域，两者应该联手。二是增加程序法的成分。现行的《城乡规划法》有政府机关内部权力分配的程序，但进入机关前和走出机关后的程序不充分，特别是缺少听证等程序。这一方面需要着力补强。三是从重要制度出发，扩充内容。《城乡规划法》在土地区划、城市规划的种类与范围、建筑规制、开发许可、规划组织等方面，内容还很不足，需要增加。

日本《城市规划法》虽然是成熟型规范法，但并非完美。从宏观角度说，有以下几点：一是从结构、条文数与长度、关联法律条文援用多等情况来看，该法让人感觉繁琐，很难读。普通民众难免会对其有抵触情绪，即使是法律专业人士也要花很大心思，才能读懂。二是《城乡规划法》与《建筑标准法》关系过于紧密，影响了该法的独立性。如所谓的“集体规定”问题。两法在此关系太紧密了，可以考虑将《建筑标准法》中集体规定的内容转移至《城市规划法》中。

二、目的与理念

日本《城市规划法》将“城市的健康发展与有序建设”“国土的均衡发展”“增进公共福祉”作为目的。另外，要求以“保持与农林渔业的协调”“保障健康而有文化的城市生活和有效的城市活动”“土地的合理利用”为基本理念来制定城市规划。中国《城乡规划法》的目的是“加强城市规划管理”“协调城乡空间布局”“改善人居环境”“促进城乡经济社会全面协调可持续发展”。制定实施城乡规划时，必须遵守“城乡统筹”“合理布局”“节约土地”“集约发展”“先规划后建设”的原则。两法都分城市规划法与城市规划这两个阶段来规定目的与理念（原则）。两阶段的表述粗看不一，但其实有很多重合之处。这源于城市规划法与城市规划的关系。城市规划法的范围大于城市规划，其视野更为宏观，故其关于目的的用词也显得宏观。而关于城市规划的理念要用更显具体、更好理解的语言来表达。

关于目的理念的内容，两法表达不一，但有很多共通之处。都追求土地的合理利用、城市功能保障、国民生活水平的提高、国土的均衡开发等。但是，在这些宏观的共通点之下，也隐藏着不同之处。两法的关注点或重点有时不同。例如，都说国土的均衡开发，但日本强调的是与农林渔业的协调，而中国强调的是协调城乡空间分配、统筹考虑城乡。即日本追求产业的协调，而中国追求消除城市与农村的差异。历经长时间的发展，日本实现了近代化、现代化，城乡之间没有差异。但是，农林渔各行业之间还是存在差距，在国土开发和土地利用方面，仍然必须处理好城市与这些行业的关系。中国是个农业大国，农业现代化的历史还不是很长，加上其他各种原因，中国的城乡形成了巨大差距。为此，在规划领域需要强调消除城乡差距。实践中，农村也逐渐建起不少公共设施，道路、公共汽车也延伸到农村。但完全消除城乡差距绝非易事。

关于理念或原则，存在《城市规划法》上没有，《城乡规划法》上有的表述，即“先规划后建设”。这很容易让人想起德国的名言：无规划就无开发。这两句话是否完全相同，或者有什么区别，还需要探讨。但中日两国的差异在此显现。日本一直贯彻建筑自由原则。而在中国，自中国共产党执政以来，一直实行土地公有制，对土地开发的所有行为设置许可制。如前所述，城市规划和城市规划法的历史不长，虽然没有“无规划就无开发”这样的语言，但与土地有关的权限被政府机关牢牢掌握是事实。《城乡规划法》认可这一事实，并由此引导各类行为。因此不论从语言本身，还是从实际制度来看，“先规划后建设”与“无规划就无开发”还是有区别的。

三、城市规划

城市规划法的中心内容自然是城市规划。中国《城乡规划法》、日本《城市规划法》都用较大篇幅规范了城市规划。下面分以下几项进行考察。

（一）规划的类型

《城乡规划法》第2条规定：“本法所称城乡规划，包括城镇体系规划、城市规划、镇规划、乡规划和村庄规划。城市规划、镇规划分为总体规划和详细规划。详细规划分为控制性详细规划和修建性详细规划。”《城乡规划法》根据三个标准，将城乡规划分成三大类或三大块。第一，以城市规划的地域范围为标准，形成前段类型。城镇体系规划在全国或省、自治区、直辖市这样的大范围内，规划城市与镇的体系。城市规划、镇规划、乡规划、村规划在地域范围上都比城镇体系规划窄，但内容并不少。一般而言，全国的城镇体系规划是一个，各个省、自治区、直辖市各一个城镇体系规划，但城市规划、镇规划、乡规划就不计其数。第二，仅限于城市规划、镇规划，以内容的详细程度为标准，形成了中段类型。总体规划是宏观的蓝图。详细规划更具体，直接指导实务。第三，仅限于城市规划、镇规划，且仅限于详细规划，以更强的具体性和积极性为标准，形成后段类型。控制性详细规划是就工程项目，明确边界、限度、位置、范围等，就像告诫说“不能超过这个数字”“必须在这个范围内”那样，具体管制或引导城市开发和各种建设行为。修建性详细规划是为建设某个城市工程而制定的比控制性详细规划更加具体的规划。它与日本的城市建设项目规划相似。修建性详细规划与控制性详细规划关系特别。“城市、县人民政府城乡规划主管部门和镇人民政府可以组织编制重要地块的修建性详细规划。修建性详细规划应当符合控制性详细规划”（第21条）。即前者比后者更具体，不能与后者相冲突，两者要吻合。另外，关于《城乡规划法》中的城市规划类型，不能忘记的是专项规划。《城乡规划法》第 17 条规定：“城市总体规划、镇总体规划的内容应当包括：城市、镇的发展布局，功能分区，用地布局，综合交通体系，禁止、限制和适宜建设的地域范围，各类专项规划等。”建设部《城市规划编制办法》就专项规划，列举了综合交通、环境保护、商业网点、医疗卫生、绿地系统、河湖水系、历史文化名城保护、地下空间、基础设施、综合防灾等（第 34 条）。根据前述第 17 条，专项规划是总体规划的内容，属于总体规划的范畴。这样，前述的详细规划也不能与专项规划相冲突。《城乡规划法》第 34 条规定：“城市、县、镇人民政府应当根据城市总体规划、镇总体规划、土地利用总体规划和年度计划以及国民经济和社会发展规划，制定近期建设规划，报总体规划审批机关备案。近期建设规划应当以重要基础设施、公共服务设施和中低收入居民住房建设以及生态环境保护为重点内容，明确近期建设的时序、发展方向和空间布局。近期建设规划的规划期限为五年。”该条文在条文顺序上与前述条文相差很远，没有放在“规划的制定”章节，而是放在“规划的实施”一章，作为规划类型，给人以很强的唐突感。近期建设规划与前述修建性详细规划都是内容很具体的规划，但前者基于时间角度，后者基于地点，没有五年这一规划期限。从上得知，《城乡规划法》从多个角度对城乡规划进行了分类。

日本《城市规划法》没有“分类”“种类”这样的文字表述，让人感觉没有对城市规划进行明确的分类。但是，学界有主张分类的学者，将城市规划分成以下十类：建设开发保护方针规划、市街地区域和市街地调整区域区分规划、地域地区规划、促进地区规划、闲置地利用促进地区规划、受灾市街地重建推进地域规划、城市设施规划、市街地开发项目规划、市街地开发项目预定地域规划、地区规划等。但是，做这样分类的学者不多。《城市规划法》第 4 条规定：“本法中的‘城市规划’是指与促进城市健康有序发展的土地利用、城市设施建设和市街地开发项目相关的规划。”对此条略加思考的话，似乎可以将城市规划分成土地利用规划、城市设施建设规划、市街地开发项目规划这三类。在此之上，《城市规划法》还要求城市规划应当规定城市规划区域开发建设与保护方针。综合上述情况可知，日本城市规划形成二重结构，一重是宏观层面的、具有高度指导意义的“方针”，一重是在“方针”指导下制定的内容较详细的一般规划。随着 1992 年城市规划法修改，市町村制定城市规划时也被要求有“方针”，城市规划的二重结构进一步牢固。为了维护居住环境，提高商业街的便利性，为了更加体现居民意愿，为了增进规划的精细度，1980年，《城市规划法》导入了“地区规划”，规定城市规划中可以规定地区规划。这又形成了一重，即在原来的一般规划之外，增设地区规划。从《城市规划法》对城市规划内容的规定出发，可以看到日本城市规划呈现三重结构，即从“方针”或总体规划，到一般规划，再到地区规划，它们在效果上呈现一重指导一重的纵向关系，在空间上呈现重合或者叠加关系。在城市规划法没有明确分类之意的背景下，上述三重也可以看成是三个类型。

分类是实务上、学界通行做法，通过分类，可以更容易地分析事物。在中国，《城乡规划法》进行了明晰的分类，主要分为总体规划和详细规划。据此，地方政府就编制《××市总体规划》《××详细规划》，并予以公布。国民、实务界人士无需费很大心思，就可以掌握规划情况。此种统括性与具体性兼备的城市规划文本在日本很少见，这或许缘于日本《城市规划法》没有进行清晰分类。现行《城市规划法》经历了几十次的修改，每一次的修改都是条文、内容的增加、删减、叠加、调整。如此频繁的修改使本法越来越难读。如果《城市规划法》能够适当导入分类制度，并根据分类制度，进一步捋顺法律关系，捋顺法律条文，这样，日本《城市规划法》将更加易读，更加亲民，从而在实践中发挥更大的作用。

（二）规划内容

城市规划中应该写些什么。中国《城乡规划法》用三个条文（第13、17、18条）予以了回答，坚持了简洁性。而日本的《城市规划法》用四分之一的篇幅进行了较详细的回答，让人看得眼花缭乱。《城乡规划法》第13条规定：“省域城镇体系规划的内容应当包括：城镇空间布局和规模控制，重大基础设施的布局，为保护生态环境、资源等需要严格控制的区域。”第17条规定：“城市总体规划、镇总体规划的内容应当包括：城市、镇的发展布局，功能分区，用地布局，综合交通体系，禁止、限制和适宜建设的地域范围，各类专项规划等。规划区范围、规划区内建设用地规模、基础设施和公共服务设施用地、水源地和水系、基本农田和绿化用地、环境保护、自然与历史文化遗产保护以及防灾减灾等内容，应当作为城市总体规划、镇总体规划的强制性内容。城市总体规划、镇总体规划的规划期限一般为二十年。城市总体规划还应当对城市更长远的发展作出预测性安排。”用很简单的条文规定了城市规划和镇规划的内容。

日本《城市规划法》第 6 条之 2 到第 14 条，约二十五条条文规定了城市规划的内容。简单说，前述十大类城市规划都是城市规划的内容，二十五条条文规定了这十大类的定义、内容、具体要求、作为规划标准的考量事项、规划的表现形式等。（1）地域地区制或地域地区规划、地区规划很重要。《城市规划法》首先列举了二十一类地域地区，对它们进行定义，并援用《建筑标准法》对它们提出要求。关于地区规划，首先规定地区规划的成立要件。（2）明确规定它的一般内容（名称、位置、面积、地区建设规划等），接着，对应特别的条件设置特别的内容。（3）关于规划标准，规定与国家港湾规划或广域城市开发规划的协调性、各类城市规划的考量情形（例如，在地区规划中，考虑公共设施建设、建筑、土地利用的现状与将来）、居民享受健康而有文化城市生活等。（4）城市规划应该通过总括图、设计图、规划书来表达。规划图和规划书中的地域区分的表示必须让土地权利人容易看懂。

关于城市规划的内容，《城乡规划法》与《城市规划法》在条文的数量和长度方面，差异很大，但两者之间有相同之处：（1）都兼备宏观和微观两大视角。《城乡规划法》有“总体规划”，而《城市规划法》有“城市规划区域建设开发保护方针”。该方针包含以下内容。即决定区域区分时的方针、城市规划的目标、与土地利用或城市设施建设以及市街地开发项目相关的城市规划决定的方针。这比中国的“总体规划”还要宏观。（2）都重视用地分类制。日本《城市规划法》的“地区地域”制相当于一般所说的用地分类制。用地分类制是中国城市规划的基本手法，是城市规划的开始，总体规划中要规定用地分类的内容，但怎样规定，在哪些土地、哪个地区上划分，《城乡规划法》没有规定。住房和城乡建设部审查同意的《城市用地分类与规划建设用地标准》（GB5013-2011）就用地分类，详细规定了概念、种类等。在地方政府层面，上海市政府制定了《上海市城市规划管理技术规定（土地使用、建筑管理）》。日本的《城市规划法》对用地分类的种类、概念、位置等进行了详细规定。

（三）规划的程序

城市规划或城乡规划是行政的一种。现代行政都建立在程序之上，规划都是在经过一连串步骤后，得以完成。《城市规划法》与《城乡规划法》主要规定了决定程序和变更程序。

1. 决定程序

根据《城市规划法》，都道府县和市町村有城市规划的决定权（第15条），有时国土交通大臣有决定权（第22条）。这样就有都道府县作决定的程序和市町村作决定的程序。（1）关于都道府县的决定程序，第一步是都道府县起草草案。此时，市町村可以向都道府县建议草案的内容，而另一方面，都道府县也可以要求相关市町村在提供资料等方面进行必要的协助。还可以采取召开公共意见听取会等措施，听取居民意见。第二步是草案内容的广而告之。规划书及其理由必须给公众阅览两周。居民和利害关系人可以提出意见。第三步是听取相关市町村的意见，经过城市规划审议会的审议。第四步是对规划草案作出决定。第五步是公布决定，并供公众阅览，抄送相关市町村长。（2）关于市町村的决定程序，第一步是市町村起草，此时要采取召开公共意见听取会等措施，让居民意见得到反映。第二步是草案的广而告之，让公众可以阅览两周。第三步是经过城市规划审议会的审议。第四步是作出决定。第五步是公布决定，并为公众提供阅览，还要抄送给都道府县知事。

概观而言，《城乡规划法》对任何规划都成分四个阶段。即起草、公开听取意见、决定和公布。在听取意见和公告这两个方面，所有规划都一样。“城乡规划报送审批前，组织编制机关应当依法将城乡规划草案予以公告，并采取论证会、听证会或者其他方式征求专家和公众的意见。公告的时间不得少于三十日”（第26条）。“城乡规划组织编制机关应当及时公布经依法批准的城乡规划”（第8条）。起草与决定的程序因规划种类的不同而不同：（1）国务院城乡规划主管部门会同国务院有关部门组织编制全国城镇体系规划；全国城镇体系规划由国务院城乡规划主管部门报国务院审批（第12条）。（2）省、自治区人民政府组织编制省域城镇体系规划，报国务院审批（第13条）。（3）城市人民政府组织编制城市总体规划。直辖市的城市总体规划由直辖市人民政府报国务院审批。省、自治区人民政府所在地的城市以及国务院确定的城市的总体规划，由省、自治区人民政府审查同意后，报国务院审批。其他城市的总体规划，由城市人民政府报省、自治区人民政府审批（第14条）。县人民政府组织编制县人民政府所在地镇的总体规划，报上一级人民政府审批。其他镇的总体规划由镇人民政府组织编制，报上一级人民政府审批（第15条）。需要注意的是，《城乡规划法》为城镇体系规划和总体规划设置特别程序。即省、自治区人民政府组织编制的省域城镇体系规划，城市、县人民政府组织编制的总体规划，在报上一级人民政府审批前，应当先经本级人民代表大会常务委员会审议，常务委员会组成人员的审议意见交由本级人民政府研究处理（第16条）。这是人大参与规划制定的程序。（4）城市人民政府城乡规划主管部门根据城市总体规划的要求，组织编制城市的控制性详细规划，经本级人民政府批准后，报本级人民代表大会常务委员会和上一级人民政府备案（第19条）。镇人民政府根据镇总体规划的要求，组织编制镇的控制性详细规划，报上一级人民政府审批。县人民政府所在地镇的控制性详细规划，由县人民政府城乡规划主管部门根据镇总体规划的要求组织编制，经县人民政府批准后，报本级人民代表大会常务委员会和上一级人民政府备案（第20条）。（5）乡、镇人民政府组织编制乡规划、村庄规划，报上一级人民政府审批。村庄规划在报送审批前，应当经村民会议或者村民代表会议讨论同意（第22条）。

从以上内容来看，《城市规划法》与《城乡规划法》在程序方面有一些不同：（1）《城市规划法》是从“都道府县”与“市町村”这一二分论来分配决定权，而《城乡规划法》是从中央政府，到省自治区，到市，到县，到镇，到乡，到村这一多层次来分配决定权。（2）《城市规划法》在二分论后，基于自治，规定自己的规划自己决定。而《城乡规划法》经常出现“报”一词，表示当地规划不由当地政府决定，而是由上一级政府决定。在中国，自治意识薄弱，基于中央集权思想，建立垂直性行政体系，重大事项不由当地决定，而由上级组织决定。这是中国政治的传统之一。（3）《城乡规划法》分情形导入了人大审议。而日本的议会与城市规划无关。日本在地方分权改革以前，都道府县决定城市规划被视为机关委任事务，是受委托从事国家事务，故地方议会不得参与。这样，城市规划由行政机关决定成为常识。但另一方面，《城市规划法》肯定了土地所有权人的提案权（第21条之2），肯定了国土交通大臣的指示权（第24条）。所以，中日两国都坚持城市规划权的行政权属性，但与时俱进，不断提高城市规划的民主化水平。

2. 变更程序

《城市规划法》和《城乡规划法》对变更程序规定得比较简单。前者在第21条，后者在第47条、48条规定准用决定程序。但在进入该程序前，规定了条件。《城乡规划法》第47条规定有下列情形之一的，组织编制机关方可按照规定的权限和程序修改省域城镇体系规划、城市总体规划、镇总体规划。即（1）上级人民政府制定的城乡规划发生变更，提出修改规划要求的；（2）行政区划调整确需修改规划的；（3）因国务院批准重大建设工程确需修改规划的；（4）经评估确需修改规划的；（5）城乡规划的审批机关认为应当修改规划的其他情形。《城市规划法》认可了土地所有权人对规划变更的提案权（第 20 条之 2）。根据土地所有权人的提案，城市规划是有可能进入变更程序的。根据第 20 条之 3，有提案后，都道府县或市町村应该就城市规划有无变更必要进行判断，认为有必要的，必须制作规划变更草案，而后准用城市规划决定程序，完成规划变更。不论是决定程序，还是变更程序，日本《城市规划法》都重视土地所有人视角，给予其提案权。这一点很值得中国《城乡规划法》参考。

中日两国城市规划基本法的内容丰富，以上对其主要内容进行了初步探讨。通过上述探讨，中日两国的宏观图景得到了基本呈现，形成了一些初步结论。今后将在此基础上，对中日两国的城市规划法制进行更为深入的比较研究，助力中国城市规划法制进步。

参考文献

(一) 著作

［日］阿部泰隆：《行政法解釈学Ⅱ》，有斐阁2009年版。

［日］安本典夫：《都市法概説》，法律文化社2008年版。

［日］本间义人：《土地臨調》，茶水书房1989年版。

［日］长谷部恭男：《憲法》，新世社2008年版。

［日］成田赖明等：《行政法の諸問題上》，有斐阁1990年版。

［日］成田赖明等：《行政法の諸問題（下）》，有斐阁1990年版。

［日］城市规划城镇建设判例研究会：《都市計画まちづくり紛争事例解説》，行政出版社2010年版。

［日］城市规划法制研究会：《よくわかる都市計画法》，行政出版社2010年版。

［日］城市规划与城镇建设判例研究会：《都市計画・まちづくり紛争事例解説—法律学と都市工学の双方から》，行政出版社2010年版。

［日］大浜启吉：《公法的诸问题Ⅲ》，创文社1990年版。

［日］大桥洋一：《都市空間制御の法理論》，有斐阁2008年版。

［日］大泉英次等：《戦後日本の土地問題》，密涅瓦书房1989年版。

［日］大盐洋一郎：《日本の都市計画法》，行政出版社1981年版。

［日］大盐洋一郎：《都市計画法の要点》，住宅新报社1971年版。

［日］东京府：《東京府史行政編4》，东京府出版社1937年版。

［日］东京市：《東京市道路誌》，东京市出版社1939年版。

［日］法令用语研究会编：《法律用語辞典（第3版）》，有斐阁2006年版。

［日］高田寿史：《空中权解说与文献资料集成》，日本项目产业协议会1983年版。

［日］国土厅土地局：《明日の土地を考える——土地問題懇談会の提言》，行政出版社1983年版。

［日］见上崇洋：《地域空間をめぐる住民の利益と法》，有斐阁 2006 年版。

［日］见上崇洋：《行政計画の法的統制》，信山社 1996 年版。

［日］建设省空中权调查研究会：《空中权——理论与运用》，行政出版社 1985 年版。

［日］今村成和：《行政法入門》，有斐阁 1995 年版。

［日］金子正史：《まちづくり行政訴訟》，第一法规 2008 年版。

［日］开发利益社会还原问题研究会：《開発利益還元論》，日本住宅综合中心 1993 年版。

［日］堀内亨一：《都市計画と用途地域制》，西田书店 1978 年版。

［日］末川博：《基本的人権と公共の福祉》，法律文化社 1957 年版。

［日］南博芳、高桥滋：《条解行政事件訴訟法》，弘文堂 2009 年版。

［日］三木义一：《受益者負担制度の法的研究》，信山社 1995 年版。

［日］山本隆司：《判例から探求する行政法》，有斐阁 2012 年版。

［日］生田长人：《都市法入門講義》，信山社 2010 年版。

［日］石田赖房：《日本近代都市計画の百年》，自治体研究社 1987 版。

［日］石田赖房：《日本近現代都市計画の展開（1868—2003）》，自治体研究社 2004 年版。

［日］石田赖房：《大都市の土地問題と政策》，日本评论社 1990 年版。

［日］田中二郎：《新版行政法（上）》，弘文堂 1974 年版。

［日］田中二郎：《新版行政法（上）》，弘文堂 1974 年版。

［日］田中二郎：《行政法総論》，有斐阁 1957 年版。

［日］我妻荣：《新訂物権法（民法講義Ⅱ）》，岩波书店 1983 年版。

［日］五十岚敬喜：《都市法》，行政出版社 1991 年版。

［日］西谷刚：《実定行政計画法》，有斐阁 2003 年版。

［日］小早川光郎等：《行政法新構想Ⅲ（行政救済法）》，有斐阁 2008 年版。

［日］小早川光郎等：《行政判例百選Ⅱ》，有斐阁 2006 年版。

［日］盐野宏：《行政法Ⅱ（第 5 版）》，有斐阁 2010 年版。

［日］盐野宏：《行政法Ⅰ》，有斐阁 2009 年版。

［日］樱井敬子、桥本博之：《行政法（第 2 版）》，弘文堂 2009 年版。

［日］宇贺克也等：《行政判例百選Ⅱ》，有斐阁 2012 年版。

［日］宇贺克也等：《行政判例百選Ⅰ》，有斐阁 2012 年版。

［日］宇贺克也：《国家补偿法》，肖军译，中国政法大学出版社 2014 年版。

［日］宇贺克也：《国家補償法》，有斐阁 1997 年版。

［日］宇贺克也：《行政法概説Ⅱ》，有斐阁 2006 年版。

［日］原田纯孝：《日本の都市法Ⅱ》，东京大学出版会 2001 年版。

［日］原田纯孝：《日本の都市法Ⅰ》，东京大学出版会 2001 年版。

［日］原田纯孝等：《現代の都市法》，东京大学出版会 1993 年版。

［日］远藤博也：《計画行政法》，学阳书房 1976 年版。

［日］早川和男：《空间价值论》，劲草书房 1973 年版。

［日］植木哲：《災害と法——営造物責任の研究》，一粒社 1991 年版。

［日］佐藤幸治：《日本国憲法論》，成文堂 2011 年版。

陈祥建：《空间地上权研究》，法律出版社 2009 年版。

［美］Jon A. Perterson，*The Birth of City Planning in the United States 1840—1917*，The Johns Hopkins University Press，2003.

（二）刊物论文

［日］赤间聪：《効果裁量、計画裁量及び裁量瑕疵に関する基礎的考察》，《高知論叢（社会科学）》第 111 号（2015 年 10 月）。

［日］村上裕章：《都知事が行った都市高速鉄道に係る都市計画の変更が鉄道の構造として高架式を採用した点において裁量権の範囲を逸脱し又はこれを濫用したものとして違法であるとはいえないとされた事例——小田急線連続立体交差事業認可取消訴訟上告審判决》，《判例時報》第 1974 号（2007 年）。

［日］大久保规子：《処分性の拡大論と計画争訟の行方——浜松土地区画整理事業計画大法廷判决を契機として》，《ジュリスト》2009 年第 1373 号。

［日］大盐洋一郎：《都市計画法改正の背景と改正案の骨子》，《自治研究》第 43 卷第 9 号。

［日］大泽昭彦：《市街地建築物法における絶対高さ制限の成立と変遷に関する考察》，《土地総合研究》2008 年第 16 卷第 1 号。

［日］稻本洋之助：《都市計画制度の再構築》，《法律時報》1994 年第 66 卷第 3 号。

［日］栋居快行：《人権制約法理としての公共の福祉論の現在——最高裁

判決における近時の展開を踏まえて》,《レファレンス》2014 年第 5 期。

［日］渡边俊一:《一九九二年都市計画法改正の意義——マスタープラン論との関連において》,《法律時報》1994 年第 66 卷第 3 号。

［日］高木光:《計画裁量（2）》,《自治実務セミナー》第 49 卷（2010 年）第 12 号。

［日］高木光:《行政処分における考慮事項》,《法曹時報》第 62 卷（2010 年）第 8 号。

［日］高桥寿一:《土地法から都市法への展開とそのモメント》,《社会科学研究》2001 年第 61 卷第 3—4 号。

［日］吉田克己:《都市法の近時の改正動向と公共性の再構成》,《法律時報》2012 年第 84 卷第 2 号。

［日］角松生史:《古典的収用における公共性の法的構造——1874 年プロイセン土地収用法における所有権と公共の福祉》,《社会科学研究》1995 年第 46 卷第 6 号。

［日］今村成和:《田中先生の国家補償論》,《ジュリスト》第 767 号。

［日］堀江兴:《東京の市区改正条例（明治時代）を中心とした幹線道路形成の史的研究》,《土木学会論文報告集》1982 年第 327 号。

［日］铃木荣基、石田赖房:《東京市区改正土地建物処分規則の成立について》,《日本建築学会計画系論文報告集》1987 年第 376 卷。

［日］桥本博之:《河川管理の瑕疵（1）——大東水害訴訟》,《ジュリスト》第 182 号。

［日］晴山一穗:《田中行政法学における「公共の福祉」概念》,《商学論集》（福島大学）1987 年第 55 卷第 4 号。

［日］森下幸:《戦前の都市計画法制と土地所有権——東京市区改正条例と旧都市計画法の比較》,《法学研究》第 11 期。

［日］山本隆司:《日本における裁量論の変容》,《判例時報》第 1933 号（2006 年）。

［日］神正刚:《道路的立体利用》,《法律时报》第 64 卷第 3 号。

［日］石崎诚也:《小田急高架事業認可取消訴訟最高裁大法廷平成 17 年 12 月 7 日判決》,《法政理論》第 39 卷第 4 号。

［日］石田赖房:《1968 年都市計画法の歴史的背景と評価》,《都市計画》

第 119 卷。

［日］石田赖房：《日本における土地区画整理制度史概説（1870—1980）》，《総合都市研究》1986 年第 28 号。

［日］石田赖房：《東京中央市区劃定之問題について》，《総合都市研究》1979 年第 7 期。

［日］石塚裕道：《19 世紀後半における東京改造論と築港問題》，《东京都立大学都市研究报告》第 22 期。

［日］水本浩：《空中权的展开与课题》，《法律时报》第 64 卷第 3 号。

［日］藤江弘一：《都市計画と地方自治》，《自治研究》第 43 卷第 9 号。

［日］藤卷秀夫：《土地区画整理事業計画の決定と抗告訴訟の対象》，《札幌法学》第 20 卷第 1、2 号。

［日］藤原淳一郎：《道路管理の瑕疵（2）——故障車の放置》，《ジュリスト》第 182 号。

［日］丸山英气：《空中权论》，《法律时报》第 64 卷第 3 号。

［日］盐野宏：《行政法における公益について——公益法人制度改革を機縁として》，《日本学士院紀要》第 64 卷第 1 号。

［日］伊藤久雄：《都市計画提案制度と地区計画申し出制度の現状と課題》，《自治総研》2015 年第 445 号。

［日］宇贺克也：《市街化調整区域における開発許可の取消しを求める利益》，《国際文化研修》第 94 卷（2017 年）。

［日］原田纯孝：《フランスの都市計画制度と地方分権化（上）（下）》，《社会科学研究》第 44 卷第 6 号、第 45 卷第 2 号。

［日］原田尚彦：《田中先生の公法私法論》，《ジュリスト》第 767 号。

［日］远藤博也：《公共施設周辺整備法について》，《北大法学》第 313 卷第 2 号。

丁成日：《美国土地开发权转让制度及其对中国耕地保护的启示》，《中国土地科学》2008 年第 3 期。

刘明明：《英美土地开发权制度比较研究及借鉴》，《河北法学》2009 年第 2 期。

王利明：《空间权：一种新型的财产权利》，《法律科学》2007 年第 2 期。

（三）硕博论文

［日］保利真吾：《容积转移的效果与发展研究》（2008 年东京大学硕士论文）。

李泠烨：《城市规划法的产生及其机制研究》（2011 年上海交通大学博士论文）。

（四）报刊文章

［日］日本经济新闻社：《空中权，东京火车站获 500 亿日元》，《日本经济新闻》2013 年 6 月 6 日。

（五）网络文献

［日］东京都政府：《東京都無電柱化計画——電柱のない安全安心な東京へ》卷首，https：//www. kensetsu. metro. tokyo. lg. jp/jigyo/road/kanri/gaiyo/chichuka/mudentyuuka-top. html，2020 年 4 月 29 日最后一次访问。

［日］国土交通省：《都市計画区域、市街化区域、地域地区の決定状況》，http://www.mlit.go.jp/toshi/city_plan/toshi_city_plan_fr_000022.html（国土交通省主页），2020 年 3 月 16 日最后一次访问。

［日］国土交通省：《2018 年度都市計画現況調査》，https://www.mlit.go.jp/toshi/tosiko/toshi_tosiko_tk_000049.html（日本国土交通省主页），2020 年 6 月 25 日最后一次访问。

［日］国土交通省住宅局市街地建设课：《平成 19 年度末有効建築協定数》，http://www.mlit.go.jp/jutakukentiku/house/jutakukentiku_house_tk5_000003.html（国土交通省主页），2020 年 3 月 16 日最后访问。

日本国土交通省网页，http://www.mlit.go.jp/road/road/traffic/chicyuka/chi_13_01.html，2020 年 4 月 29 日最后一次访问。

日本内阁府地方创生推进事务局网页，https：//www. kantei. go. jp/jp/singi/tiiki/toshisaisei/kinkyuseibi_list/index. html，2020 年 4 月 25 日最后一次访问。

后记

回头看看，关注和研究城市规划法已十余年，先后发表和出版过一些东西，所以与同仁交流时，有时会把城市规划法介绍为自己的研究方向。现在《日本城市规划法研究》付梓，无疑将这一研究的底色蹭得更实更亮。日本在城市规划法方面起步早，经验丰富，值得我们学习，但要研究它却并不容易。日本现行《城市规划法》这部法律从五十多年前走来，浩浩荡荡；内容复杂，洋洋洒洒十几万字；历经反复修改，重重叠叠。读懂该法就是在翻越一座高山。起初想一边研读，一边将其翻译出来，也算顺便为译林做点小贡献，但想到自己读它都那么费心思，那学界朋友看中译本就更云里雾里，只好作罢。在读懂日本《城市规划法》和其他诸多相关法律，并最终成就本书之际，不免想对长期从事这一主题研究的勇气和毅力做个自我表扬。当然，本书的内容还比较基础，或许难登大雅之堂，但相信其出版还是能为我国的城市规划法研究发挥一些作用的。同时，这更是本人迈开更大步伐、持续深入研究的新动力和新起点。

最后，向为本书写作和出版提供过帮助的老师和朋友致以诚挚谢意！

肖　军

庚子年初夏

图书在版编目(CIP)数据

日本城市规划法研究 / 肖军著 .— 上海 ：上海社会科学院出版社，2020
ISBN 978-7-5520-3250-5

Ⅰ. ①日… Ⅱ. ①肖… Ⅲ. ①城市规划法—研究—日本 Ⅳ. ①D931.322.97

中国版本图书馆 CIP 数据核字(2020)第 115531 号

日本城市规划法研究

著　　者：肖　军
责任编辑：袁钰超
封面设计：黄婧昉
出版发行：上海社会科学院出版社
上海顺昌路 622 号　邮编 200025
电话总机 021-63315947　销售热线 021-53063735
http://www.sassp.cn　E-mail:sassp@sassp.cn
照　　排：南京理工出版信息技术有限公司
印　　刷：上海颛辉印刷厂
开　　本：710 毫米×1010 毫米　1/16
印　　张：14
插　　页：1
字　　数：232 千字
版　　次：2020 年 8 月第 1 版　2020 年 8 月第 1 次印刷

ISBN 978-7-5520-3250-5/D·588　　定价：70.00 元

版权所有　翻印必究